学／者／文／库／系／列

U0645418

# 绿色物流运输与服务质量管理协同发展研究

### 张田田　著

哈尔滨工程大学出版社

Harbin Engineering University Press

## 内 容 简 介

本书深入探讨了绿色物流运输与服务质量管理的内在联系,旨在为我国物流运输业的可持续发展提供理论支撑和实践指导。书中首先介绍了绿色物流运输的基本概念、特点、发展现状及趋势,并分析了其带来的效益与挑战。接着,引入服务质量管理理论框架,详细阐述了服务质量管理的基本概念、理论体系以及关键要素与过程。在此基础上,进一步分析了绿色物流运输对服务质量管理的影响,以及服务质量管理在绿色物流运输中的实际应用与提升。书中还提出了绿色物流运输中的服务质量管理策略,包括服务设计、服务过程管理以及服务补救与持续改进等方面,并通过多个国内外成功案例展示了服务质量管理在绿色物流运输中的实际应用效果。最后,对绿色物流运输与服务质量管理协同发展的路径与策略进行了展望,并提出了政策支持与保障措施的实施建议。本书既具有理论深度,又富有实践指导意义,是物流运输业从业人员、学者以及政策制定者不可或缺的参考读物。

**图书在版编目(CIP)数据**

绿色物流运输与服务质量管理协同发展研究 / 张田田著.
-- 哈尔滨 : 哈尔滨工程大学出版社, 2024. 7.
ISBN 978-7-5661-4520-8

Ⅰ. F259.22

中国国家版本馆 CIP 数据核字第 20243TN422 号

**绿色物流运输与服务质量管理协同发展研究**
LÜSE WULIU YUNSHU YU FUWU ZHILIANG GUANLI XIETONG FAZHAN YANJIU

| | |
|---|---|
| **选题策划** | 夏飞洋 |
| **责任编辑** | 夏飞洋 |
| **封面设计** | 李海波 |

| | |
|---|---|
| **出版发行** | 哈尔滨工程大学出版社 |
| **社　　址** | 哈尔滨市南岗区南通大街 145 号 |
| **邮政编码** | 150001 |
| **发行电话** | 0451-82519328 |
| **传　　真** | 0451-82519699 |
| **经　　销** | 新华书店 |
| **印　　刷** | 哈尔滨午阳印刷有限公司 |
| **开　　本** | 787 mm×1 092 mm　1/16 |
| **印　　张** | 13.5 |
| **字　　数** | 251 千字 |
| **版　　次** | 2024 年 7 月第 1 版 |
| **印　　次** | 2024 年 7 月第 1 次印刷 |
| **书　　号** | ISBN 978-7-5661-4520-8 |
| **定　　价** | 65.00 元 |

http://www.hrbeupress.com
E-mail:heupress@ hrbeu.edu.cn

# 前　　言

　　随着全球经济的飞速发展和人们生活水平的不断提升,物流运输业作为支撑现代经济的重要支柱,其重要性日益凸显。然而,物流运输业的快速发展也带来了诸多挑战,如环境污染、资源浪费以及服务质量参差不齐等问题。为了解决这些问题,绿色物流运输应运而生,成为行业发展的新趋势。

　　本书旨在探讨绿色物流运输与服务质量管理的关联性,并提出相应的管理策略与实践案例,以期为我国物流运输业的可持续发展提供有益的参考和借鉴。

　　在本书的撰写过程中,我们首先对绿色物流运输的概念、特点、发展现状及趋势进行了深入的分析和探讨。通过对绿色物流运输的效益与挑战的剖析,我们认识到在追求经济效益的同时,必须注重环境保护和资源利用的效率,实现经济效益与社会效益的双赢。

　　接着,我们引入了服务质量管理理论框架,对服务质量管理的基本概念、理论体系以及关键要素与过程进行了系统的梳理和阐述。通过对理论框架的构建,我们为绿色物流运输中的服务质量管理提供了坚实的理论基础。

　　在此基础上,我们深入探讨了绿色物流运输与服务质量管理的关联性。通过分析绿色物流运输对服务质量管理的影响以及服务质量管理在绿色物流运输中的应用与提升,揭示了两者之间的内在联系和相互作用。

　　为了将理论转化为实践,本书进一步提出了绿色物流运输中的服务质量管理策略。这些策略包括服务设计策略、服务过程管理策略以及服务补救与持续改进策略等,旨在为企业在实际操作中提供具体的指导和建议。

　　此外,我们还通过多个国内外绿色物流运输服务质量管理成功案例的介绍和经验总结,展示了服务质量管理在绿色物流运输中的实际应用效果。这些案例不仅丰富了本书的内容,也为读者提供了宝贵的参考和启示。

　　最后,本书对绿色物流运输与服务质量管理协同发展的路径与策略进行了展望。我们分析了协同发展的必要性与可行性,提出了路径选择与策略构建的建议,并探讨了政策支持与保障措施的实施。这些建议旨在为政府、企业以及学术界提供决策参考,推动绿色物流运输与服务质量管理的协同发展。

总的来说,本书旨在搭建一座连接绿色物流运输与服务质量管理的桥梁,通过理论探讨、策略提出以及实践案例的展示,为推动我国物流运输业的绿色发展提供有力的支持。我们相信,在不久的将来,绿色物流运输将成为行业的主流趋势,为构建美丽中国、实现可持续发展贡献力量。

著　者

2024 年 3 月

# 目　　录

# 第1章 引　　言

## 1.1　研究背景与意义

### 1.1.1　绿色物流运输:可持续发展新方向

研究背景方面,随着全球经济的高速发展,物流运输业作为现代经济的支柱性产业,其地位和作用日益凸显。然而,物流运输业的快速发展也带来了一系列挑战,如环境污染、资源浪费以及服务质量参差不齐等问题。这些问题不仅影响了物流运输业的可持续发展,也对社会经济的健康发展构成了威胁。因此,绿色物流运输应运而生,成为行业发展的崭新方向。绿色物流运输强调在物流活动中实现资源节约、环境友好和可持续发展,具有重要的战略意义。

### 1.1.2　绿色物流:质量管理与效益双赢之道

在现今激烈的市场竞争环境下,物流运输企业面临着前所未有的挑战。随着消费者需求的日益多样化,服务质量已成为决定企业成败的关键因素。而绿色物流作为一种新兴的物流理念,它强调在物流活动中实现资源节约、环境友好,不仅有助于提升企业的社会形象,更能为企业带来实质性的经济效益。

1. 绿色物流有助于提升服务质量

物流服务质量涵盖了运输效率、货物安全性、信息透明度等多个方面。在绿色物流的理念下,企业会采取一系列措施,如优化运输路径、使用节能型运输工具、加强货物跟踪与监控等,来确保货物能够安全、准时地送达客户手中。这些措施的实施,不仅提升了物流服务的整体水平,也增强了客户对企业的信任度和满意度。

2. 绿色物流有助于降低运营成本

通过采用先进的物流技术和设备,企业可以实现资源的有效利用和成本的节约。例如,使用节能型运输工具可以减少燃油消耗和排放,降低运输成本;通过优化库存管理和配送策略,可以减少库存积压和运输空驶率,进一步降低运营成本。这些成本的节约,不仅提升了企业的盈利能力,也为企业提供了更多的资金用于提升服务质量和扩大市场份额。

3.绿色物流有助于实现经济效益与社会效益的双赢

在追求经济效益的同时,企业也需要承担一定的社会责任。通过实施绿色物流战略,企业可以减少对环境的污染和破坏,为社会的可持续发展做出贡献。同时,绿色物流也有助于提升企业的社会形象和品牌价值,增强企业的市场竞争力。这种双赢的局面,使得绿色物流成为物流运输企业未来发展的必然选择。

综上所述,绿色物流与质量管理的协同发展,对于提升物流运输企业的综合竞争力、实现经济效益与社会效益的双赢具有重要意义。因此,企业应积极探索和实践绿色物流理念,不断提升服务质量和管理水平,以适应市场变化和客户需求的挑战。

### 1.1.3 绿色物流研究:助力可持续发展新路径

在探讨绿色物流运输作为可持续发展新方向的基础上,进一步深入研究绿色物流不仅具有理论价值,更具备重要的实践意义。这一研究领域不仅是对物流行业发展趋势的敏锐洞察,更是对可持续发展理念的积极响应。

1.研究意义一:深化理论认识

首先,绿色物流研究有助于深化对绿色物流运输和服务质量管理的理论认识。通过对绿色物流理念、原则、方法和技术的系统梳理,我们可以更清晰地理解绿色物流的内涵和外延,明确其与传统物流的区别与联系。同时,通过深入研究绿色物流运输与服务质量管理之间的关系,可以揭示两者之间的内在联系和协同作用机制,为物流运输业的可持续发展提供理论支撑。

2.研究意义二:提供实践指导

其次,绿色物流研究可以为物流运输业的可持续发展提供实践指导。通过对绿色物流运输与服务质量管理协同发展的研究,我们可以探索出更加高效、环保、优质的物流运输模式。这些模式不仅有助于降低物流成本、提高运输效率,还能有效减少环境污染和资源消耗,实现经济效益和环境效益的双赢。同时,这些实践指导还可以为物流企业提供具体的操作方法和策略,帮助它们在实际运营中更好地应用绿色物流理念和技术。

3.研究意义三:支持政策制定

此外,绿色物流研究还可以为管理部门制定相关政策提供科学依据。通过对绿色物流运输与服务质量管理的研究,我们可以发现行业发展中存在的问题和瓶颈,为管理部门提供有针对性的政策建议。这些政策建议可以包括鼓励绿色物流技术创新、优化物流运输网络、加强绿色物流人才培养等方面,为物流运输业的绿色化、智能化和可持续发展提供有力保障。

绿色物流研究在深化理论认识、提供实践指导和支持政策制定等方面都具有重要的研究意义。通过这一研究,我们可以为物流运输业的可持续发展探索新的路径和模式,为推动社会经济的绿色发展和可持续发展做出积极贡献。

综上所述,本研究具有重要的理论和实践意义,有助于推动物流运输业的绿色化、智能化和高质量发展。

# 1.2　研究目的与任务

在本章节中,详细讲解和分析研究目的与任务是至关重要的,因为这为整个研究指明了方向,并确定了具体的研究内容和工作重点。

## 1.2.1　绿色物流协同:发展路径新探索

1. 研究目的与核心意图

在现代物流领域中,绿色物流协同已经成为一个备受关注的研究方向。本研究的核心目的是深入探索绿色物流运输与服务质量管理之间的协同关系,并试图找出一条能够推动两者共同发展的有效路径。这样的探索对于促进物流行业的可持续发展具有重要意义,并且可以为企业在实践中提供有价值的指导。

2. 绿色物流运输与服务质量管理的深入分析

研究将针对绿色物流运输的理念、原则和实践方法进行深入探讨。绿色物流运输强调在物流过程中减少对环境的影响,提高资源利用效率,实现经济效益与环境效益的双赢。这涉及运输方式的选择、运输路径的优化、运输工具的节能减排等多个方面。通过对这些方面的深入研究,我们可以更好地理解绿色物流运输的实质和内涵。

同时,研究还将关注服务质量管理的理论框架和实践应用。服务质量管理是物流行业中的关键环节,它直接关系到客户的满意度和企业的竞争力。研究将重点探讨服务质量管理的关键要素、评估方法和改进策略,以便为物流企业提供有效的管理工具和手段。

3. 揭示内在联系与相互影响机制

在深入分析绿色物流运输和服务质量管理的基础上,研究将进一步探讨两者之间的内在联系和相互影响机制。绿色物流运输的实施可能会对服务质量管理产生积极的影响,比如通过降低能耗和减少污染来提升企业的环保形象和客户认可度。反过来,服务质量管理的优化也可以促进绿色物流运输的更好实施,比如通过提高运输效率和减少浪费来降低环境负荷。

4.提出协同发展策略

本研究将致力于提出一套系统的、科学的、可操作的协同发展策略。这些策略将综合考虑绿色物流运输和服务质量管理的需求和特点,旨在实现两者的有机结合和相互促进。通过实施这些策略,物流运输企业可以更好地实现绿色化、高效化和优质化的发展目标,从而提升自身的竞争力和可持续发展能力。

5.研究的意义与预期贡献

本研究的意义在于为物流运输业的可持续发展提供新的思路和方向。通过揭示绿色物流运输与服务质量管理之间的协同关系,我们可以为企业在实践中提供有针对性的指导,帮助企业实现经济效益与环境效益的双赢。同时,本研究还可以为政策制定者提供科学依据,为推动物流行业的绿色化和智能化发展提供政策支持。

综上所述,本研究的核心目的是探索绿色物流运输与服务质量管理之间的协同关系,并寻求实现两者协同发展的有效路径。通过深入分析、揭示内在联系和提出协同发展策略,我们期望能够为物流运输业的可持续发展做出积极贡献。

## 1.2.2 绿色物流协同:策略研究与实施

在研究任务方面,为了实现上述研究目的,我们需要完成以下几个主要任务。

1.理论梳理与框架构建

本研究对绿色物流运输和服务质量管理的相关理论进行了系统的梳理和总结,构建了一个清晰的理论框架。这将有助于我们更好地理解两者的内涵、特点和要求,为后续的研究提供理论支撑。

2.现状分析与问题识别

本研究通过实地调研、案例分析等方式,对物流运输业的绿色化程度和服务质量管理现状进行深入了解。在此基础上,识别出制约绿色物流运输与服务质量管理协同发展的主要问题和障碍,为后续的策略制定提供现实依据。

3.策略制定与实施路径设计

本研究基于理论分析和现状分析的结果,提出了促进绿色物流运输与服务质量管理协同发展的具体策略和实施路径。这些策略应包括但不限于技术创新、管理优化、政策引导等方面,以确保策略的有效性和可操作性。

**4.案例研究与效果评估**

选择典型的物流运输企业进行案例研究,分析其在绿色物流运输与服务质量管理协同发展方面的实践经验和成效;同时,建立评估指标体系,对协同发展策略的实施效果进行定量和定性的评估,以验证策略的有效性和适用性。

综上所述,通过完成以上研究任务,我们可以达到本研究的目的,为物流运输业的绿色化、高效化和优质化发展提供有力的理论支持和实践指导;同时,这一研究也有助于推动物流运输业的可持续发展,为构建绿色、低碳、循环的现代经济体系贡献力量。

# 1.3　研究方法与技术路线

在本章节中,详细讲解和分析研究方法与技术路线是至关重要的,因为它们决定了研究过程的科学性和有效性,直接影响研究结果的可靠性和实用性。

## 1.3.1　研究方法

本研究将采用多种研究方法相结合的方式,以全面、深入地探讨绿色物流运输与服务质量管理协同发展的内在机制和有效路径。

**1.文献研究法**

通过对国内外相关文献的梳理和分析,了解绿色物流运输和服务质量管理的理论基础、发展现状和趋势,为本研究提供理论支撑和参考依据。

**2.实地调研法**

通过深入物流运输企业、相关政府部门和行业协会进行实地调研,收集第一手资料和数据,了解绿色物流运输和服务质量管理的实际情况、存在问题和需求,为策略制定提供现实依据。

**3.案例分析法**

选取具有代表性的物流运输企业进行案例分析,深入探讨其在绿色物流运输和服务质量管理协同发展方面的实践经验、成效和不足,为本研究提供实证支持。

**4.定量与定性分析法**

运用统计分析、数学建模等定量分析方法,对收集到的数据进行处理和分析,揭示绿色物流运输与服务质量管理之间的数量关系和发展规律;同时,结合定性分析方法,对研究结果进行深入解读和阐述。

### 1.3.2 技术路线

本研究的技术路线主要包括以下几个步骤。

1. 明确研究问题与目标

在深入研究背景和文献综述的基础上,明确本研究的核心问题和研究目标,即探讨绿色物流运输与服务质量管理协同发展的内在机制和有效路径。

2. 构建理论框架

基于文献研究和理论分析,构建绿色物流运输与服务质量管理协同发展的理论框架,为后续研究提供理论支撑和指导。

3. 开展实证研究

通过实地调研、案例分析等方法,收集数据和资料,对绿色物流运输和服务质量管理的实际情况进行深入的了解和分析。

4. 数据处理与分析

运用定量和定性分析方法,对收集到的数据进行处理和分析,揭示绿色物流运输与服务质量管理之间的内在联系和发展规律。

5. 策略制定与实施路径设计

基于实证研究结果,制定促进绿色物流运输与服务质量管理协同发展的具体策略和实施路径,为物流运输业的绿色发展提供实践指导。

6. 总结与展望

对本研究的主要发现和结论进行总结,指出研究的局限性和未来研究方向,为后续的深入研究提供启示和借鉴。

综上所述,本研究通过综合运用多种研究方法和科学的技术路线,旨在全面、深入地探讨绿色物流运输与服务质量管理协同发展的内在机制和有效路径,为物流运输业的绿色发展提供有力的理论支持和实践指导。

# 1.4 研究内容与结构安排

这部分对于理解研究的核心框架、层次逻辑关系以及研究的完整性和系统性具有重要意义。下面,我将按照章节的常规逻辑结构进行逐一讲解和分析。

### 1.4.1 研究内容

本研究内容主要围绕绿色物流运输与服务质量管理协同发展展开,具体包括以下几个方面。

1. 绿色物流运输的内涵与发展现状

（1）对绿色物流运输的定义、特点和价值进行阐述，明确绿色物流运输在现代物流业中的地位和作用。

（2）分析当前绿色物流运输的发展现状及存在的问题，为后续研究提供现实背景和依据。

2. 服务质量管理在物流运输中的应用

（1）探讨服务质量管理理论在物流运输领域的适用性，分析服务质量管理对提升物流运输效率和客户满意度的重要性。

（2）研究当前物流运输企业在服务质量管理方面的实践经验和存在的问题。

3. 绿色物流运输与服务质量管理协同发展的理论基础

（1）深入剖析绿色物流运输与服务质量管理之间的内在联系和协同发展的理论基础，构建两者协同发展的理论框架。

（2）分析协同发展对提升物流运输业整体竞争力和可持续发展的重要意义。

4. 绿色物流运输与服务质量管理协同发展的策略与路径

（1）基于前面的理论和实证分析，提出促进绿色物流运输与服务质量管理协同发展的具体策略和实施路径。

（2）探讨政府、企业和社会在推动协同发展过程中的角色和职责。

## 1.4.2 结构安排

本研究的结构安排旨在确保研究内容的逻辑性和条理性，方便读者理解和把握研究的整体框架。具体安排如下。

1. 引言

简要介绍研究的背景、目的和意义，明确研究的核心问题和研究范围。

2. 理论基础与文献综述

（1）对绿色物流运输和服务质量管理相关理论进行梳理和评述，为后续研究提供理论支撑。

（2）分析国内外研究现状，找出研究的不足之处和需要进一步探讨的问题。

3. 绿色物流运输发展现状与服务质量管理现状分析

对绿色物流运输和服务质量管理的现状进行深入分析，揭示存在的问题和挑战。

4. 绿色物流运输与服务质量管理协同发展的理论分析

构建绿色物流运输与服务质量管理协同发展的理论模型，分析协同发展的内在机制和影响因素。

5. 实证研究

（1）通过问卷调查、访谈、案例分析等方法收集数据，对理论模型进行实证检验。

（2）分析实证结果，揭示绿色物流运输与服务质量管理协同发展的实际状况。

6. 策略制定与实施路径设计

基于理论和实证分析结果，提出促进绿色物流运输与服务质量管理协同发展的具体策略和实施路径。

7. 结论与展望

（1）总结研究的主要发现和结论，指出研究的创新点和不足之处。

（2）对未来研究方向进行展望，为后续研究提供借鉴和参考。

通过以上对研究内容和结构安排的详细讲解和分析，可以看出本研究在逻辑上层层递进、条理清晰，既注重理论分析，又兼顾实证检验，旨在为绿色物流运输与服务质量管理协同发展提供有益的探索和参考。

# 第 2 章　绿色物流运输概述

随着全球经济的飞速发展,物流运输业作为连接生产与消费的重要纽带,其地位日益凸显。然而,传统物流运输方式往往伴随着高能耗、高排放等问题,给环境带来沉重负担。在这样的背景下,绿色物流运输应运而生,成为推动物流业可持续发展的关键力量。

本章将深入探讨绿色物流运输的概念与特点,揭示其独特优势和发展潜力。首先,我们将对绿色物流运输进行明确定义,阐述其在节约资源、减少污染等方面的显著特点。接下来,通过分析当前绿色物流运输的发展现状和趋势,我们将了解到绿色物流运输正逐渐成为行业发展的主流方向。同时,本章还将重点关注绿色物流运输的效益与挑战,从经济效益、环境效益和社会效益三个方面分析其重要价值,并深入探讨在推广绿色物流运输过程中所面临的困难和挑战。

通过对本章内容的学习,读者将能够全面了解绿色物流运输的基本内涵和发展现状,深刻认识到绿色物流运输对于推动物流业转型升级、实现可持续发展的重要意义。同时,本章还将为后续章节的研究提供理论支撑和实践参考,为绿色物流运输的深入研究和应用奠定坚实基础。

## 2.1　绿色物流运输的概念与特点

绿色物流运输作为现代物流体系的重要组成部分,是指在物流运输过程中充分考虑环境保护和资源节约,通过采用先进的运输技术和管理方法,实现物流活动的绿色化、低碳化和可持续发展。这一概念强调了物流运输与环境保护之间的紧密关系,体现了物流行业对可持续发展理念的积极响应。

下文将通过具体的实例来详细讲解和分析绿色物流运输的特点。

### 2.1.1 环保性

传统物流运输方式在环保方面存在明显的局限性。由于主要关注效率和成本,传统物流往往忽视了运输过程中对环境造成的负面影响,如排放污染、资源浪费等。这种局限性不仅限制了传统物流的可持续发展,也使其难以适应当前全球环境保护的形势和要求。

环保性是绿色物流运输的核心竞争力所在。随着全球气候变化和环境问题的加剧,越来越多的企业开始认识到环保的重要性,并寻求通过绿色物流运输来降低自身对环境的影响。强调环保性不仅有助于提升企业的社会责任感和品牌形象,还能够降低运营成本和提高资源利用效率,从而实现经济效益和环境效益的双赢。

绿色物流的优势如下。

● 相比之下,绿色物流运输具有显著的优势。它不仅能够降低运输过程中的能源消耗和排放污染,还能够提高资源利用效率和减少废弃物产生。

● 同时,绿色物流运输还能够提升企业的竞争力和市场地位,吸引更多关注环保的消费者和合作伙伴。

1.强调环保性是绿色物流运输的核心特点

绿色物流运输作为一种新型的物流理念与实践,其核心特点在于强调其环保性。这一特点与传统的物流运输方式形成了鲜明的对比,并展现出了其独特的价值和意义。

(1)环保理念的转变

①传统物流运输主要关注运输的效率和成本,往往以追求利润最大化为首要目标。在这个过程中,对环境的保护和资源的合理利用往往被忽视或放在次要地位。

②然而,随着全球环境问题日益严重,人们开始意识到环境保护的重要性。绿色物流运输也因此应运而生,将环保理念融入物流运输的各个环节中,强调在追求经济效益的同时,也要关注对环境的影响。

(2)环保实践的具体体现

①绿色物流运输在实践中通过多种方式实现其环保性。例如,选择使用低碳排放的运输工具,优化运输路线以减少车辆行驶距离和时间,提高装载率以减少空驶率等。

②绿色物流运输注重资源的循环利用和废弃物的处理。例如,采用可循环使用的包装材料,对废旧物品进行回收再利用,减少废弃物的产生和排放。

综上所述,绿色物流运输强调环保性是其核心特点之一。通过转变环保理念和采用具体的环保实践措施,绿色物流运输实现了经济效益和环境效益的协调发展,为行业的可持续发展做出了积极贡献。

2. 减少对环境的影响

为了实现环保性,绿色物流运输采取了一系列措施来降低对环境的影响。这些措施包括但不限于以下几方面。

(1)采用环保型运输工具。例如,引入电动卡车、氢能源车辆等清洁能源驱动的运输工具,减少化石燃料的消耗和尾气排放。

(2)优化运输路径。通过合理规划运输路线,减少不必要的绕行和空驶,降低运输过程中的能源消耗。

(3)提高装载率。通过提高车辆的装载率,实现单位运输成本的降低,同时减少运输次数,降低对环境的压力。

3. 实际案例分析

在实际操作中,绿色物流运输的理念往往需要通过具体的案例来体现其可行性和效果。以某物流公司引入电动卡车和太阳能充电站为例,这一举措充分展现了绿色物流运输的实践应用,为其他企业提供了宝贵的借鉴经验。

(1)电动卡车的引入

①电动卡车作为绿色物流运输的重要工具,具有显著的环保优势。与传统的燃油卡车相比,电动卡车在行驶过程中不产生尾气排放,从而有效减少了空气污染。

②此外,电动卡车的运行成本也相对较低,因为电力成本通常低于燃油成本。同时,随着电池技术的不断进步,电动卡车的续航里程也在不断提高,使其更加适合长途运输。

(2)太阳能充电站的建设

①太阳能充电站是与电动卡车相配套的绿色能源设施。通过利用太阳能进行充电,太阳能充电站不仅降低了对传统电力的依赖,还进一步减少了碳排放。

②太阳能充电站的建设还体现了企业的长远眼光和创新精神。通过投资绿色能源设施,企业不仅能够实现环保目标,还能够为未来的可持续发展奠定基础。

(3)具体分析

①环保效益显著

通过引入电动卡车和太阳能充电站,该物流公司成功减少了运输过程中的尾气排放,为改善空气质量做出了积极贡献。这种环保实践有助于缓解城市空气污染问题,提升居民的生活质量。

②经济效益与社会效益双赢

• 从经济效益角度看,电动卡车的低运行成本和太阳能充电站的绿色能源利用有助于降低企业的运营成本。同时,这种绿色物流实践还能够提升企业的社会责任感和品牌形象,吸引更多消费者和合作伙伴的关注。

• 从社会效益角度看,该物流公司的实践为其他企业树立了榜样,推动了绿色物流运输的普及和发展。这有助于形成全社会的环保氛围,推动可持续发展目标的实现。

③可持续性发展的体现

该案例体现了企业在可持续发展方面的积极努力。通过引入电动卡车和太阳能充电站等绿色物流技术,企业不仅关注当前的经济效益,还着眼于未来的可持续发展。这种长远眼光有助于企业在激烈的市场竞争中保持领先地位。

综上所述,某物流公司引入电动卡车和太阳能充电站的实际案例充分展示了绿色物流运输的实践成果和优势。通过减少尾气排放、降低对传统电力的依赖等措施,实现了环保效益、经济效益和社会效益的协调发展,为绿色物流运输的推广和应用提供了有力支持。

4. 绿色物流运输的未来发展趋势

随着全球环保意识的日益增强和科技的飞速发展,绿色物流运输逐渐成为物流行业的主流发展趋势。这种趋势不仅体现了企业对社会责任的积极承担,也反映了市场对高效、可持续物流服务的迫切需求。以下是对绿色物流运输未来发展趋势的详细讲解和具体分析。

(1)环保型运输工具的普及

未来,越来越多的企业将会选择使用环保型运输工具,如电动车辆、氢能源车辆等,以减少燃油消耗和碳排放。这些新型运输工具不仅具有更低的能耗和排放,还能通过智能化管理实现运输效率的提升。同时,政府也将出台更多政策,鼓励和支持环保型运输工具的研发和应用。

(2)先进物流技术的应用

随着物联网、大数据、人工智能等技术的不断发展,未来绿色物流运输将更加依赖这些先进技术。通过物联网技术,企业可以实时追踪货物的位置和状态,优化运输路线和配送方案;通过大数据技术,企业可以分析历史数据,预测未来需求,提前规划运输资源;通过人工智能技术,企业可以实现自动化、智能化的运输管理,提高运输效率和服务质量。

(3)绿色包装和循环利用的推广

在绿色物流运输中,包装材料的环保性和循环利用性也至关重要。未来,企业将更加注重包装材料的环保性,选择可降解、可回收的包装材料,减少对环境的影响。同时,企业还将推动包装材料的循环利用,通过回收、再生等方式,降低资源消耗和废弃物产生。

(4)绿色供应链的构建

绿色物流运输不仅是单一环节的改进,更是整个供应链的协同优化。未来,企业将与供应商、分销商等合作伙伴共同构建绿色供应链,通过协同合作,实现资源的高效利用和环境的可持续发展。

(5)行业标准和政策支持的加强

为了推动绿色物流运输的发展,未来政府将出台更多相关政策和标准,规范企业的行为,鼓励企业采用绿色物流运输方式。同时,行业协会和组织也将加强行业自律和协作,推动绿色物流运输技术的研发和应用。

未来绿色物流运输将呈现更加环保、高效、智能的发展趋势。企业需要紧跟时代步伐,加强技术创新和人才培养,积极应对市场变化,推动绿色物流运输的快速发展。

综上所述,绿色物流运输的环保性特点体现在其通过一系列措施降低对环境的影响,实现物流运输与环境保护的和谐发展。这一特点不仅符合当前社会对环保的需求,也为企业带来了长远的发展机遇。

## 2.1.2　资源节约性

绿色物流运输的第二个显著特点是资源节约性。这一特点主要体现在通过科学的运输组织和调度,最大程度地减少资源浪费,提高物流资源的利用效率。以下是对该特点的详细讲解和分析。

1. 资源节约性的核心意义

资源节约性在物流运输领域扮演着至关重要的角色。它的核心思想在于通过精心规划和高效调度,实现对物流过程中各项资源的最大化利用,从而避免不必要的浪费。这种理念不仅有助于企业降低运营成本,提高经济效益,更与当前全球推崇的可持续发展理念相契合,对环境保护和社会进步都具有深远的积极意义。

(1)从企业的角度来看,资源节约性有助于降低物流成本。在物流运输过程中,通过对运输线路、运输工具、装载方式等进行合理规划和优化,可以减少运输距离、提高运输效率,从而降低油耗、减少车辆磨损等成本支出。同时,通过合理的仓储管理,可以减少库存积压和损耗,提高库存周转率,进一步降低库存成本。这些措施的实施,将直接提升企业的经济效益和市场竞争力。

(2)从环境保护的角度来看,资源节约性对于减少污染、保护生态环境具有重要意义。物流运输过程中产生的尾气排放、噪音污染等问题一直是环保领域关注的焦点。通过优化运输方式、提高运输效率，可以减少车辆尾气排放和噪音污染，降低对环境的不良影响。此外，资源节约性还体现在对可再生资源的利用上，例如通过推广使用新能源车辆、开发绿色包装材料等，减少对化石能源的依赖，降低碳排放，实现物流行业的绿色可持续发展。

（3）从社会进步的角度来看，资源节约性有助于推动社会文明的进步。在物流运输过程中，通过倡导绿色消费、推广循环经济等理念，可以引导公众形成节约资源、保护环境的良好风尚。这种风尚的形成，将进一步推动社会的文明进步和可持续发展。

综上所述，资源节约性在物流运输过程中具有多方面的积极意义。它不仅能够降低企业的运营成本，提高经济效益，还能够保护环境、推动社会进步。因此，我们应该在物流运输领域积极推广和应用资源节约性理念，为实现可持续发展贡献力量。

2. 实现资源节约性的主要措施

（1）合理的运输组织

这包括对运输任务进行合理的分配和安排，确保运输任务的均衡性和连续性。通过合理的运输组织，可以减少车辆空驶、等待等浪费现象，提高运输效率。

（2）智能调度系统的应用

企业通过智能调度系统可以根据实时的订单分布和交通状况，动态地调整运输路线和车辆配置。这样不仅可以避免迂回运输和重复运输，还可以确保车辆始终保持较高的满载率，从而减少资源浪费。

（3）提高运输效率

通过优化运输流程、采用先进的运输技术和管理手段，可以提高运输效率，减少运输时间和成本。例如，采用集装箱运输、托盘化运输等方式，可以提高货物的装卸效率，减少货损货差，进一步节约资源。

3. 资源节约性的实际效益

（1）降低运输成本

通过减少空驶、迂回运输等浪费现象，以及提高运输效率，企业可以显著降低运输成本，增强竞争力。

（2）增强企业可持续发展能力

资源节约性不仅有助于企业降低运营成本，还体现了企业的社会责任和环保意识。这有助于提升企业的社会形象和声誉，吸引更多消费者和合作伙伴，从而增强企业的可持续发展能力。

（3）促进绿色物流行业的发展。

随着资源节约性被越来越多的企业所重视，绿色物流行业将得到进一步的发展和推广。这将有助于推动整个物流行业的转型升级，实现更加环保、高效的物流运输方式。

综上所述，绿色物流运输的资源节约性特点体现了其在优化资源配置、降低浪费方面的优势。通过合理的运输组织和调度，以及应用先进的技术和管理手段，企业可以实现资源的最大化利用，降低运营成本，同时促进绿色物流行业的发展。

## 2.1.3　技术创新性

绿色物流运输的第三个显著特点是技术创新性。随着科技的不断发展，绿色物流运输积极拥抱新技术，利用物联网、大数据、人工智能等现代技术手段，实现了物流信息的实时共享和智能决策，从而提高了运输过程的可视化程度和可控性。以下是对技术创新性的详细讲解和分析。

1. 技术创新性的核心意义

技术创新性在绿色物流运输发展中扮演着至关重要的角色，它是推动行业不断前进、实现可持续发展的核心动力源泉。其核心意义如下。

（1）提升运输效率与降低能耗

技术创新为绿色物流运输带来了显著的效率提升。通过引入物联网、大数据、人工智能等先进技术，物流运输行业能够实现对运输过程的实时监控、智能调度和路径优化。这不仅减少了运输途中的等待时间和空驶率，还提高了车辆的装载率和运输效率。同时，新技术还有助于降低运输过程中的能耗，减少不必要的能源消耗和浪费。

（2）促进绿色物流技术应用

技术创新性为绿色物流提供了更多可能性。例如，新能源车辆的研发和应用，使得物流运输行业能够减少对传统燃油的依赖，从而降低尾气排放和碳足迹。此外，智能配送、无人机配送等创新技术的应用，也进一步推动了物流运输的绿色化进程。这些技术的应用不仅减少了物流对环境的影响，还提升了用户体验和物流服务水平。

（3）推动行业转型与升级

技术创新性对于物流行业的转型和升级具有深远影响。随着科技的进步，传统的物流运输方式正在逐步被智能化、自动化的新型运输方式所取代。这种转型不仅提高了物流运输的效率和质量，还推动了整个物流行业的创新发展。通过技术创新，物流行业能够更好地满足市场需求，实现高质量发展。

（4）强化供应链协同与优化

技术创新性还有助于加强供应链协同和优化。通过应用区块链、云计算等技术，物流运输行业可以实现供应链信息的实时共享和透明化，提高供应链的协同效率和响应速度。这有助于减少信息不对称和降低沟通成本，提高供应链的整体效率和竞争力。

（5）提升行业竞争力与市场份额

具有技术创新性的企业通常能够更好地满足市场需求，提升服务质量，从而增强市场竞争力。在绿色物流运输领域，那些能够积极应用新技术、实现绿色发展的企业往往能够获得更多的市场份额和客户认可。这不仅有助于企业实现经济效益的增长，还能够提升整个行业的形象和声誉。

综上所述，技术创新性是绿色物流运输发展的动力源泉。通过不断引入和应用新技术，物流运输行业能够实现运输过程的优化和效率提升，同时减少对环境的影响，推动物流行业的可持续发展。因此，企业应加大技术创新投入，积极拥抱新技术，以推动绿色物流运输的快速发展。

2. 技术创新在绿色物流运输中的应用

（1）物联网技术的应用

物联网技术通过给物品嵌入传感器和标识，实现物品的自动识别和信息交互。在绿色物流运输中，物联网技术可以帮助企业实时监控货物的位置和状态，确保货物在运输过程中的安全和可控。同时，物联网技术还可以帮助企业优化运输路线，减少空驶和等待时间，提高运输效率。

（2）大数据技术的应用

大数据技术可以对海量数据进行收集、分析和挖掘，为物流运输提供决策支持。例如，某供应链平台利用大数据分析预测货物需求，这有助于企业提前规划运输方案，合理安排运输资源和时间，实现精准配送和库存优化。通过大数据分析，企业还可以发现运输过程中的瓶颈和问题，从而进行针对性的改进和优化。

（3）人工智能技术的应用

人工智能技术通过模拟人类的思维和行为，实现自主决策和优化。在绿色物流运输中，人工智能技术可以应用于运输路线的规划、车辆调度的优化等方面。通过机器学习和深度学习等技术，人工智能系统可以不断学习和适应运输环境的变化，提高运输过程的智能化水平。

3. 技术创新带来的实际效益

（1）提高运输效率

通过应用新技术手段，绿色物流运输能够实现运输过程的自动化和智能化，减少人为因素的干扰和误差,提高运输效率。例如,智能调度系统可以根据实时交通信息调整运输路线和车辆配置,确保运输任务的顺利完成。

(2)降低运营成本

技术创新有助于减少资源浪费和降低运输成本。通过优化运输路线和车辆配置,减少空驶和迂回运输等现象,降低运输成本。同时,通过精准预测货物需求和库存优化,可以减少库存积压和缺货现象,进一步降低运营成本。

(3)提升客户体验

技术创新还可以提升客户体验。通过实时共享物流信息,客户可以了解货物的实时位置和预计到达时间,提高客户对物流服务的满意度。同时,精准配送和库存优化也可以确保客户及时收到所需货物,提升客户体验。

综上所述,技术创新性是绿色物流运输的重要特点之一。通过应用物联网、大数据、人工智能等现代技术手段,绿色物流运输实现了运输过程的优化和效率提升,为行业的可持续发展提供了有力支持。随着科技的不断进步和应用场景的不断拓展,相信未来绿色物流运输的技术创新性将得到进一步发挥和提升。

## 2.1.4　协同性

在绿色物流运输的众多特点中,协同性是一个尤为关键且不容忽视的方面。协同性强调的是多方主体之间的紧密合作与配合,共同推动物流运输行业的绿色发展。这一特点体现在政策制定、企业实践以及消费者选择等多个层面。

1. 绿色物流政策:引导与支持并重

绿色物流政策在推动绿色物流运输发展中起着至关重要的作用,它们不仅为行业的发展提供了明确的方向和目标,而且通过一系列支持措施,能够有效地引导企业积极参与绿色物流实践。这种引导与支持并重的政策体系,为绿色物流的健康发展奠定了坚实基础。

(1)政策在绿色物流发展中的引导作用

主管部门通过制定绿色物流发展规划,明确了绿色物流的发展方向、目标以及实施路径。这些规划不仅为物流行业指明了绿色发展的方向,也为企业在实际操作中提供了具体的指导。此外,政府还通过制定绿色物流标准和指南,规范了物流行业的绿色化操作,确保绿色物流的顺利推进。

(2)政策在支持绿色物流发展方面也发挥了重要作用

政府通过提供资金支持和税收优惠等措施,有效地降低了企业参与绿色物流实践的成本和风险。这种经济激励使得更多的企业愿意投身于绿色物流领域,推动了行业的快速发展。此外,政府还通过建设绿色物流示范项目、推广绿色物流技术等方式,为行业提供了宝贵的经验和借鉴。

(3)绿色物流政策的作用

①提升了行业的环保意识。绿色物流政策的出台,使得物流行业对于环保的认识更加深入,企业开始更加注重在物流过程中减少对环境的影响。这不仅有利于提升行业的整体形象,也为行业的可持续发展奠定了基础。

②推动了技术的创新和应用。为了符合绿色物流的要求,企业需要不断引入新技术、新设备,提升物流运作的效率和环保性。这种技术创新和应用的过程,不仅提升了企业的竞争力,也为行业的整体发展注入了新的活力。

③促进了合作与共赢。绿色物流政策的实施,需要政府、企业、社会等多方共同参与和协作。这种合作与共赢的模式,不仅有利于推动绿色物流的快速发展,也为各方带来了实实在在的利益。

④在实施过程中也面临一些挑战和问题。例如,政策的制定需要充分考虑行业的实际情况和发展需求,避免一刀切或过于严格的情况出现。同时,政策的执行和监管也需要加强,确保政策能够真正落地并发挥实效。

综上所述,绿色物流政策在引导与支持并重的基础上,为绿色物流运输的发展提供了有力的制度保障。通过制定明确的发展方向和目标、提供经济激励以及推动技术创新和应用等措施,有效地推动了绿色物流的快速发展。未来,随着政策的不断完善和优化,相信绿色物流将在我国得到更加广泛和深入的应用和发展。

2. 企业协同推动绿色物流发展

企业协同在推动绿色物流发展中扮演着至关重要的角色。这种协同性不仅体现在企业内部的优化管理,更体现在企业之间的合作与共享上,共同为绿色物流的落地实施贡献力量。

(1)企业协同推动绿色物流发展的一个重要方面在于加强绿色供应链管理。绿色供应链管理强调在整个供应链中融入环保理念,从原材料采购、生产制造到物流配送等各个环节都力求减少对环境的影响。企业通过与供应商建立绿色采购协议,鼓励供应商采用环保材料和生产工艺,从源头上保障产品的绿色性。同时,企业还可以优化运输方式,选择低碳、节能的运输工具,减少运输过程中的能耗和排放。

(2)推广绿色包装和可循环使用材料也是企业协同推动绿色物流发展的重要手段。传统物流包装往往使用一次性材料,不仅浪费资源,还增加了处理成本。而绿色包装则采用可降解、可循环使用的材料,既减少了资源浪费,又降低了环境污染。企业可以通过研发和推广绿色包装技术,提高包装的环保性能,同时降低包装成本。此外,企业还可以建立包装回收体系,对使用过的包装进行回收和再利用,实现资源的循环利用。

（3）企业之间的合作与共享也是推动绿色物流发展的关键。通过建立合作伙伴关系，企业可以共同研发绿色物流技术，共享绿色物流资源，实现资源的优化配置和成本的降低。例如，多家企业可以联合投资研发更高效的绿色运输工具或更先进的绿色仓储技术，共享研发成果和技术专利。此外，企业还可以共同建立绿色物流信息平台，实现物流信息的共享和协同管理，提高物流运作的效率和准确性。

（4）企业协同推动绿色物流发展的具体成效体现在多个方面。首先，通过加强绿色供应链管理和推广绿色包装，企业可以有效降低物流过程中的能耗和排放，减少对环境的影响。其次，企业之间的合作与共享可以实现资源的优化配置和成本的降低，提高企业的竞争力和盈利能力。此外，企业协同还可以推动整个物流行业的绿色化发展，为社会的可持续发展做出贡献。

（5）企业协同推动绿色物流发展也面临一些挑战。例如，不同企业之间的合作需要建立信任机制和利益共享机制，以确保合作的稳定性和长期性。此外，绿色物流技术的研发和推广需要投入大量的资金和人力资源，需要企业有足够的实力和决心去推动。

综上所述，企业协同在推动绿色物流发展中发挥着重要作用。通过加强绿色供应链管理、推广绿色包装和可循环使用材料以及建立合作伙伴关系等方式，企业可以共同推动绿色物流的落地实施，为社会的可持续发展做出贡献。

3. 消费者选择推动绿色物流发展

消费者选择对绿色物流发展的推动作用日益显著，这体现了绿色物流运输协同性的一个重要方面。具体来说，消费者的环保意识提升和绿色消费偏好正在重塑市场格局，进而推动企业乃至整个物流行业朝着更加环保、可持续的方向发展。

（1）消费者环保意识的提高是推动绿色物流发展的基础。随着环境污染和资源浪费问题的日益严重，越来越多的消费者开始认识到环保的重要性，并积极参与环保行动。他们更倾向于选择环保性能良好的产品，以及那些在生产、包装、运输等环节注重环保的企业。这种消费趋势的变化为企业提供了明确的市场信号，促使企业更加注重环保，推动绿色物流的发展。

（2）消费者的绿色消费偏好影响了企业的生产和销售决策。在消费者需求的驱动下，企业不得不重新思考其生产和销售策略，以满足消费者对绿色产品的需求。这包括研发环保产品、采用环保包装、优化运输方式等。同时，企业还需要关注消费者的反馈和意见，不断改进产品和服务，以更好地满足消费者的绿色消费需求。

（3）消费者的选择通过市场机制推动了绿色物流运输的发展。在市场经济中,消费者的选择决定了企业的生存和发展。那些注重环保、积极响应消费者绿色需求的企业往往能够获得更多的市场份额和竞争优势。这种市场机制使得企业更加注重绿色物流运输的发展,以降低成本、提高效率、增强竞争力。

具体来说,消费者选择推动绿色物流发展的作用体现在以下几个方面。

①促进绿色技术的研发和应用。为了满足消费者的绿色需求,企业需要不断研发和应用新的绿色技术,如新能源车辆、智能物流系统等,以降低物流运输过程中的能耗和排放。

②推动绿色包装和循环利用的发展。消费者越来越关注产品的包装和循环利用情况。因此,企业需要采用环保包装材料,设计易于回收和再利用的包装结构,推动绿色包装和循环利用的发展。

③优化运输方式和路线。为了减少运输过程中的能耗和排放,企业需要优化运输方式和路线,选择更加环保、高效的运输方式,如铁路运输、水路运输等,并合理规划运输路线,减少不必要的绕行和空驶。

消费者选择推动绿色物流发展的过程也面临一些挑战。例如,消费者对绿色产品的认知度和接受度还需要进一步提高;同时,企业也需要加强绿色物流的宣传和推广力度,提高消费者对绿色物流的认识和了解。

综上所述,消费者选择是推动绿色物流发展的重要动力之一。随着环保意识的提高和绿色消费趋势的加强,消费者的选择将继续引导企业乃至整个物流行业朝着更加环保、可持续的方向发展。

4. 政企协同促绿色物流持续发展

政企协同在促进绿色物流持续发展方面扮演着至关重要的角色。下面,我将详细讲解并具体分析政企协同的重要性及其在实际案例中的应用。

(1)政企协同意味着政府部门和企业在绿色物流发展上形成合力,共同推进相关政策的制定与实施,以及技术和管理模式的创新。政府部门负责制定宏观政策和标准,引导企业走向绿色化;而企业则积极响应政策,结合自身实际进行绿色物流实践,形成良性互动。

以某城市主管部门与企业合作推动绿色物流示范区建设为例,这种合作模式正是政企协同的生动体现。主管部门通过政策激励,如税收优惠、资金补贴等,鼓励企业采用绿色运输方式,减少污染排放。同时,为企业提供技术支持和资金扶持,如研发推广新能源汽车、建设智能物流系统等,帮助企业解决在绿色物流实践中遇到的困难和问题。

而企业则积极响应政策号召,加强绿色供应链管理,推广绿色包装和可循环使用材料,减少资源浪费和环境污染。此外,企业还通过优化运输路线、提高运输效率等方式,降低能耗和排放,实现经济效益和环境效益的双赢。

这种协同合作的模式不仅有助于推动绿色物流运输的快速发展,还能够提升整个物流行业的效率和质量。通过政策引导、企业实践和消费者选择等多方面的协同努力,可以形成主管部门、企业和社会共同参与的良好氛围,共同推动绿色物流运输的可持续发展。

(2)政企协同还有助于解决绿色物流发展中的瓶颈问题。例如,在基础设施建设方面,政府部门可以加大投入,建设绿色物流园区、充电站等基础设施,为企业提供便利;在人才培养方面,可以加强高校、科研机构与企业的合作,培养具有绿色物流理念和实践经验的专业人才,为行业发展提供有力支撑。

(3)政企协同也面临一些挑战。例如,政策制定可能存在一定的滞后性,不能完全适应市场变化;企业在追求经济利益的同时,可能忽视环境效益等。因此,在推进政企协同的过程中,需要不断总结经验教训,完善政策体系,加强监管力度,确保绿色物流的可持续发展。

(4)政企协同在促进绿色物流持续发展方面发挥着重要作用。通过加强政策引导、技术支持和资金扶持等方面的合作,可以实现政府部门和企业的良性互动,共同推动绿色物流的发展。同时,还需要不断完善政策体系、加强监管力度等,确保绿色物流的可持续发展。

综上所述,绿色物流运输以环保性、资源节约性、技术创新性和协同性为主要特点,通过实践案例的展示和分析,我们可以更加深入地理解这些特点在实际运作中的体现和应用。随着社会对环境保护和可持续发展的关注度不断提高,绿色物流运输将在未来发挥更加重要的作用,推动物流行业实现更加绿色、高效和可持续的发展。


# 2.2　绿色物流运输的发展现状与趋势

绿色物流运输作为现代物流体系的重要组成部分,近年来得到了广泛的关注和发展。随着全球环保意识的增强和可持续发展理念的深入人心,绿色物流运输的发展现状与趋势呈现出以下特点。

## 2.2.1　发展现状

1.技术创新推动绿色物流运输发展

技术创新在推动绿色物流运输发展方面起到了至关重要的作用。随着物联网、大数据、人工智能等技术的不断进步,绿色物流运输领域得以实现更加高效、环保和可持续的发展。下文将详细讲解并具体分析这些技术创新如何推动绿色物流运输的发展。

(1)物联网技术的应用使得物流运输过程中的各个环节实现了实时追踪和监控。通过在运输车辆、仓库、货物等关键节点上安装传感器和GPS定位装置,可以实时获取运输状态、位置信息、环境参数等数据,并进行远程监控和管理。这不仅提高了物流运输的透明度和安全性,还有助于优化运输路线、减少空驶和迂回运输,从而降低能源消耗和排放污染。

(2)大数据技术的应用为绿色物流运输提供了强大的数据支持。通过对海量数据的收集、分析和挖掘,可以实现对物流运输全过程的精准把控和优化。例如,利用大数据分析技术,可以对运输路线进行智能规划,避免拥堵和不必要的等待时间,提高运输效率;同时,通过对运输过程中的能耗、排放等数据进行实时监测和分析,可以及时发现和解决潜在的环境问题,推动物流运输的绿色发展。

(3)人工智能技术的不断发展也为绿色物流运输带来了新的机遇。智能调度系统、自动驾驶车辆、智能仓储等应用正在逐步普及,这些技术通过机器学习和深度学习算法,实现对物流运输过程的自动化和智能化管理。智能调度系统可以根据实时交通信息和货物需求,智能规划运输路线和车辆调度,减少空驶和等待时间;自动驾驶车辆可以通过精准感知和决策,实现更加安全、高效的运输;智能仓储可以通过自动化设备和机器人技术,提高仓储效率和空间利用率,降低仓储成本。

在新能源技术应用方面,电动车辆和太阳能充电站等技术的推广和应用也为绿色物流运输提供了有力支持。电动车辆以其零排放、低噪音、低能耗等优点,逐渐成为物流运输领域的新宠;太阳能充电站可以利用可再生能源为电动车辆提供充电服务,进一步降低能源消耗和排放污染。

综上所述,技术创新在推动绿色物流运输发展方面发挥了重要作用。物联网、大数据、人工智能等技术的应用使得物流运输过程更加高效、环保和可持续;而新能源技术的应用则为绿色物流运输提供了更加清洁、安全的能源保障。随着技术的不断进步和应用范围的扩大,相信绿色物流运输将会迎来更加广阔的发展前景。

2.政策引导促进绿色物流运输发展

政策引导在促进绿色物流运输发展方面起到了关键的作用。各国政府和管理部门通过制定和实施一系列相关政策,鼓励和支持物流行业的绿色化转型,推动绿色物流运输的发展。下文将详细讲解并具体分析政策引导如何促进绿色物流运输的发展。

(1)政府通过税收减免、补贴等优惠政策来鼓励企业采用环保型运输工具和设备。例如,针对电动车辆和清洁能源车辆的购买和使用,政府提供了税收优惠或补贴,降低了企业采用这些环保型运输工具的成本。同时,对于采用绿色包装材料、实施节能减排措施的企业,政府也给予相应的奖励和支持。这些政策激励了企业积极投入绿色物流运输领域,推动了绿色物流技术的研发和应用。

(2)政府加强了对传统燃油车辆的限制和监管。通过制定严格的排放标准、限制燃油车辆的使用范围和时间等措施,政府强制性地推动了物流行业的绿色化转型。这些政策限制了传统燃油车辆的发展空间,使得绿色物流运输成为更加可行和经济的选择。同时,政府还加强了环保法规的执法力度,对违规排放和污染环境的行为进行处罚和整改,为绿色物流运输的发展提供了法律保障。

(3)政府还通过制定绿色物流发展规划和标准来推动整个行业的绿色化转型。这些规划和标准明确了绿色物流的发展方向和目标,为企业提供了明确的指导和支持。同时,政府还加强了与企业的合作,推动绿色物流技术的研发和应用,为行业绿色化转型提供了技术支持和创新动力。

(4)除了直接的财政激励和法规限制外,政府还通过宣传教育和培训等手段,提高企业和公众对绿色物流运输的认识和意识。通过普及绿色物流的理念和优势,政府引导企业和社会各界共同参与到绿色物流运输的发展中来,形成了推动绿色物流运输发展的强大合力。

综上所述,政策引导在促进绿色物流运输发展方面发挥了重要的作用。通过税收减免、补贴等优惠政策鼓励企业采用环保型运输工具和设备,加强对传统燃油车辆的限制和监管,以及制定绿色物流发展规划和标准等手段,政府为绿色物流运输的发展提供了良好的环境和条件。未来,随着更多绿色物流政策的出台和实施,相信绿色物流运输将会得到更加快速和广泛的发展。

3. 企业实践推动绿色物流运输发展

企业实践在推动绿色物流运输发展中起着至关重要的作用。随着社会对环保意识的提高和可持续发展的重要性日益凸显,越来越多的企业开始认识到绿色物流运输对于企业自身长远发展和社会责任的积极影响,并积极将其纳入企业的战略发展规划中。

(1)一些具有前瞻性的企业开始积极采用环保型运输工具和设备。这些工具和设备往往具备低能耗、低排放的特点,如电动汽车、混合动力车、天然气车辆等。企业通过引入这些绿色运输工具,不仅有助于减少能源消耗和排放污染,还能够提升企业的形象和品牌价值,吸引更多环保意识强的消费者。

(2)企业注重优化运输组织和调度,通过科学的规划和管理来降低运输过程中的能源消耗和排放。例如,企业可以采用合理的运输路线、优化运输批次、提高运输效率等方式,减少运输过程中的空驶、重复运输等现象,从而有效降低能源消耗和碳排放。

(3)企业还加强了对供应链的绿色管理。供应链是物流运输的重要环节,也是能源消耗和排放污染的主要来源之一。因此,企业通过与供应商合作,推广绿色包装和可循环使用材料,减少包装废弃物的产生和资源的浪费。同时,企业还加强对供应链各环节的监控和管理,确保整个供应链的碳排放和资源消耗得到有效控制。

这些企业实践不仅有助于推动绿色物流运输技术的发展和应用,还能够带动整个行业向着更加环保、可持续的方向发展。通过企业的实践探索和创新,可以积累宝贵的经验和教训,为其他企业提供借鉴和参考。

(4)企业的绿色物流实践还能够促进政策制定和完善。政府部门可以通过观察和研究企业的实践成果,了解绿色物流运输的实际需求和效果,从而制定更加符合实际情况的政策和措施。这些政策和措施可以进一步激励和推动企业加大绿色物流运输的投入和发展。

综上所述,企业实践是推动绿色物流运输发展的重要力量。通过积极采用环保型运输工具和设备、优化运输组织和调度、加强供应链的绿色管理等方式,企业能够有效地降低能源消耗和排放污染,提升企业的竞争力和社会责任感。同时,企业的实践还能够为政策制定和完善提供重要的参考和借鉴,推动整个行业的绿色化转型。

## 2.2.2　发展趋势

1. 绿色物流运输将更加智能化和自动化

绿色物流运输在智能化的时代背景下,正逐步实现更为精细化和自动化的运营,而这得益于物联网、人工智能等前沿技术的不断突破和广泛应用。下文将详细讲解并具体分析这一趋势。

(1)智能化调度系统的应用

随着大数据和人工智能技术的深度融合,智能调度系统正在成为绿色物流运输的核心。这些系统能够实时收集和分析运输过程中的各种数据,包括货物信息、车辆状态、路况信息等,通过算法优化运输路线、提高车辆装载率,减少空驶和等待时间,从而大幅提升运输效率。

智能调度系统还能够预测和应对各种突发情况,如交通拥堵、天气变化等,及时调整运输计划,确保货物能够按时、安全地送达目的地。这种智能化的调度方式不仅提高了运输效率,还有助于降低能耗和减少排放,符合绿色物流的发展要求。

（2）自动化仓储和配送设备的普及

自动化仓储和配送设备是绿色物流运输智能化的另一重要体现。自动化立体仓库、智能机器人等设备的应用，使得货物的存储、分拣和配送过程更加高效和精准。这些设备能够实现 24 小时不间断作业，大大提高了仓储和配送的效率。

同时，自动化设备还能够减少人工操作中的错误和损耗，降低企业的运营成本。在绿色物流方面，自动化设备通过精确控制货物的存储和配送过程，减少了不必要的能源消耗和排放，有助于实现物流行业的可持续发展。

（3）无人驾驶运输车辆的探索与实践

无人驾驶技术是绿色物流运输智能化的又一重要方向。无人驾驶运输车辆能够自主完成货物的运输任务，无需人工干预，大大提高了运输的安全性和效率。

在绿色物流方面，无人驾驶运输车辆通过优化行驶路线和速度，减少了人为因素导致的能耗和排放。此外，无人驾驶运输车辆还可以实现与智能交通系统的无缝对接，进一步提高运输的智能化水平。

然而，无人驾驶技术的广泛应用仍面临一些挑战，如技术成熟度、法律法规的完善等。但随着技术的不断进步和政策的逐步放开，相信无人驾驶运输车辆将在未来绿色物流运输领域发挥越来越重要的作用。

综上所述，绿色物流运输将更加智能化和自动化，这是物流行业发展的必然趋势。通过应用智能调度系统、自动化仓储和配送设备以及无人驾驶运输车辆等技术手段，我们可以实现更加高效、安全、环保的物流运输服务，为社会的可持续发展做出积极贡献。

2. 绿色物流运输将实现更广泛的协同合作

绿色物流运输的发展是一个系统工程，它不仅涉及物流运输本身的技术和流程优化，还需要各方利益相关者的广泛协同合作。这种协同合作不仅有助于提升绿色物流运输的效率和可持续性，还能促进整个社会的绿色发展和生态文明建设。下面，我们将详细讲解并具体分析绿色物流运输实现更广泛协同合作的重要性及其具体表现。

（1）管理部门的作用与政策引导

管理部门在绿色物流运输的发展中扮演着至关重要的角色。他们可以通过制定和实施相关政策，为绿色物流运输提供有力的支持和保障。例如，管理部门可以出台税收优惠、财政补贴等政策措施，鼓励企业采用绿色物流运输方式，降低运输过程中的能耗和排放。

同时，管理部门还应加强对绿色物流运输的监管力度，确保各项政策得到有效执行。这包括对运输企业的绿色绩效进行评估和考核，对不符合绿色标准的行为进行处罚和纠正,从而推动整个行业向绿色、低碳、循环的方向发展。

（2）企业的技术创新与绿色供应链管理

企业在绿色物流运输的发展中同样发挥着重要作用。作为物流运输的主体,企业应积极加强技术创新,推动绿色物流运输技术的研发和应用。例如,企业可以采用智能化、自动化的物流设备和技术,提高运输效率和降低能耗;同时,还可以探索使用新能源车辆、清洁能源等替代传统燃油,减少对环境的影响。

此外,企业还应加强绿色供应链管理,从源头上减少资源的浪费和环境的污染。通过与供应商、生产商等合作伙伴建立紧密的合作关系,共同推动供应链的绿色化,实现资源的循环利用和环境的可持续发展。

（3）社会各界的宣传教育与公众参与

社会各界的宣传教育和公众参与也是推动绿色物流运输发展的重要力量。通过加强宣传教育,可以提高公众对绿色物流运输的认识和理解,增强环保意识和责任感。同时,公众的参与和监督也可以推动管理部门和企业更加重视绿色物流运输的发展,加强相关政策和措施的制定和实施。

具体来说,社会各界可以通过举办绿色物流宣传活动、发布绿色物流宣传资料等方式,向公众普及绿色物流运输的知识和理念;同时,还可以通过媒体渠道加强对绿色物流运输的报道和宣传,提高其在社会上的影响力和认知度。

综上所述,绿色物流运输实现更广泛的协同合作是推动其发展的重要途径。管理部门、企业和社会各界应共同努力,加强政策引导、技术创新、绿色供应链管理和宣传教育等方面的工作,共同推动绿色物流运输的发展,为构建绿色、低碳、循环的经济发展模式做出积极贡献。

3.绿色物流运输将促进全球可持续发展

绿色物流运输作为现代物流业的重要发展方向,不仅关乎一个国家或地区的经济发展和环境保护,更是全球可持续发展战略的重要组成部分。随着全球化的深入发展,绿色物流运输将在全球范围内产生深远影响,促进资源的合理利用、减少环境污染,并推动经济的绿色转型。下面,我们将详细讲解并具体分析绿色物流运输如何促进全球可持续发展。

（1）促进资源的合理利用

绿色物流运输注重资源的节约和高效利用。通过优化运输路线、提高运输工具的效率、采用先进的包装技术等方式,绿色物流运输能够降低能源消耗和物资损耗,减少不必要的资源浪费。这种资源节约的方式不仅有助于降低企业的运营成本,还能够为全球范围内的资源利用提供更具可持续性的解决方案。

（2）减少环境污染

绿色物流运输致力于减少运输过程中产生的尾气排放、噪声污染和废弃物等环境问题。通过采用清洁能源、提高车辆的排放标准、推广绿色包装等方式，绿色物流运输能够显著减少对环境的负面影响。这种减少污染的方式不仅有助于改善当地环境质量，还能够为全球气候变化和环境保护做出贡献。

（3）推动经济的绿色转型

绿色物流运输的发展将推动全球经济的绿色转型。随着消费者对环保产品的需求不断增加，企业将更加注重绿色供应链的建设和绿色物流运输的实施。这将促使更多的企业采用环保技术和管理方法，推动产业的绿色升级。同时，绿色物流运输的发展还将催生新的绿色产业和就业机会，为全球经济带来新的增长点。

（4）加强国际合作与交流

绿色物流运输的发展需要各国之间的合作与交流。通过分享经验、共同研发绿色技术和标准、推动政策协调等方式，各国可以共同应对绿色物流运输面临的挑战和机遇。这种国际合作与交流将促进全球物流行业的绿色化进程，推动形成更加开放、包容和可持续的全球经济体系。

综上所述，绿色物流运输在促进全球可持续发展方面发挥着重要作用。通过促进资源的合理利用、减少环境污染、推动经济的绿色转型以及加强国际合作与交流，绿色物流运输将为全球范围资源在内的可持续发展提供有力支持。因此，各国应积极推动绿色物流运输的发展，共同构建绿色、低碳、循环的全球经济体系。

### 2.2.3　实例分析

以某大型物流公司为例，近年来该公司积极推动绿色物流运输的发展，其举措不仅展示了企业的社会责任感，也为整个行业树立了绿色发展的典范。下面，我们将详细讲解该公司在绿色物流运输方面的实践及其意义。

（1）在技术创新方面，该公司引入了智能调度系统。通过大数据分析和先进的算法优化，该系统能够实时收集并分析运输数据，智能规划运输路线，并根据实际情况智能调度车辆。这种智能化的管理方式有效降低了运输过程中的空驶率，减少了不必要的行驶里程，从而降低了能耗和碳排放。同时，智能调度系统还能优化车辆的装载率、减少物资损耗、提高运输效率。

（2）在政策引导方面，该公司积极响应政府部门的环保政策，采用环保型运输工具和设备。例如，公司逐步淘汰了老旧、高污染的运输车辆，替换为新能源或低排放的环保型车辆。此外，公司还加强了对运输过程中的环保管理，如严格控制运输途中的尾气排放、噪声污染等，确保运输活动符合环保标准。

（3）该公司还注重与供应链上下游企业的合作。通过与供应商和客户建立紧密的合作关系，共同推广绿色包装和可循环使用材料。这不仅降低了包装成本，还减少了包装废弃物的产生，实现了资源的循环利用。同时，这种合作也促进了整个供应链的绿色化，提高了供应链的可持续性。

通过该大型物流公司的实践可以看出，绿色物流运输的发展需要技术创新、政策引导和企业实践等多方面的支持和推动。技术创新为绿色物流运输提供了强有力的支撑，政策引导则为企业提供了发展的方向和动力，而企业实践则是推动绿色物流运输发展的关键力量。

（4）随着全球环保意识的提高和可持续发展理念的深入人心，绿色物流运输将迎来更加广阔的发展空间和机遇。越来越多的消费者将倾向于选择环保、低碳的产品和服务，这将促使企业更加重视绿色物流运输的发展。而政府也将出台更多的环保政策，支持绿色物流运输的推广和应用。

总之，该大型物流公司在绿色物流运输方面的实践为我们提供了一个成功的范例。通过技术创新、政策引导和企业实践等多方面的努力，我们可以推动绿色物流运输的发展，为全球可持续发展做出贡献。

综上所述，绿色物流运输的发展现状呈现出技术创新、政策引导和企业实践等多方面的积极态势，而未来发展趋势则更加智能化、自动化和协同化，并有望促进全球可持续发展。随着技术的不断进步和社会环保意识的不断提高，相信绿色物流运输将在未来发挥更加重要的作用，为构建绿色、低碳、可持续的物流体系做出重要贡献。

# 2.3　绿色物流运输的效益与挑战

绿色物流运输作为现代物流体系的重要组成部分，旨在实现物流活动的资源节约、环境友好与高效运作。下文将通过具体的实例，详细讲解和分析绿色物流运输的效益与挑战。

## 2.3.1　效益分析

1. 经济效益

以某电商企业为例，该企业通过积极引入绿色物流运输理念，并成功实施了一系列节能减排措施，从而实现了显著的经济效益。下面，我们将详细讲解并具体分析这些措施所带来的经济效益。

（1）该企业采用了清洁能源运输工具,如电动货车和氢能源车辆。这一举措不仅符合当前全球环保趋势,也为企业带来了实际的经济效益。相比传统燃油车辆,清洁能源运输工具在使用过程中显著减少了燃油消耗和排放污染。这不仅有助于降低企业的能源成本,还减少了因排放超标而可能面临的环保罚款或处罚。

（2）通过优化运输路线和配送方案,企业进一步提高了运输效率。借助先进的物流管理系统和大数据分析技术,企业能够实时掌握运输过程中的各种信息,从而精准地规划运输路线和配送时间。这不仅减少了运输过程中的空驶和重复配送,降低了运输成本,还提高了配送的准时率和可靠性,进一步提升了客户满意度。

这些节能减排措施的实施,为企业带来了显著的经济效益。一方面,通过降低燃油消耗和减少排放污染,企业有效降低了运营成本;另一方面,通过提高运输效率和客户满意度,企业赢得了更多的市场份额和客户信任,从而实现了销售收入的增加。此外,随着社会对环保意识的不断提高,绿色物流运输也成为了企业品牌形象的重要组成部分,有助于提升企业的社会声誉和品牌价值。

需要注意的是,虽然绿色物流运输在短期内可能会增加企业的投资成本,但从长远来看,其所带来的经济效益和社会效益是显而易见的。随着技术的不断进步和环保政策的日益严格,绿色物流运输将成为企业持续发展的必然选择。

综上所述,某电商企业通过引入绿色物流运输理念并实施一系列节能减排措施,不仅降低了运营成本、提高了运输效率,还提升了客户满意度和企业品牌价值,实现了显著的经济效益。这为企业树立了良好的环保形象,也为整个行业树立了绿色发展的典范。

2. 社会效益

绿色物流运输对社会的贡献是多方面的,显著地促进了社会的可持续发展。以该电商企业为例,其绿色物流运输实践不仅有助于环境保护,还对社会产生了积极的影响。下面,我们将详细讲解并具体分析这些社会效益。

（1）该电商企业通过实施绿色物流运输,显著减少了污染物的排放,从而改善了空气质量。采用清洁能源运输工具,如电动货车和氢能源车辆,有效降低了燃油消耗和尾气排放。这有助于减少大气中的有害物质含量,改善城市的空气质量,保护生态环境。同时,减少污染物的排放也降低了对居民健康的潜在威胁,提高了居民的生活质量。

（2）该企业还通过推广绿色包装和可循环使用材料,降低了包装废弃物的产生,减少了资源消耗。传统的包装材料往往难以降解,对环境造成长期负担。而绿色包装材料则采用可再生或可降解的材料制成,降低了对自然资源的依赖,减少了废弃物对环境的污染。此外,可循环使用材料的推广也降低了包装成本,提高了资源利用效率,有助于构建资源节约型社会。

这些绿色物流运输实践不仅有利于社会可持续发展,还提升了企业的社会形象和声誉。在当今社会,环保和可持续发展已经成为公众关注的焦点。企业积极承担社会责任,推动绿色物流运输的发展,能够赢得公众的认可和信任。这有助于提升企业的品牌形象和市场竞争力,为企业赢得更多的商业机会和合作伙伴。

(3)绿色物流运输的推广还能够带动相关产业的发展和创新。随着绿色物流运输理念的深入人心,越来越多的企业将加入到这一行列中来,推动相关技术的研发和应用。这将为环保产业、新能源产业等带来新的发展机遇,促进整个社会的创新和发展。

综上所述,该电商企业的绿色物流运输实践产生了显著的社会效益。通过减少污染物排放、改善空气质量、降低资源消耗和推广绿色包装等措施,企业为社会的可持续发展做出了积极贡献。这不仅提升了企业的社会形象和声誉,还带动了相关产业的发展和创新,为整个社会的进步和发展注入了新的动力。

3. 环境效益

绿色物流运输的环境效益是非常显著的,它通过一系列环保措施,有效地降低了物流活动对环境的负面影响,促进了生态平衡和可持续发展。下面,我将以某快递公司为例,详细讲解并具体分析其绿色物流运输的环境效益。

(1)该快递公司采用了环保型运输工具,如电动汽车、氢能源车辆等,替代了传统的燃油车辆。这些新型运输工具具有较低的碳排放量和能源消耗,显著减少了物流运输过程中的温室气体排放。通过大规模应用这些环保型运输工具,该快递公司成功地降低了整体的碳排放强度,为应对全球气候变化做出了积极贡献。

(2)该公司还优化了装载方案,提高了运输效率。通过科学合理地安排货物的装载顺序和方式,减少了空驶和重复运输,降低了运输过程中的能源消耗和排放。同时,优化装载方案还减少了车辆的数量和行驶里程,进一步减轻了对环境的压力。

(3)该快递公司还积极推广电子运单的使用。传统纸质运单不仅消耗大量纸张资源,而且在处理过程中会产生一定的废弃物。而电子运单则完全实现了无纸化操作,消除了纸张资源的浪费,并减少了废弃物的产生。这一举措不仅有利于节约资源,还降低了物流过程中的环境负担。

(4)该快递公司还加强了对运输过程中废弃物的处理和资源回收。他们建立了完善的废弃物处理体系,对运输过程中产生的废弃物进行分类、处理和回收利用。同时,他们还积极推广可再生资源的使用,如使用可降解的包装材料、推广循环使用的运输包装等,进一步降低了对环境的负面影响。

这些措施的综合实施使得该快递公司的绿色物流运输取得了显著的环境效益。碳排放量的降低有助于减缓全球气候变暖的速度,保护生态系统的稳定性。资源回收和再利用则减少了对自然资源的依赖,促进了资源的可持续利用。同时,绿色物流运输还改善了空气质量,降低了噪音污染,提升了居民的生活质量。

总的来说,绿色物流运输的环境效益是多方面的、显著的。通过采用环保型运输工具、优化装载方案、推广电子运单以及加强废弃物处理和资源回收等措施,可以有效地降低物流活动对环境的负面影响,促进生态平衡和可持续发展。这不仅是企业的社会责任所在,也是实现经济与环境和谐发展的必然要求。

## 2.3.2　挑战分析

### 1. 技术挑战

绿色物流运输的发展,尽管已经取得了一些显著的进步,但在技术层面仍面临着一系列挑战。这些挑战不仅涉及清洁能源技术的应用,还包括智能物流系统的优化与提升。下文将详细讲解并具体分析这些技术挑战。

(1)清洁能源车辆作为绿色物流运输的重要组成部分,其续航里程和充电设施的建设仍是目前亟待解决的问题。尽管随着技术的不断进步,清洁能源车辆的续航里程已经有了显著提升,但在实际应用中,尤其是在长途运输或高强度作业场景下,其续航里程仍难以满足需求。这导致清洁能源车辆在实际应用中的推广受到了一定的限制。

(2)充电设施的建设也面临着诸多挑战。一方面,充电设施的布局和数量仍不能满足清洁能源车辆的需求。在很多地区,充电设施的分布不均,甚至存在充电设施匮乏的情况,这使得清洁能源车辆的使用受到了很大的限制。另一方面,充电设施的建设和维护也需要大量的投入,包括土地、资金、人力等方面,这也增加了其推广的难度。

(3)智能物流系统在绿色物流运输中也发挥着越来越重要的作用,但其在数据处理和算法优化方面仍存在一定的挑战。智能物流系统需要处理大量的物流数据,包括货物的位置、数量、运输状态等,这些数据需要实时更新和处理,以实现对物流过程的精确控制。然而,目前的数据处理和算法优化技术还不能完全满足这种需求,导致智能物流系统的效率和准确性有待进一步提升。

(4)智能物流系统还需要具备更强的预测和规划能力。在绿色物流运输中,由于涉及多种运输方式和复杂的物流网络,因此,需要对物流过程进行精确的预测和规划,以实现资源的最大化利用和降低能源消耗。然而,目前的智能物流系统在预测和规划方面还存在一定的局限性,需要进一步加强算法的研发和优化。

综上所述,绿色物流运输在技术层面仍面临着清洁能源车辆续航里程和充电设施建设、智能物流系统数据处理和算法优化等方面的挑战。为了克服这些挑战,需要进一步加强技术研发和创新,推动清洁能源技术和智能物流系统的不断进步和完善。同时,政府和企业也需要加大投入和支持力度,为绿色物流运输的发展提供良好的环境和条件。

2. 成本挑战

绿色物流运输在实施过程中确实面临着成本挑战,这主要源于技术升级和设备更新的高额投入。这些成本不仅包括购买清洁能源车辆和充电设施的直接费用,还涉及智能物流系统的研发、维护以及持续升级的费用。这些投入对于规模较小或资金紧张的企业来说,往往难以承受,从而成为实施绿色物流运输的阻碍。

(1)清洁能源车辆的购买成本相对较高。尽管随着技术的不断发展和市场的逐渐成熟,清洁能源车辆的价格已经有所降低,但与传统的燃油车辆相比,其价格仍然偏高。这主要是因为清洁能源车辆的研发和生产需要更多的技术和资金投入,以及更严格的环保标准和认证要求。对于资金有限的企业来说,购买清洁能源车辆无疑是一项巨大的经济压力。

(2)充电设施的建设也需要大量的资金投入。充电设施的建设不仅包括充电站点的选址、规划和建设,还包括充电设备的采购和安装。这些都需要投入大量的资金,并且由于充电设施的利用率和回报周期较长,企业可能需要在短期内承受较大的经济压力。此外,充电设施的维护和管理也需要持续的资金投入,这也增加了企业的运营成本。

(3)智能物流系统的开发和应用同样需要投入大量的资金。智能物流系统需要借助先进的信息技术和数据分析工具,实现物流过程的自动化、智能化和可视化。这需要企业投入大量的资金进行系统的研发、部署和维护。对于一些缺乏技术支持和人才储备的企业来说,这无疑是一项巨大的挑战。

综上所述,绿色物流运输在实施过程中面临着多方面的成本挑战。这些挑战不仅来自于清洁能源车辆和充电设施的高额投入,还来自于智能物流系统的研发和应用成本。这些成本对于规模较小或资金紧张的企业来说往往难以承受,从而成为实施绿色物流运输的障碍。为了克服这些挑战,政府可以出台相关政策,如提供税收优惠、补贴和贷款支持等,以减轻企业的经济压力。同时,企业也可以通过合作和联盟的方式,共同承担成本,实现资源共享和互利共赢。

3. 政策支持不足

绿色物流运输在推动可持续发展和环境保护方面具有重要意义,然而目前政策支持不足成为制约其发展的一个重要因素。接下来,我将详细讲解并具体分析政策支持不足对绿色物流运输的影响。

(1)从政策执行的角度来看,尽管政府已经出台了一系列鼓励绿色物流发展的政策,但在实际执行过程中往往存在落实不到位的情况。这可能是由于政策制定时未能充分考虑各种实际情况和复杂性,导致政策难以有效实施。此外,一些地方政府在推进绿色物流运输方面缺乏积极性,导致政策执行力度不够,无法充分发挥政策的引导作用。

(2)资金支持方面的不足也是制约绿色物流运输发展的一个重要因素。绿色物流运输的实施需要大量的资金投入,包括清洁能源车辆的购置、充电设施的建设、智能物流系统的研发等方面。然而,目前政府对于绿色物流运输的资金支持相对有限,难以满足企业的实际需求。这导致一些企业由于缺乏资金而无法进行绿色物流运输的升级和改造,从而制约了整个行业的绿色发展。

(3)地区间的环保法规和标准差异也给企业的绿色物流运输实践带来了一定的困扰。由于不同地区的环保要求和环境标准不同,企业在开展跨地区绿色物流运输时往往需要面对不同的政策要求和监管标准。这不仅增加了企业的运营成本,还可能导致企业在不同地区之间的物流运输效率受到影响。

针对政策支持不足的问题,政府需要进一步加强政策制定和执行力度,提高政策的针对性和可操作性。同时,政府还可以通过设立专项资金、提供税收优惠等方式加大对绿色物流运输的资金支持力度。此外,建立统一的环保法规和标准体系也是解决地区间差异问题的关键,有助于企业在全国范围内开展绿色物流运输时能够遵循统一的标准和要求。

综上所述,政策支持不足是当前绿色物流运输发展面临的一个重要问题。政府需要进一步完善政策体系、加大资金支持力度并统一环保法规和标准,以推动绿色物流运输的健康发展。同时,企业也应积极响应政策导向,加大绿色物流运输的投入和实践力度,共同推动行业的绿色发展。

4.市场接受度问题

绿色物流运输作为一种环保且可持续的物流方式,其推广和实施对于整个社会的绿色发展至关重要。然而,市场接受度问题却成为制约其发展的一个显著障碍。下文将详细讲解并具体分析市场接受度问题的成因及其影响。

(1)从企业的角度来看,绿色物流运输的成本相对较高。这主要体现在以下几个方面:一是清洁能源车辆的购置成本通常高于传统燃油车辆;二是绿色物流运输需要投入更多的资金用于充电设施建设、智能物流系统的研发等;三是绿色物流运输在初始阶段可能面临技术不成熟、供应链不稳定等问题,导致运营成本上升。由于这些额外的成本支出,一些企业可能会因为短期利益考虑而缺乏实施绿色物流运输的动力。他们更倾向于选择传统的、成本更低的物流方式,以追求短期内的利润最大化。

(2)消费者对于绿色物流的认识和接受程度也需要进一步提高。尽管环保意识在逐渐增强,但许多消费者对于绿色物流的具体含义、优势以及实施方式仍然了解不足。这导致他们在选择物流服务时,往往更关注价格、速度和便捷性等因素,而非是否绿色、环保。因此,即使市场上提供了绿色物流运输服务,也可能因为消费者缺乏足够的认识和接受度而难以得到广泛应用。

(3)市场接受度问题还受到行业标准和监管政策的影响。如果缺乏统一的绿色物流运输标准和明确的监管政策,企业在实施绿色物流时可能会面临不确定性和风险,从而影响其积极性。同时,如果监管部门对于绿色物流的推广力度不够,未能形成良好的示范效应和市场氛围,也会制约其市场接受度的提升。

针对市场接受度问题,我们可以从以下几个方面着手解决。

①加强绿色物流的宣传和教育。通过各种渠道和形式,普及绿色物流的知识和理念,提高企业和消费者对绿色物流的认识和接受度。

②完善绿色物流的激励政策。政府可以通过设立专项资金、提供税收优惠等方式,鼓励企业积极实施绿色物流运输。同时,还可以建立绿色物流的认证和评价体系,对符合标准的企业给予一定的奖励和认可。

③推动绿色物流技术的研发和应用。通过技术创新和升级,降低绿色物流运输的成本,提高其效率和质量,从而增强其市场竞争力。

④加强行业合作和协调。通过行业协会、企业联盟等组织,推动绿色物流运输的标准化和规范化发展,形成行业共识和合力,共同推动绿色物流的普及和应用。

市场接受度问题是绿色物流运输推广过程中面临的一个重要挑战。我们需要从多个方面入手,加强宣传教育、完善激励政策、推动技术创新和加强行业合作,以提高绿色物流的市场接受度,推动其健康发展。

综上所述,绿色物流运输在带来经济效益、社会效益和环境效益的同时,也面临着技术、成本、政策支持和市场接受度等方面的挑战。为了推动绿色物流运输的持续发展,需要政府、企业和社会各方共同努力,加强技术创新、完善政策支持、提高市场认知度,共同推动绿色物流运输的普及和发展。

# 第3章 服务质量管理理论框架

在现今竞争日益激烈的市场环境中,服务质量已成为企业能否立足并持续发展的关键要素。无论是传统服务业还是现代制造业,提供卓越的服务质量都已成为企业获取竞争优势、赢得客户信任与忠诚度的必由之路。因此,深入探讨服务质量管理的基本概念、理论体系和关键要素与过程,对于指导企业实践、提升服务水平具有重要意义。

服务质量管理涉及多个层面的内容,它不仅仅是对服务流程的规范和管理,更是对服务提供者、服务接受者以及服务过程本身的全面优化。通过理解服务质量管理的基本概念,我们可以把握其本质与核心,为后续的实践操作提供理论支撑。而深入剖析服务质量管理的理论体系,则有助于我们形成系统化的认知框架,为解决实际问题提供理论指导。

当然,服务质量管理并非一蹴而就的过程,它涉及众多关键要素和复杂过程。从服务设计、服务提供到服务评价,每一个环节都关系到服务质量的优劣。因此,我们需要关注服务质量管理的关键要素,明确提升服务质量的路径和方法;同时,还需要理解服务质量管理的过程,确保各项措施能够得到有效执行和持续改进。

在接下来的章节中,我们将逐一展开对服务质量管理基本概念、理论体系和关键要素与过程的探讨。通过学习和理解这些内容,相信读者能够对服务质量管理有一个更为全面和深入的认识,进而为实践工作提供有益的借鉴和参考。

## 3.1 服务质量管理的基本概念

服务质量管理,作为现代企业管理体系中的核心组成部分,是指企业为确保其服务能够满足客户需求、提高客户满意度而进行的一系列管理活动。其核心在于通过有效的管理手段,确保服务过程和服务结果的优质性,从而赢得客户的信任和忠诚。

假设我们有一家提供乡村旅游体验的酒店,其服务特色在于回归自然、参与体验。这家酒店从建筑、装修到餐饮服务,都力求展现农家风格和田园风光,让久居都市的顾客能够感受到与众不同的乡村风情。

### 3.1.1　酒店个性化服务,细致入微暖人心

酒店作为服务行业的重要一环,其核心竞争力往往在于服务的质量和特色。特别是在当今这个消费者需求日益多样化、个性化的时代,酒店如何提供与众不同的服务体验,成为吸引和留住顾客的关键。接下来,我们将从服务设计的角度,深入分析酒店如何通过细致入微的个性化服务,温暖每一位顾客的心。

1.服务设计:满足顾客多元化需求

酒店服务设计是一个综合性的过程,旨在通过精心策划和布局,为顾客提供独特且满足其多元化需求的体验。下文将详细讲解并具体分析服务设计中如何满足顾客多元化需求的问题。

(1)酒店服务设计的初衷是最大限度地满足顾客的需求和期望。这意味着酒店不仅要提供基本的住宿和餐饮服务,更要深入了解顾客的心理和行为特点,以创造出能够打动人心的服务体验。

在现代社会,顾客的需求日益多元化和个性化。他们不再满足于简单的住宿和餐饮,而是追求更加独特、有趣且能够参与其中的体验。因此,酒店服务设计需要不断创新,以满足这些多样化的需求。

以某酒店为例,它通过创新的方式,让顾客能够深度参与到服务过程中来。比如,酒店提供了顾客可以进行田间采摘、与动物互动和钓鱼等自选式服务。这些活动不仅让顾客感受到了与众不同的体验,也增加了服务的趣味性和个性化。顾客可以根据自己的兴趣和喜好,选择参与其中的活动,从而享受到更加丰富的服务体验。

(2)酒店还提供了代加工和出租土灶台的服务。这种服务模式让顾客能够亲手制作美食,不仅满足了他们对于参与和体验的需求,也让他们能够更加深入地了解当地的饮食文化和风俗习惯。通过亲手制作美食,顾客可以更加深入地了解食材的来源、加工过程以及烹饪技巧,从而增强对当地文化的认知和体验。

这种服务设计不仅满足了顾客的多元化需求,也提升了酒店的品牌形象和市场竞争力。通过提供独特且个性化的服务体验,酒店能够吸引更多的顾客前来消费,并赢得他们的信任和口碑。同时,这种服务模式也能够增加顾客的黏性和忠诚度,为酒店的长期发展奠定坚实的基础。

综上所述,酒店服务设计在满足顾客多元化需求方面发挥着至关重要的作用。通过深入了解顾客需求、创新服务模式、提供个性化的体验等方式,酒店能够赢得

顾客的喜爱和认可,从而取得良好的市场效果。

**2. 服务提供:注重细节,确保质量**

在服务提供的过程中,酒店对于细节的关注与质量的把控是其成功的重要因素。这不仅涉及顾客体验的舒适度,还直接关联到酒店的品牌形象和口碑。下面,我将详细讲解并具体分析酒店如何在提供服务时注重细节并确保质量。

(1)从顾客进入酒店的那一刻起,酒店员工就展现出了极高的专业素养和服务意识。热情接待是每一个员工的基本职责,但更重要的是,他们能够准确地捕捉顾客的需求和期望,及时提供有效的帮助和引导。这种敏锐的洞察力和贴心的服务,让顾客从一开始就感受到了酒店的关怀和尊重。

在用餐环节,酒店更是将细节做到了极致。确保每一桌顾客都能在坐下后立即享受到热腾腾的豆浆,这不仅是对服务速度的把控,更是对顾客体验的重视。想象一下,在寒冷的冬天,一杯热腾腾的豆浆不仅能够驱散寒冷,还能让顾客感受到酒店的温暖和用心。这种关注顾客感受的服务方式,无疑能够大大提升顾客的满意度和忠诚度。

(2)酒店对于餐厅环境的清洁和消毒也毫不马虎。一个干净整洁的用餐环境是顾客对酒店的基本要求,也是酒店服务质量的重要体现。酒店会定期对餐厅进行深度清洁和消毒,确保每一个角落都符合卫生标准。这样,顾客在用餐时就能更加放心和舒心。

在食物的选材和烹饪方面,酒店也有着严格的标准和流程。新鲜的食材是美味佳肴的基础,酒店会严格筛选供应商,确保食材的新鲜度和质量。同时,厨师也会根据食材的特点和顾客的口味偏好,精心烹制出美味可口的菜肴。这种对食材和烹饪的严谨态度,让顾客能够品尝到最新鲜、最美味的食物,从而留下深刻的印象。

综上所述,酒店在服务提供的过程中注重细节、确保质量是其成功的重要因素。通过热情接待、及时服务、干净整洁的餐厅环境以及美味可口的菜肴,酒店为顾客提供了舒适、愉快的用餐体验。这种关注细节、追求质量的服务方式,不仅赢得了顾客的认可和喜爱,也为酒店赢得了良好的口碑和品牌形象。

**3. 个性化服务成就卓越体验**

个性化服务在当今的服务行业已经成为一种趋势,尤其在酒店业中,它更是成为提升顾客满意度和忠诚度的重要手段。个性化服务不仅要求酒店对顾客的基本需求有深入的了解,更要求酒店能够针对每位顾客的独特喜好和需求,提供定制化的服务体验。下文将详细讲解并具体分析个性化服务如何成就卓越体验。

(1)个性化服务要求酒店对顾客需求有精准把握。酒店通过收集和分析顾客的信息,包括他们的入住习惯、餐饮偏好、娱乐选择等,为每位顾客建立起个性化的档案。这样,当顾客再次入住时,酒店就能够根据他们的档案,提供符合他们需求的服务。例如,对于习惯早起的顾客,酒店可以提前准备好早餐;对于喜欢安静的顾客,酒店可以安排远离电梯和公共区域的房间。这种精准的服务让顾客感受到被重视和关注,从而提升了他们的满意度。

(2)个性化服务体现在酒店对细节的把控上。酒店通过培训员工,让他们具备敏锐的观察力和同理心,能够及时发现并满足顾客的潜在需求。例如,当员工发现顾客在房间内长时间工作而没有休息时,可以主动送上一杯热茶和一份小点心;当顾客在餐厅用餐时,可以询问他们对菜品的喜好和忌口,为他们推荐合适的菜品。这些看似微不足道的细节,却能够让顾客感受到酒店的用心和关怀,从而营造一种温馨、舒适的氛围。

(3)个性化服务还需要酒店不断创新和改进。随着科技的发展和市场环境的变化,顾客的需求也在不断升级和变化。酒店需要时刻保持敏锐的洞察力,紧跟时代潮流,不断探索新的服务方式和方法。例如,利用大数据和人工智能技术,对顾客的行为和需求进行深度挖掘和分析,为他们提供更加精准、个性化的服务;或者引入新的科技产品,如智能客房控制系统、虚拟现实体验等,为顾客带来更加新颖、有趣的体验。

(4)个性化服务对于提升酒店的品牌形象和竞争力具有重要意义。通过提供个性化的服务体验,酒店不仅能够赢得顾客的信任和忠诚,还能够吸引更多的潜在顾客。在竞争激烈的市场环境中,个性化服务已成为酒店差异化竞争的重要手段。同时,个性化服务还能够提升酒店的口碑和知名度,为酒店带来更多的业务机会和合作伙伴。

综上所述,个性化服务是酒店提升顾客体验和满意度的重要途径。通过精准把握顾客需求、把控细节、不断创新和改进,酒店能够为顾客提供卓越的服务体验,从而赢得他们的信任和忠诚。未来,随着科技的不断发展和消费者需求的不断升级,个性化服务将成为酒店业发展的重要趋势和方向。

### 3.1.2 酒店倾听反馈,持续优化服务质量

在当今竞争激烈的酒店行业中,要保持领先地位,除了提供优质的服务外,还需要不断地收集客户反馈并据此优化服务质量。酒店在这方面做得相当出色,他们积极倾听客户的意见和建议,并针对客户提出的问题和不足及时进行改进,从而不断提升服务质量和客户满意度。

1. 客户反馈收集：畅通渠道，全面覆盖

在酒店管理中，客户反馈的收集是一项至关重要的工作。它不仅能够帮助酒店了解客户的真实感受和需求，还能为酒店服务质量的提升提供宝贵的参考。下文将详细讲解并具体分析酒店如何通过畅通渠道和全面覆盖的方式收集客户反馈。

（1）酒店非常注重反馈渠道的畅通性。在客户离店时，酒店会主动邀请客户填写满意度调查问卷。这一举措的实施，不仅体现了酒店对客户意见的尊重和重视，也确保了客户能够方便、快捷地表达自己的感受。满意度调查问卷的设计通常包括酒店整体印象、服务态度、设施设备、餐饮质量等多个方面，以便全面了解客户对酒店的评价。通过问卷的收集和分析，酒店能够清晰地掌握客户对各个服务环节的满意程度，从而找出服务中的不足和需要改进的地方。

除了离店时的问卷调查，酒店还设立了专门的投诉渠道，为客户提供多种反馈方式。客户可以通过电话、邮件或在线平台随时向酒店反映问题或提出建议。这种多渠道的反馈收集方式，既考虑到了不同客户的习惯和偏好，也确保了反馈信息的及时性和准确性。电话投诉具有即时性强的特点，适用于紧急情况或需要快速响应的问题；邮件投诉则更加正式和详细，适合客户对某个问题或建议进行深入阐述；在线平台则提供了更加便捷和互动的方式，客户可以随时在线留言或参与讨论。

全面覆盖的反馈收集方式也是酒店成功收集客户反馈的关键。酒店不仅关注客户对整体服务的评价，还注重收集对各个服务环节的细节反馈。例如，餐厅的菜品口味、房间的清洁程度、前台的服务态度等，都是客户可能关注并反馈的方面。这种全面的反馈收集，使得酒店能够深入了解每个服务环节的具体表现，从而进行有针对性的改进和优化。

（2）酒店还注重对客户反馈的及时响应和处理。无论是通过问卷调查还是投诉渠道收集到的反馈，酒店都会进行认真的分析和处理，并及时向客户反馈处理结果。这种积极的响应态度，不仅能够增强客户对酒店的信任感和忠诚度，还能够促进酒店服务质量的持续提升。

综上所述，酒店通过多种方式收集客户反馈，确保能够全面、准确地了解客户的真实感受。这种畅通渠道、全面覆盖的反馈收集方式，为酒店服务质量的改进提供了有力的数据支持，有助于酒店不断提升客户满意度和竞争力。

2. 反馈内容分析：深入剖析，找出问题

收集客户反馈只是第一步，真正将反馈转化为服务质量提升的关键在于对反馈内容的深入分析。酒店作为一个服务行业，深知客户反馈的宝贵价值，因此会投入大量的精力对收集到的反馈进行深入剖析,以期找出服务中存在的问题和不足,从而制定有针对性的改进措施。

(1)酒店会对客户反馈进行整体的分类和整理。这包括将反馈分为正面评价和负面评价,并进一步细分到具体的服务环节,如前台服务、客房清洁、餐饮服务、设施设备等。通过分类整理,酒店能够清晰地看到客户对各个服务环节的满意度情况,以及哪些环节是客户最为关注且容易产生不满的。

(2)酒店会对负面评价进行深入剖析。负面评价通常包含客户对服务的不满和抱怨,这些内容是酒店服务质量改进的重要线索。酒店会仔细研究这些反馈,找出客户不满意的具体原因,比如服务态度不佳、服务流程烦琐、设施设备老化等。同时,酒店还会关注客户的情绪表达,以便更好地理解客户的真实感受和需求。

除了对负面评价的剖析,酒店也会关注正面评价,并从中提取出客户对服务的肯定和赞扬。这些正面评价可以作为酒店服务质量的亮点和优势,加以巩固和发扬。同时,通过对比正面和负面评价,酒店还可以发现服务中的共性和差异,为改进服务质量提供更加全面的视角。

在深入分析反馈内容的基础上,酒店会制定具体的改进措施。这些措施可能包括提升员工的服务意识和技能、优化服务流程、更新设施设备、加强与客户的沟通等。通过实施这些措施,酒店能够有针对性地解决服务中存在的问题和不足,提升客户满意度和忠诚度。

(3)酒店还会对反馈分析的结果进行定期回顾和总结。他们会定期查看客户反馈的趋势和变化,以便及时调整服务策略和改进措施。同时,酒店也会将反馈分析的结果与员工进行分享和沟通,让员工了解客户的需求和期望,从而更加积极地投入到服务工作中。

综上所述,通过对客户反馈内容的深入分析和整理,酒店能够准确找出服务中存在的问题和不足,并制定针对性的改进措施。这种反馈分析的过程不仅有助于提升酒店的服务质量,还能够增强客户的满意度和忠诚度,为酒店的长期发展奠定坚实的基础。

3.服务质量改进:针对性强,效果显著

服务质量改进是酒店业持续发展的关键,它涉及对客户反馈的深入分析,并根据这些反馈制定及实施有效的改进措施。以下是对“服务质量改进:针对性强,效果显著”的详细讲解和具体分析。

(1)针对性强的改进措施

酒店在对客户反馈进行深入分析后,会明确服务中存在的具体问题,并据此制定针对性的改进措施。这种针对性体现在以下几个方面。

①问题定位准确:酒店能够精确地识别出客户反馈中提到的具体问题,如房间卫生状况不佳、对餐饮服务不满意等。这种准确的定位使得改进措施能够直接针对问题的根源,避免了盲目性和无效性。

②措施具体可行:针对每个具体问题,酒店会制定具体的改进措施。例如,对于房间卫生问题,酒店可能会加强清洁工作的频次和标准,同时加强对清洁人员的培训和监督;对于餐饮服务问题,酒店可能会调整菜品口味和种类,提升餐饮服务的专业性和个性化。

③员工参与度高:酒店会积极动员员工参与到服务质量改进的过程中来。员工在服务的第一线,他们的参与不仅能够确保改进措施的有效实施,还能够增强员工的责任感和归属感,提升整体的服务水平。

(2)效果显著的服务提升

通过实施针对性的改进措施,酒店能够取得显著的服务提升效果,具体如下。

①客户满意度提升:针对性的改进措施能够直接解决客户反馈中的问题,从而提升客户对酒店服务的满意度。客户满意度是衡量酒店服务质量的重要指标之一,它的提升意味着酒店服务质量的整体提升。

②客户忠诚度增强:满意的客户更容易成为酒店的忠实客户,他们会选择再次入住,并向亲朋好友推荐酒店。这种客户忠诚度的增强不仅有助于酒店稳定客源,还能够提升酒店的口碑和品牌形象。

③业务增长和市场份额扩大:通过持续改进服务质量,酒店能够吸引更多的新客户,并留住老客户。这种业务增长不仅能够提升酒店的营收和利润,还能够帮助酒店在激烈的市场竞争中扩大市场份额。

综上所述,酒店通过制定针对性的改进措施并付诸实施,能够实现服务质量的有效提升。这种提升不仅体现在客户满意度和忠诚度的提升上,还体现在业务增长和市场份额的扩大上。因此,服务质量改进是酒店业持续发展的重要保障。

4.服务质量管理理念的应用

服务质量管理理念的应用是企业在提升服务水平和竞争力过程中的关键一环。以下是对"服务质量管理理念的应用"的详细讲解和具体分析。

(1)客户反馈的收集与分析

酒店业作为服务行业的重要代表,其服务质量管理理念的应用首先体现在对客户反馈的收集与分析上。通过多渠道收集客户反馈,酒店能够全面了解客户对服务的评价和期望,从而明确服务改进的方向和目标。

在收集客户反馈时,酒店可以利用问卷调查、在线评价、电话访谈等多种方式,确保反馈信息的全面性和真实性。同时,酒店还需要对收集到的反馈信息进行深入分析,识别出服务中的优势和不足,为后续的改进措施提供有力支撑。

(2)针对性改进措施的制定与实施

基于客户反馈的分析结果,酒店会制定针对性的改进措施,并付诸实施。这些改进措施旨在解决服务中存在的问题和不足,提升客户的满意度和忠诚度。

例如,如果客户反馈中提到房间设施老化或餐饮服务不够多样化,酒店可能会考虑更新房间设施、增加餐饮菜品种类等改进措施。在制定改进措施时,酒店需要注重措施的可行性和有效性,确保能够真正解决客户的问题并提升服务质量。

(3)持续改进与持续优化

服务质量管理理念的应用不仅在于一次性的改进措施,更在于持续改进与持续优化。酒店需要持续关注客户反馈和服务质量的变化,及时调整和改进服务内容及服务方式,以适应客户日益多样化的需求和市场环境的变化。

通过持续改进和优化服务质量,酒店不仅能够提升客户满意度和忠诚度,还能够增强自身的竞争力和市场份额。这种持续改进的精神也是服务质量管理理念的核心所在。

(4)对其他服务行业的借鉴意义

酒店业在服务质量管理理念的应用方面所取得的成果和经验,对其他服务行业同样具有借鉴意义。无论是餐饮业、零售业还是旅游业等其他服务行业,都可以借鉴酒店业在服务质量管理方面的理念和方法,通过收集客户反馈、制定改进措施、持续改进和优化服务质量来提升自身的服务水平和竞争力。

同时,其他服务行业也可以结合自身的特点和实际情况,灵活运用服务质量管理理念,创造出更适合自己的服务管理模式和方法。

(5)未来展望

在未来的发展中,随着市场竞争的加剧和客户需求的不断变化,服务质量管理理念的应用将变得更加重要。酒店业需要继续坚持这一理念,不断创新和优化服务内容和方式,以满足客户日益多样化的需求。同时,酒店业也需要关注新技术和新模式的发展和应用,积极探索将先进技术和模式融入到服务质量管理中的新途径和新方法。

服务质量管理理念的应用是企业在提升服务水平和竞争力过程中的重要手段。通过收集客户反馈、制定改进措施、持续改进和优化服务质量,企业能够不断提升客户满意度和忠诚度,实现更加稳健和可持续的发展。

综上所述,服务质量管理的基本概念包括服务设计、服务提供、客户反馈以及持续改进等方面。通过有效的服务质量管理,企业可以不断提升服务质量,满足客户需求,从而赢得客户的信任和忠诚,实现企业的可持续发展。

# 3.2　服务质量管理的理论体系

服务质量管理的理论体系是一个综合性、系统性的框架,旨在指导企业如何有效地管理和提升服务质量。它涵盖了多个关键概念和工具,包括全面质量管理、持续质量改进、系统管理以及服务标准和服务流程等。下面通过实例来详细讲解和分析这一理论体系。

以一家知名连锁酒店为例,该酒店一直以来都致力于提供卓越的服务体验,以满足不同客户的需求。为了实现这一目标,酒店采用了服务质量管理的理论体系,并在实践中取得了显著成效。

## 3.2.1　酒店实施了全面质量管理(Total Quality Management, TQM)

这意味着酒店将质量作为核心,贯穿于各个部门和环节。通过制定严格的质量标准和流程,酒店确保了服务的稳定性和一致性。例如,在客房清洁方面,酒店制定了详细的清洁标准和检查流程,确保每位客人都能享受到整洁、舒适的住宿环境。

酒店业作为一个服务性行业,其成功与否往往取决于客户对服务质量的满意度。全面质量管理的引入,正是为了确保酒店能够提供持续、稳定且优质的服务。当酒店实施 TQM 时,意味着质量不再是某个部门或某个环节的责任,而是成为了整个组织的核心价值观。

1. 酒店 TQM:严标精管

酒店 TQM 是一个系统性的管理方法,旨在通过严格制定和执行质量标准和流程,确保酒店服务的每一个环节都能达到甚至超越客户的期望。这种管理方法强调全员参与、持续改进和顾客满意,对于提升酒店的服务质量和竞争力具有重要意义。

(1)TQM 强调制定严格的质量标准和流程。在酒店业中,这些标准和流程涵盖了酒店运营的各个方面,从传统的服务领域如前台接待、客房服务和餐饮服务,到更为细致的酒店设施维护、安全管理和员工培训等方面。这些标准的制定是基于对客户需求和市场趋势的深入了解,以及对酒店自身资源和能力的全面评估。

以客房清洁为例,酒店会制定详细的清洁标准和检查流程。这些标准可能包括床单的更换频率、卫生间的清洁程度、玻璃和镜面的无尘度等。这些标准不仅确保了客房的整洁和卫生,还提升了客户对酒店服务质量的认可度。同时,为了确保这些标准得到严格执行,酒店还会设立专门的检查机制,如每日巡查、随机抽查等。这些检查机制有助于及时发现和纠正服务中的不足,确保服务质量的稳定和可靠。

(2)TQM 注重全员参与和持续改进。酒店员工是服务质量的直接执行者,他们的参与和态度对于服务质量的提升至关重要。因此,酒店会通过各种方式激发员工的积极性和创造性,鼓励他们提出改进意见和建议。同时,酒店也会定期组织培训和学习活动,提升员工的专业技能和服务意识。通过持续改进和优化服务流程,酒店能够不断提升服务质量和客户满意度。

(3)TQM 还强调顾客满意是最终目标。酒店通过收集和分析客户反馈,了解客户的需求和期望,并以此为基础制定服务改进计划。客户满意度是衡量酒店服务质量的重要指标之一,只有真正关注客户需求并不断优化服务,酒店才能在激烈的市场竞争中立于不败之地。

综上所述,酒店 TQM 通过制定严格的质量标准和流程、全员参与和持续改进以及关注顾客满意等多个方面的努力,实现了服务质量的全面提升。这种管理方法不仅有助于提升酒店的竞争力和市场份额,还能够增强客户的忠诚度和口碑传播效应。在未来的发展中,酒店应继续坚持 TQM 理念,不断创新和优化服务内容和方式,以适应不断变化的市场需求和客户期望。

2. 酒店 TQM：全员共进优化

酒店 TQM 理念中的"全员共进优化"是一个核心组成部分,它强调了酒店员工在提升服务质量和管理水平中的关键作用。这一理念鼓励所有员工参与到质量管理的各个环节,通过持续学习、改进和创新,共同推动酒店服务质量的提升。

(1)全员参与是 TQM 的重要原则之一。酒店员工不仅是服务的提供者,更是质量的监督者和改进者。这意味着每位员工都需要对自己的工作负责,并积极参与到质量管理的过程中。通过培训和教育,员工能够深刻理解 TQM 的理念和要求,了解如何提供高质量的服务,并认识到自己在提升酒店整体质量方面的责任和作用。

在客房清洁方面,全员参与和持续改进的理念得到了充分体现。酒店会设立专门的清洁团队,并为员工提供必要的培训和支持。每位清洁人员都需要熟悉并掌握清洁标准和流程,以确保客房的清洁质量达到要求。在清洁过程中,员工会按照规定的步骤和顺序进行操作,注重细节和卫生,确保每个角落都得到彻底清洁。

除了基本的清洁工作外,员工还会参与到清洁质量的自查和互查中来。这种自查和互查机制有助于发现潜在的问题和不足,并及时进行纠正和改进。通过这种方式,员工不仅提升了自己的专业技能和服务质量,还增强了团队合作和沟通能力。

（2）酒店还会鼓励员工提出改进意见和建议。员工在日常工作中可能会遇到各种问题和挑战，他们的经验和观察对于发现潜在问题和提出改进方案具有重要意义。酒店管理层会积极倾听员工的意见和建议，并对可行的建议进行实施和推广。这种开放的沟通机制有助于激发员工的积极性和创造性，促进服务质量的持续改进。

通过全员共进优化的实践，酒店能够建立起一种积极向上的工作氛围和文化。员工之间会相互学习、相互支持，共同追求更高的服务质量和管理水平。这种文化氛围有助于提升员工的归属感和忠诚度，增强酒店的凝聚力和竞争力。

综上所述，酒店 TQM 中的"全员共进优化"理念强调了全员参与和持续改进在提升服务质量中的重要性。通过培训、教育、自查互查以及鼓励员工提出改进意见等措施，酒店能够激发员工的积极性和创造性，推动服务质量的不断提升。这种管理理念对于提升酒店的竞争力和市场地位具有重要意义。

3. 酒店 TQM：客需反馈促优

酒店 TQM 中的"客需反馈促优"是一个至关重要的环节，它强调与客户之间的紧密沟通以及有效利用客户的反馈来优化服务。这一理念的核心在于将客户的需求和期望作为提升服务质量的关键驱动力，从而确保酒店的服务能够持续满足甚至超越客户的期待。

（1）与客户的沟通是获取反馈的基础

酒店需要建立多种沟通渠道，以便客户能够方便地表达自己的意见和建议。这些渠道可以包括客房内的客户评价卡、在线评价系统、电话调查、社交媒体互动等。通过这些方式，酒店能够收集来自不同客户群体的多样化反馈，从而更全面地了解服务的质量和效果。

（2）客户的反馈是改进服务的重要依据

酒店需要认真对待每一条客户反馈，无论是正面的赞扬还是负面的批评。对于正面的反馈，酒店可以加以总结和提炼，作为提升服务质量的经验和案例；对于负面的反馈，酒店则需要深入分析其原因和根源，并制定相应的改进措施。通过对反馈的汇总和分析，酒店能够找出服务中的共性问题和薄弱环节，从而有针对性地进行改进和优化。

在分析客户反馈时，酒店需要注意以下几点。

①识别关键问题：通过对反馈的梳理，酒店需要识别出那些频繁出现的问题或客户普遍关注的点，这些问题往往代表了服务中的短板，需要优先解决。

②分析原因：对于识别出的问题，酒店需要深入探究其背后的原因，是人员培

训不足、流程设计不合理,还是设施设备老化等。只有找到问题的根源,才能有效地进行改进。

③制定改进措施:根据问题的性质和原因,酒店需要制定相应的改进措施。这些措施可以包括加强员工培训、优化服务流程、更新设施设备等。

④实施并监控效果:改进措施制定后,酒店需要确保其得到有效实施,并持续监控改进后的效果。这可以通过定期的内部审计、客户满意度调查等方式来实现。

最后,通过客户反馈促优的过程,酒店不仅能够解决当前存在的问题,还能够预防未来可能出现的问题。这种前瞻性的质量管理方式有助于酒店保持持续的服务质量提升,增强客户的忠诚度和满意度。

综上所述,酒店 TQM 中的"客需反馈促优"理念强调了与客户沟通的重要性以及有效利用客户反馈来优化服务的必要性。通过建立沟通渠道、收集和分析反馈、制定改进措施并监控效果,酒店能够不断提升服务质量,满足客户的期望和需求,从而在激烈的市场竞争中脱颖而出。

总的来说,酒店实施 TQM 意味着将质量作为组织的核心价值观,通过制定严格的质量标准和流程、全员参与和持续改进、与客户的沟通和反馈等措施,不断提升服务质量和客户满意度。在客房清洁方面,TQM 的实施使得清洁工作更加规范、高效和优质,为客人提供了更加舒适和愉悦的住宿体验。

## 3.2.2 酒店注重持续质量改进(Continuous Quality Improvement, CQI)

酒店建立了有效的反馈机制,通过收集客户意见、员工建议和内部审核结果,不断识别和改进服务中的不足之处。例如,有一次客户反映早餐选择不够多样化,酒店立即采取行动,增加了更多的早餐选项,并提高了食品的口感和质量。这种持续改进的态度使得酒店的服务质量得到了不断提升。

酒店业作为一个高度竞争的行业,要想在市场中脱颖而出,就必须注重持续质量改进。这种改进不仅体现在对服务细节的精益求精,还体现在对客户反馈的快速响应和持续优化上。通过实例来详细讲解和分析酒店如何注重 CQI,我们可以更深入地理解其重要性和实施方式。

1.酒店建立了有效的反馈机制

酒店建立了有效的反馈机制,这一机制在酒店管理中扮演着至关重要的角色。一个有效的反馈机制不仅能够帮助酒店及时了解客户需求和期望,还能够促进服务质量的持续改进和提升。下文将详细讲解并具体分析这一机制的重要性和运作方式。

（1）酒店建立有效反馈机制的重要性体现

①提升客户满意度：通过收集客户的反馈，酒店能够更准确地了解客户对服务的满意度和期望，从而针对性地改进服务，提升客户满意度。

②增强员工参与感：员工是酒店服务的重要一环，他们的建议和反馈对于改进服务流程、提高工作效率具有重要意义。通过建立有效的反馈机制，酒店能够鼓励员工积极提出自己的见解，增强他们的归属感和工作积极性。

③优化内部管理：内部审核团队的反馈可以帮助酒店发现管理上的漏洞和不足，从而优化内部管理流程，提高运营效率。

（2）酒店有效反馈机制的运作方式

①客户调查问卷：酒店可以在客户离店后通过邮件或电话的方式发送调查问卷，询问客户对酒店服务的整体满意度、对各个服务环节的评价以及改进建议等。这种方式能够直接获取客户的真实想法，为酒店改进服务提供有力的依据。

②在线评价系统：酒店可以在官方网站或第三方平台上设置在线评价系统，让客户能够随时随地对酒店服务进行评价和留言。这种方式具有实时性和便捷性，酒店可以迅速获取客户的反馈并做出响应。

③员工建议箱：酒店可以在员工工作区域设置建议箱，鼓励员工对酒店服务、管理等方面提出建议和意见。酒店可以定期收集和处理这些建议，将其纳入改进计划中。

④内部审核系统：酒店可以设立内部审核团队，定期对酒店的各个部门进行审查，确保服务质量符合标准和要求。内部审核团队可以将审核结果和改进建议反馈给相关部门，推动服务质量的持续提升。

通过这些渠道收集到的反馈，酒店需要进行汇总、分析和处理。对于客户的反馈，酒店可以将其分类整理，找出服务中的短板和需要改进的地方，制定相应的改进措施并跟踪执行情况。对于员工的建议和内部审核团队的反馈，酒店同样需要认真对待，将其纳入整体改进计划中，不断优化服务和管理流程。

（3）确保反馈机制的有效性

①确保反馈渠道的畅通：酒店需要确保各个反馈渠道的畅通无阻，让客户和员工能够方便地表达自己的意见和建议。

②及时处理和回应反馈：酒店需要对收集到的反馈进行及时处理和回应，让客户和员工感受到酒店的重视和关注。

③保护隐私和信息安全：在处理反馈时，酒店需要保护客户的隐私和信息安全，避免泄露个人信息和敏感信息。

综上所述，酒店建立有效的反馈机制是提升服务质量、增强客户满意度和优化内部管理的重要手段。通过多渠道的反馈收集、及时的处理和回应以及保护隐私和信息安全等措施,酒店可以不断优化服务流程和管理流程,提高运营效率和服务质量,从而在激烈的市场竞争中脱颖而出。

例如,有一次酒店收到了一位客户的反馈,反映早餐选择不够多样化。对于这样的反馈,酒店没有忽视或拖延,而是立即采取行动。酒店的管理层迅速组织相关部门召开会议,讨论如何增加早餐选项并提高食品的口感和质量。经过讨论和研究,酒店决定引入更多种类的早餐食品,如地方特色小吃、健康轻食等,以满足不同客户的口味需求。

2.酒店还注重与员工的沟通和协作

酒店注重与员工的沟通和协作,这一策略在提升服务质量和增强客户满意度方面发挥着至关重要的作用。下文将详细讲解并具体分析这一策略的重要性以及它如何助力酒店优化服务流程和提升工作效率。

(1)酒店注重与员工的沟通和协作的重要性

①激发员工积极性。通过与员工保持良好的沟通,酒店能够及时了解员工的工作状态、困难和需求,从而提供必要的支持和帮助。这有助于激发员工的工作积极性和创造力,使他们更加投入地参与到工作之中。

②优化服务流程。员工是酒店服务的重要执行者,他们在一线工作中积累了大量的实践经验。鼓励员工提出自己的建议和想法,有助于酒店发现服务流程中存在的问题和不足,进而进行优化和改进。

③提高工作效率。良好的沟通和协作能够确保各个部门之间的工作衔接顺畅,避免信息不畅或重复劳动等问题。这有助于提高酒店的整体工作效率,减少不必要的资源浪费。

(2)加强与员工的沟通和协作来优化服务流程和提高工作效率

①建立有效的沟通渠道。酒店可以设立员工建议箱、定期召开员工座谈会等方式,鼓励员工发表自己的意见和建议。同时,酒店管理层也需要主动与员工进行交流,了解他们的工作情况和需求。

②积极采纳员工建议。对于员工提出的合理建议和想法,酒店应该给予积极的回应和采纳。这不仅能够让员工感受到自己的价值被认可,还能够促进服务质量的持续改进。

③加强内部审核力度。酒店应该加强内部审核的力度,定期对各项服务进行检查和评估。这有助于发现服务中的问题和不足,并及时采取措施进行改进。同时,内部审核还能够确保服务质量的稳定性和持续性。

经过一段时间的改进和优化,酒店的服务得到了显著提升。这一成果正是酒店注重与员工的沟通和协作的充分体现。例如,通过收集和分析客户的反馈意见,酒店发现早餐服务在选择和口感方面存在不足。于是,酒店积极采纳员工的建议,对早餐菜单进行了调整和优化,同时加强了对食材采购和烹饪流程的管控。这些措施使得早餐服务的品质得到了明显的提升,赢得了客户的好评和认可。

这种持续改进的态度不仅提升了酒店的服务质量,还树立了良好的口碑和形象。客户对酒店的信任和满意度得到了进一步提升,从而为酒店带来了更多的回头客和口碑传播。同时,员工也会因为自己的建议和努力得到了认可而更加投入地工作,形成了良性循环。

酒店注重与员工的沟通和协作是提升服务质量和工作效率的关键策略之一。通过建立有效的沟通渠道、积极采纳员工建议以及加强内部审核力度等措施,酒店能够不断优化服务流程、提高工作效率并赢得客户的认可和好评。

总的来说,酒店注重持续质量改进意味着他们始终保持对服务质量的关注和追求。通过建立有效的反馈机制、快速响应客户反馈、加强内部沟通和协作以及定期进行内部审核等措施,酒店能够不断识别和改进服务中的不足之处,提升客户满意度和忠诚度。这种持续改进的态度是酒店保持竞争优势和实现可持续发展的关键所在。

### 3.2.3　酒店采用了系统管理的理念

1. 酒店系统管理,服务协同提效

服务质量管理是一个相互关联、相互影响的系统,需要从整体上进行考虑和规划。通过整合各个部门和环节的资源,酒店确保了服务流程的顺畅和高效。例如,在客人入住和退房流程中,酒店通过优化流程、提高员工协作能力等方式,减少了客人的等待时间,提升了客户满意度。

酒店行业是一个典型的服务业,其运营涉及多个部门和环节,这些部门和环节相互关联、相互影响,共同构成了酒店的整个服务系统。系统管理理念的运用对于酒店而言至关重要,它能够帮助酒店从整体上考虑和规划服务质量,确保服务流程的顺畅和高效。

以某酒店为例,该酒店在运营过程中积极采用了系统管理的理念。他们首先识别了酒店服务中的关键部门和环节,包括前台接待、客房服务、餐饮服务、清洁维护等,并明确了这些部门和环节之间的关联和互动。

2. 酒店优化流程,强化团队协作

在客人入住和退房流程中,酒店特别注重流程的优化和员工协作能力的提升。首先,酒店对入住和退房流程进行了全面梳理和分析,找出了流程中的瓶颈和低效环节。然后,酒店通过重新设计流程、引入先进的信息技术等方式,实现了流程的简化和高效化。例如,酒店引入了自助入住和退房系统,客人可以通过手机或自助终端办理入住和退房手续,大大减少了等待时间。

同时,酒店还加强了员工之间的协作和沟通。他们通过定期的培训和团队建设活动,提高了员工的服务意识和团队协作能力。在客人入住和退房高峰期,酒店会安排更多的员工在前台接待,确保客人能够快速完成手续。此外,酒店还建立了内部沟通平台,方便员工之间实时交流和协作,及时解决服务过程中出现的问题。

通过系统管理理念的运用,该酒店在客人入住和退房流程中取得了显著的改进。客人的等待时间大大减少,满意度得到了提升。同时,酒店的运营效率也得到了提高,员工的工作压力也得到了缓解。

总的来说,系统管理理念的运用对于酒店服务质量的提升具有重要意义。它能够帮助酒店从整体上考虑和规划服务质量,优化服务流程,加强员工协作和沟通,从而提升客户满意度和运营效率。在未来,酒店业将继续深化系统管理理念的应用,不断探索和创新服务方式和方法,以适应市场的变化和满足客户的需求。

### 3.2.4 关注服务标准和服务流程的制定与执行

关注服务标准和服务流程的制定与执行是酒店业提升服务质量、确保客户满意度的关键措施。下文将通过实例详细讲解和分析这一理念在实际操作中的应用。

以某知名连锁酒店为例,该酒店在业界享有良好的声誉,其成功的秘诀之一就是关注服务标准和服务流程的制定与执行。

1.制定一套完善的服务标准

该酒店制定了一套完善的服务标准,这一举措对于提升酒店的整体服务质量和客户满意度起到了至关重要的作用。下文将详细讲解并具体分析这一做法的重要性及其具体实施情况。

(1)完善的服务标准对于酒店而言具有多方面的意义

①提升服务专业性:通过制定明确的服务标准,酒店能够确保员工在服务过程中遵循统一的流程和规范,从而展现出高度的专业性。这不仅有助于提升酒店的品牌形象,还能增强客户对酒店的信任感。

②保障服务质量稳定性:完善的服务标准能够确保每名员工在服务过程中都能达到一定的水平,避免了服务质量因员工个人差异而产生的波动。这样一来,无论客户何时入住,都能享受到稳定、可靠的服务。

③提高客户满意度:服务标准是酒店对客户的承诺,也是客户对酒店的期望。

通过实现这些标准,酒店能够满足客户的期望,甚至超越他们的预期,从而提高客户满意度和忠诚度。

(2)酒店服务标准的制定和实施

①标准涵盖范围广泛:该酒店的服务标准涵盖了从客人入住到离店的各个环节,这显示出酒店对服务细节的关注和重视。无论是客房清洁、餐饮服务还是前台接待,都有明确的标准来指导员工的工作。

②标准内容具体明确:以客房清洁标准为例,酒店明确了床单、毛巾等物品的更换频率和清洁程度。这种具体性有助于员工明确自己的职责,确保服务过程中的每一个环节都达到既定的标准。

③员工培训与标准执行:制定服务标准只是第一步,关键在于员工的执行。因此,酒店需要定期对员工进行培训,确保他们了解并遵守这些标准。同时,酒店还需要建立有效的监督机制,定期对服务标准的执行情况进行检查和评估,以便及时发现并纠正问题。

④客户反馈与标准优化:客户的反馈是检验服务标准是否有效的重要依据。酒店应该积极收集并分析客户的反馈意见,以便及时发现服务标准中存在的问题和不足,并进行针对性的改进和优化。

综上所述,该酒店制定了一套完善的服务标准,并通过具体的实施措施来确保这些标准得到有效执行。这一做法不仅提升了酒店的服务质量和客户满意度,还为酒店的长期发展奠定了坚实的基础。

2.注重服务流程的制定与优化

酒店注重服务流程的制定与优化,是提升客户体验、提高服务效率以及增强酒店竞争力的关键措施。下文将详细讲解并具体分析这一做法的重要性及其带来的具体效果。

(1)服务流程的制定与优化对于酒店来说具有至关重要的意义

一个高效、便捷的服务流程能够减少客户等待时间,提高客户满意度,同时也有助于提升酒店员工的工作效率和准确性。通过不断优化服务流程,酒店可以更好地满足客户需求,提供更加优质的服务体验。

(2)酒店在设计服务流程时充分考虑了客人的需求和习惯

他们通过市场调研、客户反馈等方式,深入了解客人的需求和痛点,并据此设计出了一套符合客户期望的服务流程。这种以客户需求为导向的设计理念,使得酒店的服务流程更加贴近客户实际,能够更好地满足客户的需求。

以入住流程为例,酒店采用了自助入住系统。这一举措极大地简化了入住手续,客户不再需要到前台排队等待办理入住,而是可以通过手机等自助终端快速完成入住手续。这不仅节省了客户的时间,也减轻了酒店前台的工作压力。同时,自助入住系统还提供了更加个性化的服务体验,客户可以根据自己的需求选择房型、楼层等,提高了客户满意度。

(3)酒店还优化了退房流程

传统的退房流程往往需要客户到前台排队办理,不仅耗时而且容易引发客户的不满。而优化后的退房流程则允许客户在房间内完成退房手续,无需再到前台排队办理。这一举措大大简化了退房流程,提高了服务效率,也为客户提供了更加便捷的服务体验。

综上所述,酒店注重服务流程的制定与优化,通过深入了解客户需求、设计高效便捷的服务流程以及采用先进的自助系统等方式,不断提升客户体验和服务效率。这种以客户为中心的服务理念和服务创新,使得酒店在激烈的市场竞争中脱颖而出,赢得了客户的认可和好评。

3. 标准流程优化服务

在现代酒店业中,标准化和流程化已经成为提升服务质量和服务效率的关键手段。酒店通过制定和执行严格的服务标准与流程,旨在确保每一位员工都能为客户提供统一、高质量的服务体验。

(1)酒店重视服务标准的制定

服务标准包括服务内容、服务方式、服务态度以及服务效果等各个方面,这些标准都是根据客户的需求和期望,以及酒店自身的定位和发展目标来确定的。通过明确的服务标准,员工能够清楚地知道自己应该做什么、怎么做,以及如何达到客户的期望。

(2)酒店注重服务流程的优化

服务流程是酒店服务活动的具体步骤和程序,它涉及客户从预订、入住、住宿到退房等各个环节。酒店通过梳理和优化服务流程,能够减少不必要的环节,提高服务效率,同时也能够确保服务质量和客户体验的一致性。

为了确保员工能够熟练掌握服务流程和技能,酒店还加强了培训和指导。培训内容包括服务标准、服务流程、沟通技巧、应急处理等方面,以提高员工的专业素养和服务能力。酒店通过案例分析、角色扮演等方式,使员工能够深入理解服务标准的重要性,并熟练掌握服务流程。此外,酒店还设立了员工奖励机制,对于表现优秀的员工进行表彰和奖励,以激发员工的工作积极性和创新精神。

(3)通过关注服务标准和服务流程的制定与执行,酒店成功地提升了服务质量

客户对酒店的评价普遍较高,他们认为酒店的服务专业、周到、细致,给他们带来了愉悦的住宿体验。这种良好的口碑和客户忠诚度,为酒店的长期发展奠定了

坚实的基础。

总的来说,酒店通过制定和执行严格的服务标准与流程,加强员工培训和指导,成功地提升了服务质量和服务效率。这种做法不仅赢得了客户的信任和忠诚,也为酒店在激烈的市场竞争中取得了优势地位。

综上所述,服务质量管理的理论体系是一个综合性的框架,它指导企业如何有效地管理和提升服务质量。通过实施全面质量管理、持续质量改进、系统管理以及制定和执行服务标准和服务流程等关键要素,企业可以不断提升服务质量,满足客户需求,实现可持续发展。

# 3.3　服务质量管理的关键要素与过程

服务质量管理的关键要素与过程是一个涉及多个层面的综合体系,其目标是确保服务提供过程的高效性、稳定性和顾客满意度。下文将通过具体的实例来详细讲解和分析这些关键要素与过程。

以一家知名咖啡店为例,这家咖啡店以提供高品质咖啡和优质服务而著称。为了维持这一声誉,他们精心设计和执行了一套完善的服务质量管理体系。

## 3.3.1　明确的服务标准和规范

这家咖啡店制定了详细的服务流程,包括接待顾客、点单、制作咖啡、送餐、结账等各个环节的标准操作。比如,员工需要在顾客进店后 30 秒内主动打招呼,点单时要耐心解答顾客的疑问,制作咖啡时要确保温度和口感都符合标准。这些规范确保了服务的一致性和高质量。

明确的服务标准和规范是任何服务行业提升顾客满意度和确保服务质量的基础。这家咖啡店非常注重服务品质,为此,他们制定了一套详细的服务流程,涵盖了从顾客进店到离店的每一个环节。这些流程确保了服务的连贯性和标准化,为顾客带来了优质的消费体验。

1. 咖啡店:标准服务,提升顾客体验

首先,在接待顾客环节,咖啡店制定了明确的打招呼时间标准。员工需要在顾客进店后的 30 秒内主动上前打招呼,用热情友好的语气欢迎顾客光临,并询问顾客的需求。这一规定不仅展现了员工的职业素养,也让顾客感受到了被尊重和重视。

接下来是点单环节,员工需要耐心解答顾客提出的疑问,详细介绍咖啡的种类、口感和特色。对于初次光临的顾客,员工还会主动推荐店内的招牌咖啡或根据顾客的口味偏好进行推荐。这样的服务不仅提升了顾客的购买体验,也增加了顾客对咖啡店的信任感。

2.咖啡店:精细制作,服务至上获好评

在制作咖啡环节,咖啡店也有严格的标准和规范。员工需要按照规定的步骤和比例来制作咖啡,确保每一杯咖啡的温度、口感和香气都符合标准。此外,咖啡店还定期对员工进行咖啡制作技能的培训和考核,以确保员工能够熟练掌握制作技巧,为顾客提供高品质的咖啡。

在送餐和结账环节,咖啡店同样注重服务品质。员工需要确保咖啡准时送达顾客手中,并在结账时提供快速、准确的服务。如果顾客有任何疑问或需要帮助,员工也会及时解答和协助。

通过这些明确的服务标准和规范,这家咖啡店成功地提升了服务质量,赢得了顾客的喜爱和忠诚。顾客对咖啡店的评价普遍很高,他们认为这里的服务专业、细致、周到,让人感受到家的温馨和舒适。

综上所述,明确的服务标准和规范对于提升服务行业的质量至关重要。通过制定详细的服务流程、培训员工掌握技能、严格执行规范等措施,咖啡店能够为顾客提供高品质的服务体验,从而赢得顾客的信任和忠诚。

### 3.3.2　关注员工的培训和发展

咖啡店定期对员工进行服务技能培训,包括咖啡知识、沟通技巧、解决问题的能力等。通过培训,员工能够更好地理解服务标准,提升服务质量。此外,咖啡店还鼓励员工提出改进服务的建议,让员工参与到服务质量管理的过程中来。

(1)关注员工的培训和发展是提升服务质量、增强企业竞争力的关键举措。这家咖啡店深知员工是服务质量的基石,因此,他们非常重视员工的培训和发展。首先,在员工入职之初,咖啡店会组织全面的入职培训,让员工了解公司的文化、服务理念和基本的业务知识。在咖啡知识方面,员工会学习咖啡豆的种类、研磨技巧、冲泡方法等知识,以便能够为顾客提供专业的咖啡推荐和制作服务。

(2)除了基础培训,咖啡店还会定期组织服务技能培训,以提升员工的服务水平。在沟通技巧方面,员工会学习如何更好地与顾客交流,包括倾听、表达、反馈等技巧。通过培训,员工能够更准确地理解顾客的需求,提供更贴心的服务。在解决问题能力方面,咖啡店会模拟各种服务场景,让员工学习如何快速、准确地处理顾客的问题和投诉。这样的培训不仅提升了员工的专业素养,也增强了他们的自信心和应变能力。

（3）除了培训，这家咖啡店还非常注重员工的个人发展。他们鼓励员工提出改进服务的建议，让员工参与到服务质量管理的过程中来。咖啡店会定期组织召开员工座谈会，让员工分享自己的工作经验和心得，同时征求他们对服务流程、服务标准等方面的意见和建议。这样的做法不仅激发了员工的积极性和创造力，也促进了服务质量的持续改进。

（4）咖啡店还会根据员工的工作表现和职业规划，为他们提供晋升和发展的机会。例如，表现优秀的员工可以被提拔为店长或培训师，负责管理和培训新员工；有潜力的员工可以参加更高级别的培训和学习，提升自己的专业素养和管理能力。这样的晋升机制不仅激励了员工不断进步，也为咖啡店的发展储备了优秀的人才。

（5）通过关注员工的培训和发展，这家咖啡店成功地提升了服务质量，赢得了顾客的信任和忠诚。员工的专业素养和服务水平得到了显著提升，他们能够更好地满足顾客的需求，提供更优质的服务体验。同时，员工的积极性和创造力也得到了充分发挥，为咖啡店的发展注入了新的活力。

综上所述，关注员工的培训和发展是提升服务质量的重要途径。通过培训提升员工的专业素养和服务水平，通过发展激发员工的积极性和创造力，可以为企业创造更大的价值。因此，企业应该重视员工的培训和发展，为员工提供良好的学习和成长环境，共同推动企业的发展和进步。

### 3.3.3　顾客反馈和持续改进是非常重要的环节

咖啡店通过调查问卷、在线评价等方式收集顾客对服务的意见和建议，针对问题进行改进。比如，有顾客反映等待时间太长，咖啡店就调整了员工排班，增加了服务人员的数量，缩短了顾客的等待时间。这种持续改进的态度使得咖啡店的服务质量得到了不断提升。

（1）顾客反馈和持续改进是提升服务质量不可或缺的环节。咖啡店非常注重顾客的反馈，认为顾客的声音是改进服务的重要参考。为此，他们采用了多种方式来收集顾客的意见和建议。首先，他们设计了一份详细的调查问卷，在顾客用餐后邀请他们填写。问卷内容涵盖了服务速度、咖啡口感、环境氛围等多个方面，让顾客能够全面评价他们的用餐体验。此外，咖啡店还在线上平台开通了评价功能，鼓励顾客在离开店铺后发表在线评价，分享他们的感受和建议。

通过收集和分析顾客反馈，咖啡店发现了一些问题和改进的空间。例如，有顾客反映等待时间太长，影响了他们的用餐体验。针对这个问题，咖啡店立即进行了深入研究，并采取了相应的改进措施。他们调整了员工的排班制度，增加了服务人员的数量,特别是在高峰期加强了人手配备。同时,他们还优化了服务流程,提高了服务效率,减少了顾客的等待时间。

(2)除了针对具体问题的改进,咖啡店还注重持续的服务质量提升。他们定期组织内部会议,对顾客的反馈进行汇总和分析,找出服务中的短板和不足之处。然后制定详细的改进计划,包括培训员工、优化服务流程、改善环境设施等方面。通过不断的持续改进,咖啡店的服务质量得到了显著提升,赢得了更多顾客的喜爱和认可。

(3)持续改进的态度对于咖啡店来说至关重要。他们不仅积极回应顾客的反馈,还主动寻求改进的空间和机会。这种态度不仅提升了服务质量,也增强了顾客的忠诚度和满意度。顾客也会更加愿意再次光临,并向朋友推荐这家店铺。

总之,顾客反馈和持续改进是提升服务质量的重要环节。通过收集和分析顾客的反馈,企业可以发现问题和不足,并制定相应的改进措施。同时,持续改进的态度也能够赢得顾客的信任和认可,为企业创造更大的价值。因此,企业应该重视顾客反馈和持续改进,不断提升自身的服务质量和竞争力。

### 3.3.4　关注与顾客的互动和关系管理

关注与顾客的互动和关系管理是提升顾客满意度和忠诚度的重要手段。以一家咖啡店为例,我们可以深入了解他们如何通过会员制度、积分兑换以及个性化服务等方式,与顾客建立紧密的联系,增强顾客的黏性。

1. 会员制度,个性服务新举措

咖啡店推出的会员制度是一项创新的举措,旨在提供更加个性化和优惠的服务给顾客,同时也为咖啡店自身带来了诸多好处。下文将详细讲解并具体分析这一举措的多个方面。

(1)从顾客的角度来看,会员制度带来了明显的实惠和便利。通过办理会员卡,顾客可以享受到会员专享折扣,这意味着在咖啡店购买咖啡、甜点或其他商品时,会员可以比非会员支付更低的价格。此外,会员还可能享有生日优惠等特殊权益,例如在生日当天获得免费饮品或折扣券,这种个性化的关怀让顾客感受到咖啡店的用心和温暖。

(2)会员制度也为咖啡店带来了收集顾客信息的机会。通过会员卡,咖啡店可以记录顾客的消费记录、喜好等信息,这些数据对于后续提供个性化服务至关重要。例如,如果咖啡店发现某位会员特别喜欢某种口味的咖啡或某个时段的座位,那么在顾客下次光临时,店员就可以主动推荐或预留相应的座位和咖啡,给顾客带来更加贴心和舒适的服务体验。

(3)通过分析会员的消费数据,咖啡店还可以了解顾客的消费习惯和偏好,进而调整和优化产品结构和营销策略。例如,如果发现某种口味的咖啡销量不佳,咖啡店可以考虑调整配方或推出新的促销活动;如果发现会员在某个时段的消费较为集中,咖啡店可以加强该时段的服务和资源配置。

(4)会员制度还有助于提升咖啡店的客户忠诚度和口碑。通过提供优惠和个性化服务,咖啡店可以增强与会员之间的情感联系和信任感,使顾客更愿意选择该咖啡店作为消费场所,并推荐给亲朋好友。这种口碑传播不仅可以带来更多的新顾客,还可以为咖啡店树立良好的品牌形象和口碑。

综上所述,咖啡店推出的会员制度是一项有益的创新举措,既能为顾客提供更加优惠和个性化的服务体验,又能为咖啡店自身带来收集顾客信息、优化经营策略和提升客户忠诚度等多重好处。

2. 积分兑换,增强消费黏性

咖啡店实施的积分兑换制度是一项有效的策略,旨在增强顾客的消费黏性,同时为顾客提供额外的购物乐趣和回报。下面将详细讲解并具体分析这一制度的多个方面。

(1)积分兑换制度为顾客提供了一种额外的购物奖励机制。在咖啡店消费时,顾客可以累积积分,这些积分可以视为他们在店内消费的"回报"。当积分累积到一定数量后,顾客可以选择兑换免费饮品、小食或纪念品等。这种机制使得每次的消费都变得更有意义,因为顾客知道他们的消费行为会带来实际的好处。

(2)积分兑换制度鼓励顾客增加消费频次。由于积分是根据消费金额累积的,因此,顾客为了获得更多的积分,可能会更频繁地光顾咖啡店。这种制度有效地促进了顾客的复购行为,提高了他们的消费黏性。同时,对于那些已经成为会员的顾客,积分兑换制度也增加了他们使用会员卡的频率,进一步巩固了与咖啡店的关系。

(3)积分兑换制度还增加了顾客的购物乐趣。顾客在消费过程中,会关注自己的积分累积情况,并期待积分达到一定数量后能够兑换到心仪的商品。这种期待和满足感为顾客带来了额外的购物乐趣,使得他们在咖啡店的消费体验更加丰富多彩。

(4)对于咖啡店而言,积分兑换制度也有诸多好处。首先,它有助于吸引和留住顾客。通过提供积分兑换的奖励机制,咖啡店能够吸引更多的顾客前来消费,并使他们成为忠实的回头客。其次,它有助于提升顾客满意度和忠诚度。当顾客感受到自己在咖啡店的消费得到了额外的回报和关怀时,他们会对咖啡店产生更强烈的信任感和归属感,从而更愿意再次光顾或推荐给他人。

综上所述,咖啡店实施的积分兑换制度是一项成功的策略,既为顾客提供了额外的购物乐趣和回报,又增强了他们的消费黏性。这种制度有助于提升顾客满意度和忠诚度,为咖啡店带来更多的回头客和口碑传播。

3. 个性化服务,满足顾客需求

咖啡店提供的个性化服务,是其提升顾客体验、满足顾客需求并增强顾客黏性的重要策略。这种服务方式不仅体现了咖啡店对每位顾客的重视,还能够精准地满足顾客的个性化需求,从而加深顾客与咖啡店之间的情感联系。

(1)个性化服务的基础是咖啡店对会员消费习惯和喜好的记录与分析。通过收集会员的消费数据,如购买频率、购买品种、口味偏好等,咖啡店能够深入了解每位会员的独特需求。这种数据分析为后续的定制化服务提供了有力的支撑,使得服务更加精准、贴心。

(2)个性化服务的具体表现多种多样。例如,当常客走进咖啡店时,店员能够主动问候并准确记住他们常点的饮品。这种亲切的问候和熟悉的服务让顾客感受到被重视和关怀,从而增强了他们对咖啡店的归属感。此外,对于有特殊饮食需求的顾客,如素食者、糖尿病患者等,咖啡店能够提前准备相应的食材,确保他们能够在店内享受到满意的美食。这种针对特殊需求的定制化服务,体现了咖啡店对顾客需求的深入理解和尊重。

(3)个性化服务的优势在于其能够满足顾客的个性化需求,提升顾客满意度和忠诚度。由于每位顾客的需求都是独特的,因此通过提供个性化的服务,咖啡店能够更好地满足顾客的期望,让他们在消费过程中感受到被尊重和关怀。这种感受会促使顾客更加愿意光顾咖啡店,并向亲朋好友推荐这家能够提供优质个性化服务的店铺。

(4)个性化服务还有助于提升咖啡店的品牌形象和市场竞争力。在竞争激烈的咖啡市场中,能够提供个性化服务的咖啡店更容易脱颖而出,吸引更多顾客的关注和喜爱。这种差异化的竞争优势有助于咖啡店在市场中树立独特的品牌形象,从而赢得更多的市场份额。

综上所述,咖啡店提供的个性化服务是其提升顾客体验、满足顾客需求并增强顾客黏性的重要手段。通过记录和分析会员的消费习惯和喜好,咖啡店能够为每位顾客提供精准、贴心的定制化服务,从而赢得顾客的信任和忠诚,为咖啡店的长期发展奠定坚实的基础。

4. 互动关系,深化顾客忠诚

咖啡店通过强化与顾客的互动关系,不仅提升了顾客的满意度,还极大地深化了顾客的忠诚度。这种策略的实施涉及多个方面,包括社交媒体互动、邮件沟通、举办店内活动等,都有效地促进了咖啡店与顾客之间的情感连接。

(1)社交媒体和邮件作为现代沟通的重要渠道,为咖啡店与顾客之间的互动提供了便利。咖啡店定期发布新品信息、优惠活动等内容,不仅吸引了顾客的关注,还激发了他们的参与热情。通过点赞、评论、分享等社交行为,顾客能够积极参与咖啡店的线上活动,感受到自己的参与和意见被重视。同时,邮件作为更为个性化的沟通方式,能够直接将信息传递给顾客,提醒他们关注店内的最新动态,从而增加顾客的回访率。

(2)咖啡店通过举办店内活动,为顾客提供了更加深入的互动体验。咖啡品鉴会、手冲课程等活动不仅让顾客能够亲自体验咖啡的制作过程,还让他们有机会与店家和其他顾客进行深入交流。这种面对面的互动方式,使得顾客对咖啡店的认知更加深入,对店家的信任度也相应提升。同时,店内活动还能够增强顾客的归属感和参与感,使他们更加愿意成为咖啡店的忠实顾客。

(3)通过强化与顾客的互动关系,咖啡店还能够收集到更多宝贵的顾客反馈。顾客的意见和建议是咖啡店改进服务和提升品质的重要依据。通过积极回应顾客的需求和关切,咖啡店能够不断提升顾客的满意度和忠诚度,从而赢得更多的口碑和业务机会。

总的来说,关注与顾客的互动和关系管理对于咖啡店来说具有深远的意义。这种管理方式不仅有助于提升顾客的满意度和忠诚度,还能够为咖啡店带来稳定的客源和口碑,促进店铺的持续发展。在未来的经营过程中,咖啡店应继续加强与顾客的互动,不断探索新的互动方式和活动形式,以更好地满足顾客的需求和期望,实现店铺与顾客的双赢。

综上所述,服务质量管理的关键要素包括明确的服务标准和规范、员工的培训和发展、顾客反馈和持续改进以及与顾客的互动和关系管理。通过这些关键要素和过程的有机结合,咖啡店成功地提升了服务质量,赢得了顾客的信任和忠诚。

这个实例表明,服务质量管理的关键要素与过程是一个相互关联、相互促进的整体。企业需要关注每一个环节,不断优化和改进,才能提供高品质、高效率的服务,赢得顾客的满意和忠诚。

# 第4章 绿色物流运输与服务
## 质量管理的关联性

随着全球环境保护意识的日益增强,绿色物流运输作为一种可持续发展理念在物流行业中得到了广泛的关注和应用。与此同时,服务质量管理作为提升物流运输服务水平和顾客满意度的关键手段,也显得愈发重要。本章将深入探讨绿色物流运输与服务质量管理的关联性,揭示两者之间的内在联系、相互影响以及相互提升的可能性,以期为物流行业的可持续发展提供新的思路和方向。

## 4.1 绿色物流运输与服务质量的内在联系

绿色物流运输与服务质量之间存在紧密的内在联系,这种联系不仅体现在理念层面,更在实际操作中得到了充分的体现。下文将通过具体的实例来详细讲解和分析这种内在联系。

### 4.1.1 绿色运输,服务升级

从理念层面来看,绿色物流运输强调在运输过程中注重环境保护和资源节约,通过采用环保材料、节能技术等手段,减少对环境的影响。而服务质量则关注于提供高效、可靠、安全的物流服务,以满足客户的需求和期望。这两者看似不同,但实际上都是以提高物流效率、降低资源消耗为目标,以实现物流行业的可持续发展。

绿色运输,作为现代物流的重要组成部分,不仅关注物流效率的提升,更致力于在运输过程中减少对环境的影响,实现资源节约与环境保护的双重目标。服务升级则是绿色运输理念在实践中的具体体现,旨在提供高效、可靠、安全的物流服务,以满足客户日益增长的需求和期望。

从理念层面来看,绿色运输强调在运输过程中注重环境保护和资源节约。这包括采用环保材料、节能技术等手段,降低运输过程中的能耗和排放,减少对环境的污染。同时,绿色运输还注重提高运输效率,通过优化运输线路、提高车辆装载率等方式,降低运输成本,减少资源浪费。

服务升级则是绿色运输理念在实践中的深化和拓展。服务升级意味着在提供物流服务的过程中,不仅要关注运输的效率和成本,更要关注客户的体验和满意度。这要求物流企业不断创新服务模式,提升服务质量,为客户提供更加便捷、高效、安全的物流服务。

具体而言,服务升级可以从以下几个方面进行。

1. 提升运输效率

提升运输效率是物流行业持续追求的目标,对于降低运输成本、提高服务质量以及增强企业竞争力具有重要意义。在现代物流管理中,采用先进的物流技术和管理手段是实现这一目标的关键。以下是对"提升运输效率"的详细讲解和具体分析。

(1)先进物流技术的应用

①物联网技术:物联网技术通过为货物和运输工具配备传感器、RFID 标签等设备,实现了对货物信息的实时追踪和监控。这使得企业能够随时掌握货物的位置、状态以及运输进度,确保货物在运输过程中的安全和可控。同时,物联网技术还可以帮助企业及时发现和解决运输过程中可能出现的问题,如货物丢失、损坏等,从而避免因延误或损失造成的成本增加。

②大数据分析技术:大数据分析技术能够对运输过程中产生的大量数据进行深入挖掘和分析,为企业提供有价值的决策支持。通过对运输数据的分析,企业可以了解运输成本的构成和分布,识别运输过程中的瓶颈和浪费,从而优化运输流程、降低运输成本。此外,大数据分析还可以帮助企业预测未来的运输需求和市场趋势,为制定科学合理的运输计划提供依据。

(2)管理手段的优化

①运输流程优化:优化运输流程是提高运输效率的重要手段。企业可以对运输路线、运输方式以及运输工具进行合理规划,减少不必要的转运和等待时间,提高运输效率。同时,企业还可以加强对运输过程的监控和管理,确保运输过程的顺畅和安全。

②运输协同管理:运输协同管理是指通过加强与其他企业和部门的合作与沟通,实现运输资源的共享和优化配置。例如,企业可以与供应商、客户以及运输服务提供商建立紧密的合作关系,共同制定运输计划、共享运输信息,从而提高运输效率、降低运输成本。

(3)总结

提升运输效率需要综合运用先进的物流技术和管理手段。通过采用物联网技术实现货物信息的实时追踪和监控,利用大数据分析技术为运输决策提供有力支持,同时优化运输流程、加强运输协同管理,企业可以显著提高运输效率、降低运输成本,从而增强企业的竞争力和市场占有率。在未来的物流发展中,企业应继续加大对先进物流技术和管理手段的投入和应用,不断推动运输效率的提升。

2. 提高服务质量

提高服务质量是现代物流企业在激烈市场竞争中脱颖而出的重要手段。以下是对"提高服务质量"的详细讲解和具体分析。

(1)加强员工培训

员工是企业服务质量的直接体现者,因此,加强员工培训是提高服务质量的关键环节。

①提升服务意识:通过培训,让员工深刻理解服务的重要性,并树立以客户为中心的服务理念。培训包括服务态度的培养、服务技巧的学习以及服务流程的熟悉等内容,使员工能够真诚、热情地为客户提供服务。

②提高专业水平:针对物流行业的专业知识和技能,开展系统的培训课程。员工需要掌握物流操作、货物管理、信息系统使用等方面的知识,以提高工作效率和准确性。同时,通过案例分析、模拟操作等方式,培养员工的问题解决能力和应变能力。

(2)建立完善的客户服务体系

一个完善的客户服务体系是提高服务质量的制度保障。

①提供多样化的服务方式:根据客户需求和市场变化,提供多样化的服务方式,如门到门服务、定时定点服务、定制化服务等。这样可以更好地满足不同客户的个性化需求,提高客户满意度。

②制定个性化的服务方案:针对不同客户的特定需求,制定个性化的服务方案。通过深入了解客户的业务特点和需求,为客户提供量身定制的物流解决方案,帮助客户降低物流成本、提高物流效率。

(3)加强与客户的沟通和协作

良好的沟通和协作是提高服务质量的重要环节。

①及时响应客户需求:建立快速响应机制,确保在客户提出需求或问题时能够及时回应并处理。通过设立客户服务热线、在线客服等方式,为客户提供便捷的沟通渠道。

②深入了解客户反馈:定期收集客户反馈意见,对服务质量进行评估和改进。通过问卷调查、客户访谈等方式,了解客户对服务的满意度、存在的问题以及改进建议,为服务质量的持续提升提供依据。

（4）总结

提高服务质量需要从多个方面入手，包括加强员工培训、建立完善的客户服务体系以及加强与客户的沟通和协作。通过这些措施的实施，企业可以不断提升服务质量，满足客户的期望和需求，从而增强客户忠诚度和市场竞争力。同时，企业还应不断关注市场动态和客户变化，持续优化服务策略，以应对激烈的市场竞争。

3. 强化安全保障

强化安全保障是物流企业在运营过程中不可忽视的重要环节，它直接关系到企业的声誉、客户的信任以及货物的安全。

（1）加强运输过程中的安全监管和风险控制

①严格执行安全规定：物流企业应制定并执行严格的运输安全规定，包括车辆检查、驾驶员资质审核、货物装载规范等。通过确保运输工具的安全性能以及操作人员的专业资质，减少运输过程中的安全隐患。

②加强货物监控：利用现代科技手段，如物联网技术、GPS定位等，对货物进行实时监控。通过实时掌握货物的位置、状态等信息，确保货物在运输过程中的安全。

③风险评估与预防：对运输过程中可能遇到的风险进行全面评估，如天气变化、路况状况、人为因素等。针对这些风险，制定相应的预防措施和应急预案，以降低风险发生的概率和影响。

（2）建立完善的安全应急预案和响应机制

①制定应急预案：针对可能发生的突发事件，如交通事故、货物丢失、自然灾害等，制定详细的应急预案。预案应包括应急组织、资源调配、通信联络、处置措施等内容，确保在突发事件发生时能够迅速、有效地应对。

②加强应急演练：定期组织应急演练，提高员工应对突发事件的能力和水平。通过模拟实战场景，让员工熟悉应急预案的流程和要求，增强团队协作和应对能力。

③快速响应与处置：一旦发生突发事件，应立即启动应急预案，组织相关人员进行快速响应和处置。同时，加强与相关部门的沟通协调，争取更多的支持和帮助，确保事件得到及时有效的处理。

（3）总结

强化安全保障是物流企业在提升服务质量、增强市场竞争力方面的重要一环。通过加强运输过程中的安全监管和风险控制，建立完善的安全应急预案和响应机制，可以有效降低运输风险，确保货物的安全。同时，这也有助于提升企业的形象和声誉，增强客户的信任和忠诚度。因此，物流企业应高度重视安全保障工作，不断完善和优化相关措施和制度,确保物流服务的顺利进行。

4.推动绿色化发展

积极采用环保材料和节能技术,降低运输过程中的能耗和排放;加强废弃物的管理和回收利用,减少对环境的污染;推动绿色物流理念的普及和实践,促进物流行业的可持续发展。

(1)积极采用环保材料和节能技术

①环保材料的应用:在物流包装、运输工具等方面,积极推广和使用环保材料,如可降解塑料、再生纸等。这不仅可以减少资源消耗,还能降低废弃物对环境的影响。

②节能技术的运用:采用先进的节能技术,如节能型运输车辆、智能调度系统等,降低运输过程中的能耗。通过优化运输路线、提高运输效率等方式,减少不必要的能源消耗。

(2)加强废弃物的管理和回收利用

①废弃物管理:建立完善的废弃物管理制度,对物流过程中产生的废弃物进行分类、收集和处理。确保废弃物得到妥善处理,避免对环境造成污染。

②回收利用:鼓励和支持废弃物的回收利用工作,如废旧包装材料的回收、再利用等。通过回收利用,可以减少对新资源的需求,降低生产成本,同时也有助于环境保护。

(3)推动绿色物流理念的普及和实践

①理念普及:通过各种渠道和方式,如宣传、培训、示范等,推动绿色物流理念的普及。让更多的人了解绿色物流的重要性和必要性,形成全社会的共识和行动。

②实践推广:鼓励和支持物流企业开展绿色物流实践活动,如绿色包装、绿色运输等。通过实践,不断总结经验、完善措施,推动绿色物流在物流行业的广泛应用和深入发展。

(4)促进物流行业的可持续发展

①资源节约:通过绿色化发展,物流行业可以实现资源的有效节约。减少不必要的能源消耗和废弃物排放,降低对自然资源的依赖,为行业的长期发展奠定坚实基础。

②环境友好:绿色化发展有助于物流行业减少对环境的负面影响。通过采用环保材料和节能技术、加强废弃物管理等措施,物流行业可以实现与环境的和谐共生,为社会的可持续发展做出贡献。

推动绿色化发展对于物流行业具有重要意义。它不仅有助于降低能耗、减少排放、节约资源,还能提升企业的形象和竞争力,促进物流行业的可持续发展。因此,物流企业应积极响应绿色化发展的号召,加强技术研发和创新,推动绿色物流理念在行业的广泛实践和应用。

综上所述,绿色运输与服务升级是相辅相成的。绿色运输为服务升级提供了理念指导和方向指引,而服务升级则是绿色运输理念在实践中的具体体现和深化拓展。通过推动绿色运输和服务升级的双重目标,可以实现物流行业的可持续发展和客户的长期满意。

## 4.1.2　绿色运输,高效服务双赢

在实际操作中,这种内在联系得到了充分的体现。以某大型物流公司为例,该公司积极推动绿色物流运输,采用了电动货车和节能型运输设备,以减少燃油消耗和尾气排放。同时,该公司还优化了运输线路和配送方式,减少了空驶和重复运输,提高了运输效率。这些措施不仅降低了公司的运营成本,也提高了客户的满意度和忠诚度。

绿色运输与高效服务双赢的理念,在实际操作中得到了充分的体现。这种双赢局面不仅体现在物流公司的经济效益上,更体现在对环境的保护和社会的可持续发展上。以某大型物流公司为例,我们可以深入探讨这种双赢理念如何在实际操作中得以实现。

1. 绿色物流:低碳运输助力环保发展

首先,我们要明确"绿色物流"这一概念。绿色物流,顾名思义,是指在物流过程中实现资源节约、环境友好、高效低耗的目标。它涵盖了从原材料的采购、生产、运输、仓储、配送到最终消费的整个供应链过程,旨在减少物流活动对环境造成的负面影响,并最大限度地提高物流资源的利用效率。

我们来看"低碳运输"在绿色物流中的重要作用。低碳运输是指通过采用低碳技术、优化运输结构和方式等手段,降低运输过程中的碳排放,实现运输业的绿色发展。这既符合全球应对气候变化的趋势,也是推动物流行业可持续发展的重要途径。

这家大型物流公司积极推动绿色物流运输,并采用了电动货车和节能型运输设备。这一举措充分展示了企业在环保方面的责任感和行动力。

首先,电动货车的运用是绿色物流运输的一大亮点。相比传统的燃油货车,电动货车使用电力驱动,不排放尾气,从而大大降低了空气污染。此外,电动货车还具有噪音小、维护成本低等优势,为城市环境质量的提升做出了积极贡献。

其次,节能型运输设备的采用也是绿色物流运输的重要一环。这些设备通过优化设计和采用先进技术,实现了能源的高效利用和降低能耗。例如,它们可能采

用轻量化材料、智能调度系统、节能型发动机等技术手段,提高运输效率,减少能源浪费。

这种选择基于减少燃油消耗和尾气排放的环保目标,不仅有助于改善环境质量,还符合社会对于绿色、低碳发展的期望。随着全球气候变化问题的日益严重,人们越来越关注环境保护和可持续发展。因此,这家大型物流公司的做法不仅得到了社会的广泛认可,也为其他企业树立了良好的榜样。

此外,这些环保措施还对企业自身具有积极意义。它们不仅有助于降低企业的运营成本(如减少燃油消耗、降低维护成本等),还能提高企业的形象和竞争力。在日益激烈的市场竞争中,具备环保意识和行动力的企业往往更能吸引消费者的关注和信任,从而获得更多的市场份额。

上文通过具体案例展示了绿色物流在环保方面的积极作用。电动货车和节能型运输设备的运用充分体现了低碳运输的理念,有助于改善环境质量、推动物流行业的可持续发展,并提升企业的形象和竞争力。这些举措对于推动整个社会向绿色、低碳发展方向迈进具有重要意义。

2. 物流优化:高效配送提升客户满意度

"物流优化:高效配送提升客户满意度"这一表述涵盖了多个层面,不仅关注物流运输过程中的效率提升,更着重于如何通过这些优化措施提高客户的满意度。以下是对该主题的详细讲解和具体分析。

(1)物流优化的必要性

在市场竞争日益激烈的今天,物流服务的质量直接影响到企业的竞争力。客户对于物流服务的需求日益多元化和个性化,因此,物流公司必须不断优化其服务流程,提高配送效率,以满足客户的需求并赢得市场的认可。

(2)运输线路和配送方式的优化

该物流公司通过科学的线路规划和合理的配送安排,对运输线路和配送方式进行了优化。这一举措具有多方面的积极效果,具体如下。

①减少空驶和重复运输:通过合理的线路规划,物流公司能够减少车辆在运输过程中的空驶距离,避免重复运输的发生。这不仅可以降低运输成本,还能减少车辆对环境的污染。

②提高运输效率:优化后的运输线路和配送方式能够减少运输过程中的等待时间和中转环节,提高货物的流通速度。这有助于缩短客户的等待时间,提升物流服务的响应速度和准确性。

(3)优化措施对客户满意度的影响

物流优化的最终目标是提升客户的满意度。通过减少等待时间、提高响应速度和准确性,客户能够更快地收到货物,享受到更加便捷、高效的物流服务。这种优质的物流服务体验有助于增强客户对企业的信任和忠诚度,从而为企业赢得更多的市场份额和口碑。

(4)具体分析

①降低成本与提高效率并存:通过优化运输线路和配送方式,物流公司能够在降低运输成本的同时提高运输效率。这种双重效益的实现不仅有助于企业的长期发展,还能为客户提供更加经济实惠的物流服务。

②客户体验升级:高效配送不仅缩短了客户的等待时间,还提高了物流服务的准确性和可靠性。这种优质的客户体验有助于提升企业的品牌形象和市场竞争力。

③智能化技术的应用:在现代物流领域,智能化技术的应用越来越广泛。通过引入先进的物流管理系统和智能调度系统,物流公司能够实现对运输过程的实时监控和优化调整,进一步提高物流服务的效率和质量。

综上所述,"物流优化:高效配送提升客户满意度"这一主题强调了物流优化在提高运输效率和提升客户满意度方面的重要作用。通过科学的线路规划和合理的配送安排,物流公司能够降低运输成本、提高运输效率,从而为客户提供更加优质、高效的物流服务体验。这种优质的物流服务体验有助于增强客户的满意度和忠诚度,为企业的长期发展奠定坚实的基础。

3. 绿色高效物流,助力社会可持续发展

(1)绿色高效物流的定义与内涵

绿色高效物流是指在物流活动过程中,注重环境保护和资源节约,通过采用先进的技术和管理手段,实现物流运作的高效化和绿色化。这包括减少能源消耗、降低排放、优化运输流程、提高物流效率等多个方面。

(2)绿色高效物流对物流公司的经济效益

①降低运营成本:通过采用环保设备和技术,如节能车辆、电动车辆等,物流公司可以减少能源消耗和排放,从而降低运营成本。同时,优化运输流程也可以减少不必要的运输环节和费用,进一步提高经济效益。

②提高运营效率:绿色高效物流注重流程的优化和管理的精细化,通过减少空驶、避免重复运输、提高装卸效率等措施,可以显著提高物流运作的效率。这不仅缩短了物流时间,也提高了客户满意度,进一步增强了公司的竞争力。

③提升品牌形象和市场地位:在当今社会,环保和可持续发展已经成为公众关注的焦点。物流公司通过实施绿色高效物流战略,可以展示其积极承担社会责任的形象,提升品牌价值和市场地位。

（3）绿色高效物流对社会的积极意义

①推动物流行业的绿色化、低碳化发展:物流行业是能源消耗和排放的主要来源之一。通过实施绿色高效物流战略,可以推动整个物流行业向更加环保、低碳的方向发展,减少对环境的影响。

②促进可持续发展:绿色高效物流有助于实现资源的合理利用和节约,推动经济社会的可持续发展。通过减少能源消耗和排放,可以降低对自然资源的依赖,保护生态环境,为子孙后代留下更美好的家园。

③提升社会生产效率和消费体验:高效、可靠的物流服务能够确保生产过程中的物资供应及时、准确,提升生产效率。同时,对于消费者而言,快速、准确的物流服务也能够提升购物体验,满足其日益增长的消费需求。

（4）具体实施策略与挑战

要实现绿色高效物流,物流公司需要从多个方面入手,如加大环保设备的投入、优化运输路线和方式、提高信息化水平等。然而,在实施过程中也会面临一些挑战,如技术更新换代的成本投入、员工培训和意识提升等。因此,物流公司需要综合考虑自身实际情况和市场需求,制定合理的实施方案,并持续进行改进和优化。

通过实施绿色高效物流战略,物流公司不仅可以实现自身的经济效益提升和品牌形象提升,还可以为社会的可持续发展做出积极贡献。

综上所述,绿色运输与高效服务双赢的理念在实际操作中得到了充分的体现。通过采用环保设备和优化运输流程,物流公司不仅可以实现经济效益的提升,也可以为社会的可持续发展做出贡献。这种双赢局面不仅符合物流公司的利益,也符合客户和整个社会的期望和需求。

## 4.1.3　智能管理,优质服务至上

智能管理与优质服务至上,是现代物流行业追求的两个核心目标。这两者相辅相成,共同构成了物流公司提升竞争力的关键要素。下文将结合具体实例,详细讲解与具体分析这两个方面的内在联系和实际操作。

1. 智能管理优化物流,提升效率与安全

智能管理优化物流,提升效率与安全,是现代物流行业发展的重要方向。这种管理方式通过运用先进的信息管理系统和物联网技术,实现对物流过程的智能化监控和调度,从而提高运输效率,确保货物准时、安全地送达目的地。

（1）信息管理系统在智能管理中发挥着核心作用

该系统能够实时收集、分析和处理运输过程中的各种数据,包括货物状态、运

输车辆位置、路况信息等。通过对这些数据的深度挖掘和分析,公司可以更加精准地了解运输过程中的实际情况,及时发现并解决问题。同时,信息管理系统还能够根据实时数据预测未来的运输需求,帮助公司提前制定科学的运输计划,避免资源浪费和运输延误。

(2)物联网技术在智能管理中也扮演着重要角色

物联网技术通过为运输车辆、货物等关键要素安装传感器和定位设备,实现对这些要素的实时监控。公司可以通过物联网平台实时查看运输车辆的位置、速度、油耗等信息,以及货物的温度、湿度等状态信息。这不仅有助于公司随时掌握运输情况,确保运输过程的安全可靠,还能够为公司提供宝贵的数据支持,帮助其优化运输流程,提高运输效率。

(3)智能管理的应用为物流公司带来了诸多优势

首先,通过智能化的调度和监控,公司可以合理安排运输路线和车辆资源,避免运输过程中的空驶和重复运输,从而降低运输成本,提高运输效率。其次,实时数据的收集和分析使得公司能够及时发现并解决运输过程中可能出现的问题,减少运输延误和货物损失的风险。此外,智能管理还能够提高客户满意度和忠诚度,为公司赢得更多的市场份额和竞争优势。

(4)智能管理在物流中的应用也面临一些挑战

例如,技术更新换代的成本投入、数据安全和隐私保护问题、员工技能培训和意识提升等。因此,公司在实施智能管理时,需要综合考虑自身实际情况和市场需求,制订合理的实施方案,并持续进行技术升级和优化。

综上所述,智能管理通过引入先进的信息管理系统和物联网技术,实现了对物流过程的智能化监控和调度,提高了运输效率,确保了货物的准时、安全送达。虽然在实际应用中仍面临一些挑战,但随着技术的不断进步和应用经验的积累,智能管理必将在未来物流行业中发挥更加重要的作用。

2. 优质服务赢客户,提升品牌竞争力

优质服务是物流公司赢得客户信任、扩大市场份额以及提升品牌竞争力的关键所在。在现代商业环境中,物流服务不再仅仅是简单的货物运输,而是涵盖了从订单处理、货物跟踪到售后服务等一系列复杂环节的综合服务。因此,提供优质的服务对于物流公司而言至关重要。下文将详细讲解并具体分析优质服务在物流行业中的重要性及其具体体现。

(1)优质服务能够赢得客户的信任

客户在选择物流公司时,除了考虑价格因素外,更看重的是服务的质量和可靠性。一个能够提供规范、可靠服务的物流公司,往往能够获得客户的青睐和信任。

通过加强与客户的沟通和协作,及时了解客户需求和反馈,物流公司可以更好地满足客户的期望,建立起长期稳定的合作关系。

(2)优质服务能够提升客户的满意度和忠诚度

客户满意度是衡量物流服务质量的重要指标之一。一个优质的物流公司不仅能够提供准确、及时的货物运输服务,还能够为客户提供个性化的解决方案和专业的咨询服务。这种贴心、专业的服务能够增强客户对公司的认同感,提高客户的满意度和忠诚度,从而为公司赢得更多的口碑和业务机会。

(3)优质服务还能够提升公司的品牌形象和市场竞争力

品牌形象是公司在市场中的形象和声誉,而优质的服务则是塑造良好品牌形象的重要手段之一。通过提供优质的服务,物流公司能够向客户展示其专业能力和高效运作,进一步提升公司的知名度和美誉度。同时,在激烈的市场竞争中,优质的服务能够使公司脱颖而出,赢得更多的市场份额和竞争优势。

(4)优质服务在物流公司的运营中体现

①规范的服务流程:物流公司应该建立完善的服务流程,包括订单处理、货物跟踪、售后服务等环节,确保服务过程的规范化和标准化。这有助于提高服务效率和质量,减少操作失误和纠纷。

②专业的服务团队:一个优秀的服务团队是提供优质服务的关键。物流公司应该注重员工的培训和发展,提高员工的专业素养和服务意识。同时,公司还应该鼓励员工与客户建立良好的沟通和合作关系,以便更好地了解客户需求并提供个性化的服务。

③先进的技术支持:现代物流离不开先进的信息技术和物联网技术的应用。物流公司应该积极引进和应用新技术,提高服务的智能化和自动化水平。例如,通过应用物联网技术实现对货物的实时监控和追踪,通过大数据分析优化运输路线和降低成本等。

综上所述,优质服务是物流公司赢得客户信任、提升品牌竞争力的关键所在。通过加强服务过程的规范性、可靠性和专业性,以及与客户的沟通和协作,物流公司能够为客户提供更加贴心、专业的服务,赢得客户的满意度和忠诚度,进而提升公司的品牌形象和市场竞争力。

通过这个实例,我们可以看到智能管理与优质服务之间的内在联系。智能管理为优质服务的实现提供了有力的支撑和保障。通过智能化的管理方式,公司能够更加精准地掌握运输过程中的各种信息,及时发现和解决潜在问题,确保服务的可靠性和高效性。而优质服务则进一步推动了智能管理的发展。客户对于服务质量的需求和反馈,为公司提供了改进和优化管理的方向和动力。通过不断提升服务质量,公司也能够吸引更多的客户,进一步扩大市场份额和影响力。

3.智能管理与服务共促绿色物流发展

智能管理与优质服务在现代物流中发挥着举足轻重的作用,它们不仅提升了物流行业的运营效率,更在推动绿色物流发展方面展现出巨大的潜力。下面我将详细讲解并具体分析智能管理与优质服务如何共同促进绿色物流的发展。

(1)智能管理促进绿色物流发展

智能管理主要依赖先进的信息技术,如大数据、云计算、物联网和人工智能等,对物流过程进行精准、高效的管控。这些技术的应用,使得物流过程中的能源消耗和环境污染得到了有效控制,从而推动了绿色物流的发展。

①优化运输路线:通过大数据分析和人工智能技术,智能管理系统可以实时获取交通信息、天气状况等数据,从而选择最佳的运输路线。这不仅可以减少运输时间和成本,还能有效减少因绕行或拥堵造成的能源浪费和碳排放。

②提高仓储效率:物联网技术的应用使得仓库管理更加智能化和精准化。智能仓库管理系统可以实时监控货物的存放和取出情况,自动调整库存布局,减少货物的搬运次数和距离,从而降低能源消耗。

③预测与需求管理:利用大数据和人工智能技术,智能管理系统可以预测市场需求和消费者行为,帮助企业提前规划生产和库存。这有助于减少因需求波动导致的库存积压和缺货现象,进而减少资源浪费和环境污染。

(2)优质服务提升绿色物流的普及与应用

优质服务是物流企业赢得客户信任和市场份额的关键,同时也是推动绿色物流普及和应用的重要动力。

①客户满意度与绿色物流意识:提供优质的服务能够提升客户的满意度和忠诚度,进而增强客户对绿色物流的认可和接受度。当客户意识到绿色物流不仅有助于环境保护,还能提高物流效率、降低成本时,他们更愿意选择和支持绿色物流服务。

②定制化绿色物流服务:优质的服务往往伴随着对客户需求的深入了解。物流企业可以根据客户的具体需求,提供定制化的绿色物流服务方案。例如,针对某些对环保要求较高的客户,可以提供使用环保包装材料、采用清洁能源运输车辆等绿色物流服务。

③绿色物流形象的塑造:通过提供优质服务,物流企业可以塑造自身在绿色物流领域的良好形象。这有助于提升企业的品牌价值和市场竞争力,同时吸引更多对绿色物流感兴趣的客户和合作伙伴。

（3）智能管理与优质服务的内在联系

①智能管理与服务共促绿色物流创新：智能管理与优质服务在推动绿色物流发展方面相辅相成、相互促进。智能管理提供了实现绿色物流的技术手段和支持，而优质服务则使得这些技术手段能够更好地应用于实际场景中，满足客户的需求和期望。同时，随着绿色物流的普及和应用，客户对物流服务的需求和期望也在不断提高，这进一步推动了智能管理和优质服务的不断创新和发展。

②智能管理与服务助力绿色物流升级：智能管理与优质服务共同促进了绿色物流的发展。它们不仅提高了物流行业的运营效率和质量，还推动了物流行业的可持续发展和转型升级。在未来，随着技术的不断进步和市场的不断变化，智能管理与优质服务将继续在推动绿色物流发展方面发挥重要作用。

综上所述，绿色物流运输与服务质量之间存在着紧密的内在联系。在未来的物流行业发展中，我们应继续深化这种联系，推动绿色物流运输与服务质量的协同发展，为物流行业的可持续发展注入新的动力。

# 4.2 绿色物流运输对服务质量管理的影响

绿色物流运输作为现代物流业的重要组成部分，不仅关注环保和资源的有效利用，更对服务质量管理产生了深远的影响。以下将通过实例详细讲解和分析绿色物流运输对服务质量管理的影响。

## 4.2.1 绿色物流运输强调运输过程中的环保和节能

绿色物流运输是现代物流行业发展的重要趋势，它强调在运输过程中注重环保和节能，以实现可持续发展。下面，我将详细讲解并具体分析绿色物流运输强调环保和节能的各个方面。

1.绿色物流：环保车辆助力减排减污

绿色物流是当前物流行业发展的一个重要趋势，旨在通过采用环保理念和技术手段，减少物流活动对环境造成的负面影响。在绿色物流中，环保车辆的应用是其中一项重要的举措，能够有效助力减排减污，推动物流行业的可持续发展。

（1）环保车辆的使用有助于减少尾气排放

传统的燃油车辆在行驶过程中会产生大量的废气，包括二氧化碳、一氧化碳、氮氧化物等有害物质，这些物质对空气质量和人体健康都造成了严重威胁。而环保车辆，如电动车辆或清洁能源车辆，以电力或清洁能源为动力，大幅减少了尾气排放,有效降低了对环境的污染。

（2）环保车辆的使用还有助于减少噪音污染

燃油车辆在行驶过程中会发出较大的噪音,对人们的居住环境和工作环境造成干扰。而环保车辆,尤其是电动车辆,噪音水平相对较低,能够提供更加宁静的运输环境,提升人们的生活质量。

（3）环保车辆还具有更高的能效和经济效益

虽然环保车辆的购车成本可能相对较高,但由于其能源利用效率更高,长期使用下来能够节省大量的燃油费用。同时,随着技术的不断进步和市场规模的扩大,环保车辆的制造成本也在逐渐降低,使得更多的物流企业能够承担得起使用环保车辆的成本。

综上所述,环保车辆在绿色物流运输中扮演着重要的角色。它们通过减少尾气排放、降低噪音污染以及提高能效和经济效益,有效助力减排减污,推动物流行业的可持续发展。未来,随着环保技术的不断创新和普及,相信会有更多环保车辆应用于物流运输领域,为绿色物流的发展注入新的动力。

2. 绿色物流:优化线路,高效减耗提效

绿色物流的核心理念之一是通过各种手段来减少物流过程中的能源消耗和环境污染,以达到可持续发展的目标。其中,优化运输线路和减少重复运输是实现这一目标的重要手段之一。通过合理规划运输线路,不仅可以降低运输成本,还能提高运输效率,进一步推动绿色物流的发展。

（1）优化运输线路有助于减少不必要的绕行和重复运输

在传统的物流运输中,由于缺乏科学的规划和调度,运输车辆往往会出现绕行或重复运输的情况。这不仅增加了运输时间和成本,还导致了能源的浪费和排放的增加。而通过利用先进的物流技术和信息管理系统,物流企业可以对运输线路进行精确规划和优化,避免这些不必要的浪费。

具体来说,优化运输线路需要考虑多个因素,如货物起始点和目的地的地理位置、交通状况、运输距离等。物流企业可以通过建立数学模型或利用智能算法,对这些因素进行综合考虑和分析,以找出最佳的运输路径。同时,结合实时交通信息和货物状态数据,物流企业还可以对运输过程进行实时监控和调整,确保运输线路的持续优化。

（2）优化运输线路还可以提高运输效率

通过减少绕行和重复运输,运输车辆可以更加高效地完成运输任务,缩短运输时间。这不仅提高了物流企业的运营效率,也为客户提供了更加及时和可靠的服务。同时,高效的运输还可以减少车辆在途中的停留时间和等待时间,进一步降低能源消耗和排放。

（3）优化运输线路还有助于提升物流企业的竞争力

随着市场竞争的加剧,客户对物流服务的要求越来越高。通过优化运输线路,物流企业可以提供更加高效、快捷和可靠的服务,满足客户的需求和期望。这将有助于提升物流企业的客户满意度和品牌形象,进而获得更多的市场份额和业务机会。

综上所述,通过优化运输线路和减少重复运输,绿色物流运输能够实现高效减耗提效的目标。这不仅有助于降低物流企业的运输成本和能源消耗,还能提高运输效率和客户满意度,推动物流行业的可持续发展。因此,物流企业应积极采用先进的物流技术和信息管理系统,不断优化运输线路,为绿色物流的发展贡献自己的力量。

3. 绿色物流:环保提效,增强服务竞争力

绿色物流不仅关注环境保护和可持续发展,还致力于通过提升服务质量和效率来增强企业的竞争力。在现代物流体系中,绿色物流的理念和实践正逐渐成为行业的新标准,为物流企业带来了显著的竞争优势。

（1）绿色物流通过使用环保性能好的运输工具,显著提升了物流服务的可持续性

环保型运输工具,如电动汽车、氢能源车等,相较于传统燃油车辆,具有更低的碳排放和更好的能源效率。这有助于减少物流运输过程中的环境污染,符合社会对环保的日益关注。同时,这些运输工具的使用也体现了物流企业的社会责任,有助于提升企业的公众形象。

（2）绿色物流通过优化运输线路,实现了更高效、更可靠的物流服务

优化线路不仅减少了不必要的绕行和重复运输,降低了运输成本,还缩短了运输时间,提高了物流效率。这种高效、可靠的物流服务能够更好地满足客户的需求,增强客户对物流企业的信任度和忠诚度。

（3）绿色物流还注重服务创新和差异化

通过引入先进的物流技术和信息管理系统,物流企业可以为客户提供更加个性化、定制化的服务。例如,利用大数据和人工智能技术,物流企业可以精确预测货物的需求量和运输时间,为客户提供更加精准的物流服务。这种差异化服务不仅能够提升客户满意度,还能够为企业赢得更多的市场份额。

（4）绿色物流有助于提升物流企业的品牌形象和市场竞争力

随着社会对环保和可持续发展的关注度不断提高,越来越多的客户开始关注物流企业的环保表现。那些积极采用绿色物流理念和实践的企业,往往能够获得

更多客户的青睐和认可。这种品牌形象的提升不仅能够为企业带来更多的业务机会，还能够增强企业在市场上的议价能力。

综上所述，绿色物流通过环保提效的方式，显著增强了物流企业的服务竞争力。通过使用环保性能好的运输工具、优化运输线路以及注重服务创新和差异化，物流企业能够为客户提供更加高效、可靠、个性化的物流服务，从而赢得更多客户的信任和支持。这不仅有助于提升企业的品牌形象和市场竞争力，还为实现物流行业的可持续发展奠定了坚实基础。

4. 绿色物流：环保降成本，长期增效益

绿色物流不仅仅关注环境保护和可持续发展，从经济效益的角度来看，它还能为企业带来显著的运营成本的降低，并在长期内实现效益的增长。以下是对绿色物流如何降低成本和增加长期效益的详细讲解和具体分析：

（1）初期投资与长期回报

环保性能好的运输工具和先进的物流技术，虽然可能在初期涉及较高的投资成本，但这些投资在长期来看往往能够得到良好的回报。例如，电动车辆虽然购买成本较高，但其运行成本远低于传统燃油车辆，且随着技术的进步和市场规模的扩大，电动车辆的价格也在逐渐降低。

（2）降低能源消耗与排放

绿色物流运输工具通常具有更高的能源效率和更低的排放。这意味着在相同的运输任务下，绿色物流能够减少能源消耗，从而降低能源成本。同时，减少排放不仅有助于环保，还能避免因违反环保法规而可能面临的罚款和处罚，进一步降低企业的运营成本。

（3）减少维护成本

环保性能好的运输工具往往具有更高的耐用性和可靠性，这意味着它们需要更少的维修和保养。这不仅降低了企业的维护成本，还提高了运输工具的使用效率，减少了因故障导致的运输延误和损失。

（4）提升品牌形象与市场竞争力

采用绿色物流的企业往往能够树立良好的环保形象，这有助于提升企业的品牌形象和市场竞争力。在消费者对环保问题日益关注的今天，拥有绿色物流的企业往往更能吸引消费者的青睐，从而获得更多的市场份额。

（5）政策优惠与支持

随着社会对环保的重视程度不断提高，政府也出台了一系列支持绿色物流发展的政策。这些政策可能包括税收优惠、资金补贴等，能够进一步降低企业的运营成本，并鼓励更多企业采用绿色物流。

绿色物流从经济效益的角度来看,不仅能够为企业节约运营成本,还能在长期内实现效益的增长。虽然初期投资可能较高,但通过降低能源消耗、减少排放、降低维护成本以及获得政策优惠等方式,企业能够逐渐实现成本的降低和效益的提升。因此,绿色物流不仅是企业履行社会责任的体现,更是实现经济效益和环境效益双赢的重要途径。

综上所述,绿色物流运输强调运输过程中的环保和节能,通过选择环保性能好的运输工具、优化运输线路和减少重复运输等举措,实现了对环境影响的减少和运营成本的节约。这些举措不仅符合可持续发展的理念,还能够提升物流企业的服务质量和市场竞争力,推动整个物流行业的健康发展。

以某电商企业为例,该企业积极推动绿色物流运输,采用了大量电动货车进行城市配送。通过合理规划运输路线和减少空驶,该企业的运输成本得到了有效控制,同时配送效率也得到了显著提升。这不仅提高了客户的满意度,也为企业赢得了良好的社会声誉。

## 4.2.2 绿色物流运输还促进了服务流程的改进和优化

绿色物流运输不仅仅关注环保和节能,同时也致力于服务流程的改进和优化。这一目标的实现,在很大程度上依赖于对运输过程的严密监控和高效管理,确保运输过程中的安全性和可靠性。以下是对绿色物流运输如何促进服务流程改进和优化的详细讲解与具体分析:

1.强化运输过程的监控和管理

强化运输过程的监控和管理在绿色物流运输中扮演着至关重要的角色。这不仅有助于确保物流过程的顺利进行,还能有效减少资源浪费和环境污染,从而实现绿色物流的目标。以下是对强化运输过程监控和管理的详细讲解和具体分析:

(1)运输过程监控的重要性。

绿色物流强调在物流活动的各个环节中,充分利用现代信息技术和先进的管理理念,以最小的资源消耗和环境影响来完成物流活动。因此,对运输过程进行精细化的监控和管理显得尤为重要。通过强化监控,可以实时掌握货物的运输状态,确保货物安全、准时地送达目的地;同时,还能及时发现并解决运输过程中可能出现的问题,降低物流风险。

(2)监控与管理的具体手段。

①利用先进技术手段进行实时监控:随着物联网、大数据、云计算等技术的不断发展,现代物流企业可以借助这些技术手段对运输过程进行实时监控。例如,通过安装 GPS 定位系统和传感器,可以实时获取运输车辆的位置、速度、油耗等信

息;通过大数据分析,可以对运输过程进行预测和优化,提高运输效率。

②数据收集与分析:在运输过程中,物流企业需要收集各种数据,包括货物的装载情况、运输途中的温度、湿度等环境参数、车辆的运行状态等。通过对这些数据的分析,可以评估运输过程的效率和环保性能,为后续的改进提供依据。

(3)监控与管理带来的效益。

①提高运输效率:通过实时监控和数据分析,物流企业可以优化运输路线、减少空驶率、提高车辆利用率,从而降低运输成本、提高运输效率。

②降低资源消耗:精细化的监控和管理有助于减少不必要的能源消耗和排放。例如,通过合理调度车辆、避免拥堵路段等方式,可以减少燃油消耗和尾气排放;通过采用节能型运输工具和绿色包装材料,可以进一步降低资源消耗。

③提升客户满意度:强化运输过程的监控和管理有助于确保货物安全、准时送达,从而提升客户满意度。这不仅有助于维护现有客户关系,还能吸引更多潜在客户,提升企业的市场竞争力。

综上所述,强化运输过程的监控和管理是绿色物流运输中不可或缺的一环。通过利用先进技术手段进行实时监控和数据分析,物流企业可以优化运输过程、降低资源消耗和环境污染,实现经济效益和环境效益的双赢。

2. 引入先进的信息技术和物联网技术

引入先进的信息技术和物联网技术是现代物流企业实现高效、绿色运输的关键手段。这些技术的运用,能够显著提升物流运输的监控和管理水平,确保货物安全、准时送达,并降低资源消耗和环境污染。下面,我将详细讲解并具体分析这些技术在物流运输中的应用及其优势。

(1)GPS 定位技术

GPS 定位技术通过卫星定位系统实现对运输车辆的实时追踪和定位。物流企业可以利用这一技术精确掌握车辆的位置、行驶速度、行驶路线等信息。通过 GPS 定位,企业可以实时调整运输计划,优化运输路线,避免拥堵和延误,从而提高运输效率。同时,GPS 定位技术还可以用于车辆防盗和安全管理,一旦车辆出现异常行为或被盗,企业可以迅速作出反应,确保车辆和货物的安全。

(2)RFID 标签技术

RFID 标签技术是一种无线通信技术,通过在货物上粘贴 RFID 标签,实现对货物的自动识别和追踪。这种技术可以极大地减少人为错误和遗漏,提高货物的准确性和可追溯性。在物流运输中,RFID 标签可以帮助企业实时掌握货物的数量、位置和状态,及时发现和解决运输过程中出现的问题。此外,RFID 技术还可以与仓库管理系统、订单处理系统等其他信息系统进行集成,实现物流信息的实时共享和协同,提高整个物流链条的运作效率。

（3）大数据分析技术

大数据分析技术可以对物流运输过程中收集到的各种数据进行深度挖掘和分析,提取出有价值的信息和规律。通过对这些数据的分析,企业可以了解运输过程中的瓶颈和问题,优化运输方案,降低运输成本。同时,大数据分析还可以帮助企业预测未来的运输需求和市场趋势,为企业制定更加科学的战略决策提供依据。

引入先进的信息技术和物联网技术,对于物流企业来说具有多重优势:

①提高监控和管理水平:通过这些技术,企业可以实现对运输过程的全面监控和管理,确保货物安全、准时送达。

②优化资源配置:通过实时数据分析和预测,企业可以更加精准地安排运输计划和资源配置,提高资源利用效率。

③降低运营成本:通过优化运输路线、减少空驶率等方式,企业可以降低运输成本,提高经济效益。

④提升客户满意度:通过提高运输效率和服务质量,企业可以提升客户满意度,增强市场竞争力。

综上所述,引入先进的信息技术和物联网技术是现代物流企业实现高效、绿色运输的重要手段。这些技术的应用不仅有助于提升企业的监控和管理水平,还能优化资源配置、降低运营成本、提升客户满意度,从而推动物流行业的可持续发展。

3. 数据驱动的服务改进

数据驱动的服务改进是现代物流企业实现持续发展和竞争优势的关键策略。随着先进的信息技术和物联网技术的广泛应用,物流企业能够获取海量的实时数据,这些数据不仅涵盖了运输时间、运输距离、货物损耗率等运营指标,还涉及客户满意度等关键业务信息。通过对这些数据进行深度分析和挖掘,企业能够洞察运输过程中的问题和瓶颈,进而制定针对性的优化和改进措施。

（1）数据驱动的服务改进有助于企业发现运输过程中的问题和瓶颈

例如,通过分析运输时间数据,企业可以发现哪些路段容易发生拥堵,哪些时段运输效率较低。针对这些问题,企业可以调整运输路线或运输时间,避开拥堵路段和高峰时段,从而提高运输效率。同时,对货物损耗率数据的分析可以帮助企业识别出货物在运输过程中容易受损的环节,进而采取相应的保护措施,降低货物损耗率。

（2）数据驱动的服务改进有助于企业优化资源配置

通过对运输距离、运输时间等数据的分析,企业可以更加精准地预测运输需求,从而合理安排车辆、人员等资源。这不仅可以降低企业的运营成本,还可以提高资源的利用效率。此外,企业还可以根据历史数据和预测结果,提前规划运输计划,避免临时调度和资源浪费。

(3)数据驱动的服务改进有助于提升客户满意度

客户满意度是衡量企业服务质量的重要指标之一。通过对客户满意度数据的分析,企业可以了解客户对运输服务的评价和期望,进而针对性地改进服务流程、提升服务质量。例如,企业可以根据客户的反馈调整运输方式、提高运输速度或增加服务项目,以满足客户的个性化需求。

(4)数据驱动的服务改进有助于企业实现持续创新和发展

通过对实时数据的持续监控和分析,企业可以及时发现市场变化和客户需求的变化,从而调整战略方向、开发新产品或服务。这种基于数据的决策方式能够使企业更加灵活地应对市场变化,保持竞争优势。

(5)实现数据驱动的服务改进

①要确保数据的准确性和可靠性。数据是分析的基础,如果数据存在错误或偏差,那么分析结果也会失去意义。因此,企业需要建立完善的数据采集、存储和处理机制,确保数据的准确性和可靠性。

②要培养具备数据分析能力的人才。数据分析需要专业的知识和技能,企业需要培养或引进具备数据分析能力的人才,以便对数据进行深度挖掘和分析。

③要注重数据的安全和隐私保护。在收集和使用数据的过程中,企业需要遵守相关法律法规,确保数据的安全和隐私保护,避免引发不必要的法律风险。

综上所述,数据驱动的服务改进是物流企业在信息化和智能化时代实现持续发展和竞争优势的重要手段。通过对实时数据的深度分析和挖掘,企业可以发现运输过程中的问题和瓶颈,优化资源配置,提升客户满意度,实现持续创新和发展。同时,企业还需要注意确保数据的准确性和可靠性、培养具备数据分析能力的人才以及注重数据的安全和隐私保护等问题。

例如,企业可以根据数据分析结果调整运输线路,避开拥堵路段,减少运输时间;或者根据货物的特性和客户的需求,选择合适的运输方式和包装材料,降低货物损耗率;还可以通过对客户满意度数据的分析,找出服务中的不足之处,并加以改进。

4.提升服务质量与竞争力

提升服务质量与竞争力是物流企业在激烈的市场竞争中保持优势地位的关键举措。服务流程的改进和优化是实现这一目标的重要手段,它不仅能够提高服务效率和质量,还能够增强企业的市场竞争力。

(1)服务流程的改进和优化有助于提升服务质量

通过对运输过程的实时监控和数据分析,企业可以及时发现并解决运输过程中的问题,确保货物能够安全、准时地送达客户手中。此外,企业还可以根据客户的需求和期望,优化服务流程,提供更加个性化、精准化的服务。例如,根据客户的货物特性和运输需求,企业可以制定专门的运输方案,提供定制化的服务,以满足客户的实际需求。这种个性化服务不仅能够提升客户的满意度和忠诚度,还能够为企业赢得更多的口碑和业务机会。

(2)服务流程的改进和优化有助于增强物流企业的市场竞争力

在激烈的市场竞争中,服务质量是企业赢得客户和市场的重要因素之一。通过优化服务流程,企业可以提高服务效率和质量,降低运营成本,从而在价格上具有更大的竞争优势。此外,优质的服务还能够提升企业的品牌形象和知名度,吸引更多的潜在客户和业务合作伙伴。这种竞争优势有助于企业在市场中脱颖而出,占据更大的市场份额。

(3)服务流程的改进和优化有助于提升企业的运营效率

通过对运输过程的实时监控和数据分析,企业可以更加精准地预测运输需求、优化资源配置、降低运输成本,从而提高整体的运营效率。这种效率提升不仅能够降低企业的运营成本,还能够提高企业的响应速度和灵活性,使其能够更好地应对市场变化和客户需求的变化。

(4)服务流程的改进和优化还能够促进企业的创新和发展

通过对服务流程的不断优化和创新,企业可以探索新的服务模式、开发新的服务产品,以满足市场的不断变化和客户的个性化需求。这种创新不仅能够为企业带来新的增长点和发展机遇,还能够提升企业的核心竞争力,使其在市场中保持领先地位。

(5)实现服务流程的改进和优化

①要深入了解客户的需求和期望。企业需要通过市场调研、客户访谈等方式,了解客户对运输服务的需求和期望,以便制定针对性的优化措施。

②要加强信息技术的应用。通过引入先进的信息技术和物联网技术,企业可以实现对运输过程的实时监控和数据分析,为服务流程的改进和优化提供有力支持。

③要注重人才培养和团队建设。企业需要培养和引进具备专业技能和创新精神的人才,组建高效、专业的服务团队,以推动服务流程的改进和优化工作。

综上所述,提升服务质量与竞争力是物流企业在市场竞争中保持优势地位的重要举措。通过对服务流程的改进和优化,企业可以提高服务质量、增强市场竞争力、提升运营效率、促进创新和发展。同时,企业还需要注意深入了解客户需求、加强信息技术应用、注重人才培养和团队建设等方面的问题,以确保服务流程的改进和优化工作能够取得实效。

5.流程优化:降成本提效,增竞争力

服务流程的改进和优化还能够降低企业的运营成本,提高企业的运营效率。通过对运输过程的精细化管理和优化,企业可以减少不必要的浪费和损耗,降低运营成本;同时,通过提高运输效率和客户满意度,企业还能够获得更多的业务机会和市场份额,进一步提升企业的竞争力。

以电商企业为例,通过建立智能物流平台实现对运输过程的实时监控和数据分析,企业能够及时发现并解决运输过程中的问题,优化服务流程,提高运输效率。这不仅降低了运输风险,还提升了客户体验,进一步增强了企业的市场竞争力。

绿色物流运输通过加强对运输过程的监控和管理、引入先进的信息技术和物联网技术、数据驱动的服务改进等手段,促进了服务流程的改进和优化。这不仅提升了服务质量,还增强了企业的市场竞争力,为物流行业的可持续发展奠定了坚实基础。

综上所述,绿色物流运输对服务质量管理产生了积极的影响。通过推动环保和节能的运输方式、优化运输流程以及引入先进的技术手段,绿色物流运输有助于提升物流企业的服务质量,增强企业的竞争力,并推动整个物流行业的可持续发展。

# 4.3　服务质量管理在绿色物流运输中的应用与提升

在绿色物流运输中,服务质量管理扮演着至关重要的角色。它不仅关系到物流企业的运营效率和客户满意度,还直接影响着绿色物流运输的可持续发展。以下将通过实例详细讲解和分析服务质量管理在绿色物流运输中的应用与提升。

## 4.3.1　服务质量管理在绿色物流运输中的应用

1.运输过程监控与优化

运输过程监控与优化是现代物流管理中至关重要的环节,它涉及到货物从起始点到目的地的整个流转过程,直接关系到物流企业的服务质量和市场竞争力。通过引入先进的物流信息系统和物联网技术,物流企业可以实现对货物运输状态的实时监控和优化,从而确保货物能够安全、高效、准时地送达客户手中。

（1）实时监控技术的应用大大提高了运输过程的透明度

传统的物流管理往往依赖于人工记录和报告，这种方式不仅效率低下，而且容易出现信息滞后和错误。而现代物流信息系统和物联网技术通过实时采集和传输货物状态信息，使得物流企业能够随时了解货物的位置、速度、温度等关键信息。这种实时性不仅使得客户能够随时掌握货物的运输情况，还使得企业能够及时发现并解决潜在问题，如运输途中的货物损坏、丢失或延误等。

（2）实时监控技术还有助于物流企业优化运输过程

通过对货物运输状态的实时监控，企业可以获取大量的运输数据，如运输时间、距离、成本等。这些数据可以用于分析运输效率、预测运输需求以及优化运输路线和车辆分配。例如，通过智能调度系统，企业可以根据实时交通数据和货物信息，动态调整运输路线和车辆分配，以避免拥堵和延误，提高运输效率。同时，企业还可以根据历史数据和预测数据，制定更加合理的运输计划，以降低成本并提高服务质量。

（3）实时监控技术还有助于提升物流企业的服务质量

通过实时了解货物的运输状态，企业可以及时向客户提供准确的货物信息和预计送达时间，从而增强客户的信任感和满意度。同时，企业还可以根据客户的需求和期望，提供更加个性化、精准化的服务。例如，对于对温度敏感的货物，企业可以通过实时监测货物的温度信息，确保货物在运输过程中始终保持适宜的温度范围，从而避免因温度变化导致的货物损坏或变质。

（4）实现运输过程的监控与优化

①要确保技术的先进性和可靠性。物流信息系统和物联网技术需要不断更新和升级，以适应市场变化和客户需求的变化。同时，企业需要确保这些技术的稳定性和可靠性，以避免因技术故障导致的信息丢失或传输错误。

②要加强数据分析和应用能力。实时监控技术产生的数据量大且复杂，企业需要具备强大的数据分析和应用能力，以从中提取有价值的信息，为运输过程的优化提供有力支持。

③要注重人才培养和团队建设。企业需要培养和引进具备专业技能和创新精神的人才，组建高效、专业的团队，以推动运输过程监控与优化工作的顺利开展。

综上所述，运输过程监控与优化是提升物流服务质量与竞争力的关键举措。通过引入先进的物流信息系统和物联网技术，物流企业可以实现对货物运输状态的实时监控和优化，提高运输过程的透明度和效率，确保货物安全、准时送达，从而提升客户满意度和忠诚度。同时，企业还需要注重技术更新、数据分析和人才培养等方面的问题，以确保运输过程监控与优化工作的持续有效推进。

2. 客户反馈与持续改进

客户反馈与持续改进是现代服务质量管理中不可或缺的两个关键环节。对于物流企业而言,客户的声音和反馈是评估和提升服务质量的重要依据。通过建立完善的客户反馈机制,物流企业可以实时收集客户对运输服务的评价和建议,进而针对性地改进服务流程,提升客户满意度。

(1)客户反馈机制的建立对于物流企业至关重要

这一机制通常包括线上和线下两种形式。线上形式如官方网站或移动应用中的评价系统、社交媒体平台的互动等,客户可以随时随地表达对物流服务的看法。线下形式则包括电话调查、问卷调查等,通过更直接的方式了解客户对服务的满意度。这些反馈渠道应保证畅通无阻,让客户能够轻松表达意见。

(2)收集到客户反馈后,物流企业需要对其进行深入的分析

这包括对反馈内容进行分类、统计和分析,以识别出服务中的优势和不足。通过数据分析,企业可以了解客户对哪些方面最为关注,哪些环节存在问题,从而为改进提供方向。

在持续改进方面,物流企业应根据客户反馈制定具体的改进措施。例如,针对客户反映的配送速度慢的问题,企业可以优化配送路线、增加配送车辆或采用更先进的配送技术来提高配送效率。对于包装破损的问题,企业可以改进包装材料、加强包装过程的质量控制等。这些改进措施应围绕提升客户满意度这一目标展开,确保服务质量的持续提升。

客户导向的管理方式有助于物流企业更好地理解客户需求。通过关注客户的声音和反馈,企业能够更准确地把握市场动态和客户需求变化,从而及时调整服务策略,提供更符合客户期望的运输服务。这种管理方式有助于企业与客户建立更紧密的合作关系,提升客户忠诚度和口碑效应。

(3)客户反馈与持续改进还有助于物流企业在激烈的市场竞争中保持优势

通过不断改进服务质量,企业能够提升客户满意度和信任度,从而吸引更多的客户和业务。同时,这种管理方式也有助于企业降低运营成本、提高运营效率,实现可持续发展。

然而,要有效实施客户反馈与持续改进的管理方式,物流企业需要注意以下几点:

①要确保反馈渠道的多样性和便捷性,让客户能够方便地表达意见;
②要注重数据分析的准确性和有效性,确保改进措施能够真正解决问题;
③要加强内部沟通和协作,确保改进措施能够得到有效的执行;
④要保持持续改进的动力和决心,不断追求卓越的服务质量。

综上所述,客户反馈与持续改进对于物流企业的服务质量管理具有重要意义。通过建立完善的客户反馈机制、深入分析客户反馈并制定相应的改进措施,物流企业可以不断提升服务质量、满足客户需求并赢得市场竞争优势。

## 4.3.2 服务质量管理在绿色物流运输中的提升

1. 绿色理念融入服务设计

绿色理念融入服务设计是物流企业在追求可持续发展过程中的重要实践。随着全球环境问题的日益严重,绿色、环保和低碳已经成为各行各业共同关注的话题。物流企业作为连接生产与消费的关键环节,其服务设计对于减少环境污染、降低资源消耗具有重要意义。

(1)绿色理念在服务设计中的融入体现了物流企业对于社会责任的积极承担

物流企业通过优先使用可降解、环保的包装材料,不仅能够有效减少对环境的污染,还能够向客户和社会展示其对于环保事业的重视和投入。这种积极的社会责任感有助于提升企业的公众形象,增强客户对企业的信任度。

(2)绿色设计有助于降低物流企业的运营成本

通过使用可降解、环保的包装材料,企业可以减少对石油等不可再生资源的依赖,从而降低采购成本。同时,通过优化包装设计,减少包装材料的浪费,企业可以提高资源利用效率,进一步降低运营成本。这种绿色设计不仅能够为企业带来经济效益,还能够为整个社会创造更多的环境价值。

在具体实践中,物流企业可以通过以下几个方面来实现绿色理念在服务设计中的融入:

①选用环保包装材料:优先选择可降解、可回收的包装材料,如纸制品、生物降解塑料等,减少对环境的负面影响。

②优化包装设计:通过改进包装结构和尺寸,减少包装材料的用量,提高包装效率。同时,采用易于拆卸和回收的设计,方便客户处理和再利用包装材料。

③推广绿色运输方式:采用低碳、节能的运输方式,如电动车、氢能源车等,减少运输过程中的碳排放。同时,优化运输路线和计划,提高运输效率,降低能源消耗。

④建立绿色供应链:与供应商和合作伙伴共同建立绿色供应链,推动整个物流行业的绿色化发展。通过共享资源、协同作业等方式,降低整个供应链的能耗和排放。

需要注意的是,绿色理念融入服务设计并不是一蹴而就的过程,需要企业长期的投入和努力。同时,企业在实践中还需要充分考虑客户需求和市场变化,确保绿色设计与实际业务的有效结合。

综上所述,绿色理念融入服务设计是物流企业在追求可持续发展过程中的重要实践。通过优先使用环保包装材料、优化包装设计、推广绿色运输方式和建立绿色供应链等措施,企业不仅能够提升公众形象、降低运营成本,还能够为整个社会和环境的可持续发展做出贡献。

2. 技术创新提升服务质量

技术创新在提升物流服务质量方面扮演着至关重要的角色。随着科技的日新月异,物流企业正逐渐采用先进技术手段,从多个维度优化服务流程,提升服务效率和质量。下面,我将详细讲解并具体分析技术创新在提升物流服务质量方面的具体应用和效果。

(1)利用大数据和人工智能技术预测运输需求是技术创新的重要体现

通过对海量数据的收集、整理和分析,物流企业能够精准地预测未来的运输需求,包括货物量、运输方向、运输时间等。这种预测能力使得企业能够提前规划运输资源和路线,优化运输方案,从而避免资源浪费和运输拥堵,提高运输效率。同时,通过大数据分析,企业还能发现潜在的服务改进点,进一步提升服务质量。

(2)引入自动化和智能化设备是提升物流服务质量的另一重要手段

传统的物流操作往往需要大量的人工参与,不仅效率低下,而且容易出现人为错误。而自动化和智能化设备的引入,可以极大地减少人工操作,降低人为错误率。例如,自动化分拣系统能够准确、快速地完成货物的分拣和打包工作,大大提高了工作效率;无人仓库则通过智能机器人进行货物的搬运和存储,降低了人工成本,同时提高了仓库的存储密度和作业效率。这些智能化设备的应用,使得物流服务更加精准、高效,提升了服务质量和可靠性。

(3)技术创新还在物流服务的多个环节发挥了重要作用

例如,物联网技术的应用使得货物在运输过程中的状态可以实时监控,企业能够及时了解货物的位置和状态,确保货物安全、准时到达;区块链技术的应用则可以提高物流信息的透明度和可信度,降低信息不对称带来的风险;无人驾驶技术的研发和应用,则有望在未来实现更加智能、高效的运输方式。

需要注意的是,技术创新虽然为物流服务质量的提升带来了巨大潜力,但同时也面临着一些挑战和限制。例如,新技术的研发和应用需要大量的资金投入和人才支持;同时,新技术的推广和普及也需要时间和市场的接受度。因此,物流企业在推动技术创新时,需要充分考虑自身的实际情况和市场需求,制定合理的技术创新策略。

综上所述,技术创新在提升物流服务质量方面发挥着重要作用。通过利用大数据、人工智能、自动化和智能化设备等先进技术手段,物流企业能够优化服务流程、提高服务效率和质量、降低运营成本、增强竞争力。未来,随着科技的不断进步和应用场景的拓展,技术创新将为物流行业带来更加广阔的发展空间和机遇。

3.绿色合作伙伴关系的建立

绿色合作伙伴关系的建立对于物流行业的可持续发展具有深远意义。随着全球环境问题的日益严重,绿色、环保、低碳已成为各行各业发展的必然趋势,物流企业也不例外。通过建立紧密的合作关系,物流企业与供应商、客户等各方能够共同推动绿色物流运输的发展,实现环境效益与经济效益的双赢。

(1)与供应商建立绿色合作关系是推动绿色物流运输的关键一环

供应商作为物流链的上游环节,其提供的包装材料和生产方式直接影响到物流过程中的环境影响。通过与供应商建立绿色合作关系,物流企业可以推动供应商采用更加环保的包装材料和生产工艺,减少包装废弃物的产生,降低对环境的影响。同时,绿色包装材料的应用也有助于提升企业形象和品牌价值,增强市场竞争力。

(2)与客户建立绿色合作关系也是推动绿色物流运输的重要途径

客户作为物流服务的接受者,其需求和期望对于物流企业的服务内容和方式具有重要影响。通过与客户合作,物流企业可以深入了解客户的绿色物流需求,共同制定符合双方利益的绿色物流方案。这包括优化运输路线、选择低碳运输方式、减少运输过程中的碳排放等措施。通过实施这些绿色物流方案,不仅可以降低运输成本,提高运输效率,还可以减少环境污染,提升企业的社会责任感和公众形象。

(3)绿色合作伙伴关系的建立还有助于形成绿色物流的产业链和生态圈

在绿色合作伙伴关系的推动下,物流企业与供应商、客户等各方可以形成紧密的产业链合作关系,共同推动绿色物流技术的研发和应用。同时,这种合作关系还可以促进各方之间的信息共享和资源互补,提高整个产业链的运作效率和环保水平。

(4)绿色合作伙伴关系的建立也面临一些挑战和困难

例如,各方之间的利益诉求可能存在差异,需要在合作过程中进行充分的沟通和协调;同时,绿色物流技术的研发和应用也需要大量的资金投入和人才支持,需要各方共同努力推动。

绿色合作伙伴关系的建立是推动物流行业可持续发展的重要举措。通过与供应商、客户等合作伙伴建立紧密的合作关系,共同推动绿色物流运输的发展,可以实现环境效益与经济效益的双赢,促进整个行业的健康发展。

综上所述,服务质量管理在绿色物流运输中的应用与提升是一个持续的过程。通过不断优化运输过程、融入绿色理念、利用技术创新和建立合作伙伴关系,物流企业可以不断提升服务质量,实现绿色物流运输的可持续发展。

# 第5章 绿色物流运输中的
# 服务质量管理策略

在当今全球化和可持续发展的背景下,绿色物流运输不仅成为企业提升竞争力的关键要素,更是实现环境保护和社会责任的重要途径。而服务质量管理作为绿色物流运输的核心组成部分,对于提升客户满意度、优化运输流程以及降低环境影响具有不可忽视的作用。

本章将深入探讨绿色物流运输中的服务质量管理策略,从服务设计、服务过程管理到服务补救与持续改进等多个维度进行全面剖析。我们将关注如何在服务设计中融入绿色理念,确保服务流程既高效又环保;如何加强服务过程管理,提高运输效率,减少资源消耗和环境污染;以及如何在出现服务问题时迅速采取补救措施,并通过持续改进不断提升服务质量。

通过学习和掌握这些策略,我们希望能够为物流企业在绿色物流运输中提升服务质量管理水平提供有益的参考和借鉴,推动整个行业向着更加绿色、高效、可持续的方向发展。

## 5.1 绿色物流运输中的服务设计策略

绿色物流运输中的服务设计策略,是确保物流运输过程既满足客户需求,又符合环保理念的关键环节。下面,我将通过一个具体的实例来详细讲解和分析这一策略。

实例:某知名电商企业的绿色物流服务设计

该电商企业一直致力于打造绿色、高效的物流体系,以满足消费者对环保和时效的双重需求。在服务设计方面,该企业采取了以下策略:

### 5.1.1 环保包装与材料选择

企业采用了可循环、可降解的包装材料,替代了传统的塑料包装。同时,通过优化包装设计,减少了包装材料的使用量,降低了废弃物产生。此外,企业还鼓励消费者选择电子发票,减少纸质发票的使用,进一步降低环境负担。

环保包装与材料选择在现代企业中扮演着至关重要的角色,它不仅是企业履行社会责任的体现,也是实现可持续发展的重要举措。以下是对企业采用环保包装与材料选择的具体分析和详细讲解。

1. 采用可循环、可降解的包装材料

传统塑料包装材料由于难以降解,给环境带来了极大的压力。因此,企业积极寻找可循环、可降解的替代材料,以降低对环境的影响。这些新型包装材料通常具有以下几个特点。

(1)可循环使用。这类材料在使用后可以经过回收、处理,再次用于生产新的包装产品,减少了对新资源的依赖。

(2)可自然降解。某些生物基材料在特定条件下能够自然降解,转化为无害的物质,避免了传统塑料包装材料长期存在于环境中的问题。

通过采用这些环保材料,企业能够在保证包装功能性的同时,降低对环境的负面影响。

2. 优化包装设计,减少包装材料使用量

除了选择环保材料外,企业还通过优化包装设计来减少包装材料的使用量。这包括以下几个方面。

(1)精简结构。通过简化包装结构,减少不必要的层次和部件,降低包装材料的用量。

(2)轻量化设计。采用轻质材料或优化材料厚度,减轻包装的整体重量,减少资源消耗。

(3)适应性设计。根据产品的特性和运输需求,设计合理的包装尺寸和形状,避免过度包装。

通过优化包装设计,企业可以在保证包装安全性的同时,进一步降低包装材料的使用量,减少废弃物产生。

3. 鼓励消费者选择电子发票

纸质发票的使用不仅消耗大量的纸张资源,还增加了处理、存储和运输的成本。因此,企业积极鼓励消费者选择电子发票,以进一步降低环境负担。电子发票具有以下几个优点。

(1)节省资源。电子发票无需使用纸张,避免了纸张资源的浪费。

(2)便于管理。电子发票可以方便地存储在电子设备中,便于查询和管理,减少了纸质发票的存储和运输成本。

（3）提高效率。电子发票的传输速度快，可以实时到达消费者手中，提高了处理效率。

通过鼓励消费者选择电子发票，企业能够在日常经营中积极履行环保责任，推动社会的绿色转型。

综上所述，环保包装与材料选择是现代企业实现可持续发展的重要手段之一。通过采用可循环、可降解的包装材料、优化包装设计以及鼓励消费者选择电子发票等措施，企业可以在保障产品安全和消费者需求的同时，积极履行社会责任，推动环境保护和可持续发展。

## 5.1.2　绿色运输方式选择

在运输方式的选择上，企业优先考虑了低碳、环保的运输工具，如电动车、氢能源车等。同时，企业还通过智能调度系统，合理规划运输路线，减少空驶和重复运输，提高了运输效率，降低了能源消耗。

绿色运输方式的选择，对于企业来说，是追求低碳、环保理念的关键步骤。它不仅有助于降低能源消耗和减少环境污染，还能提升企业的社会责任感和品牌形象。以下是对企业选择绿色运输方式的具体分析和详细讲解。

1. 选择低碳、环保的运输工具

企业在选择运输工具时，应优先考虑那些低碳、环保的选项，如电动车和氢能源车。

（1）电动车。电动车以电能作为动力源，相比传统燃油车，其尾气排放几乎为零，具有显著的环保优势。随着电池技术的不断进步，电动车的续航里程和性能也在不断提升，使其越来越适合长途运输和重载需求。此外，电动车的运营成本较低，充电设施日益完善，也为企业的广泛应用提供了便利。

（2）氢能源车。氢能源车使用氢燃料作为动力源，其排放物仅为水，具有极高的环保性能。氢能源车的能量密度高，续航里程长，能够满足长距离运输的需求。同时，氢能源技术也在不断发展完善中，未来有望成为更加主流的绿色运输方式。

2. 应用智能调度系统，合理规划运输路线

除了选择环保的运输工具外，企业还可以通过智能调度系统来优化运输路线，进一步提高运输效率和降低能源消耗。

（1）实时监测与数据分析。智能调度系统能够实时监测路况、车辆位置和运输需求等信息，并通过数据分析为运输决策提供科学依据。这有助于企业及时发现和解决运输过程中的问题，提高运输效率。

（2）路线优化与智能调度。基于实时监测和数据分析的结果，智能调度系统

可以为企业规划出最优的运输路线,并实现智能调度。通过减少空驶和重复运输,降低能源消耗和运输成本,同时提高运输效率。

(3)预测与预警机制。智能调度系统还能够预测未来一段时间的运输需求和路况变化,并提前发出预警。这有助于企业提前做好运输准备和调整,应对可能出现的突发情况。

通过选择低碳、环保的运输工具和应用智能调度系统,企业能够在保证运输效率的同时,降低能源消耗和环境污染,实现绿色运输的目标。这不仅有助于企业的可持续发展,也为社会的环保事业作出了积极贡献。

### 5.1.3 智能化技术应用

在绿色物流服务领域,智能化技术的应用正逐渐成为企业提升效率、优化服务质量的关键手段。这些技术的引入不仅有助于降低物流成本、减少资源浪费,还能提升客户满意度,增强企业的市场竞争力。以下是对智能化技术在绿色物流服务中应用的详细讲解与具体分析。

1. 物联网技术的应用

物联网技术通过为物品配备电子标签、传感器等设备,实现了物品信息的实时采集、传输和处理。在绿色物流服务中,物联网技术的应用主要体现在以下几个方面。

(1)实时追踪与监控。通过物联网技术,企业可以实时追踪货物的位置和状态,确保货物在运输过程中的安全性和稳定性。这有助于及时发现和处理潜在问题,降低货物损失和延误的风险。

(2)智能调度与路径规划。物联网技术可以为企业提供实时的路况信息和车辆位置信息,帮助企业实现智能调度和路径规划。通过优化运输路线和减少空驶,降低能源消耗和碳排放。

(3)智能化仓储管理。物联网技术可以实现仓库内货物的自动识别、定位和盘点,提高仓储管理的效率和准确性。同时,通过对仓库环境的实时监测和调控,确保货物的存储质量和安全性。

2. 大数据和人工智能技术的应用

大数据和人工智能技术的结合,为企业提供了强大的数据分析和处理能力,有助于优化库存管理和订单处理流程。

(1)精准库存管理。通过对历史销售数据、库存数据等进行分析,企业可以预测未来的销售趋势和库存需求,从而制定更加精准的库存管理策略。这有助于降低库存积压和缺货的风险,提高库存周转率。

（2）智能订单处理。利用人工智能技术,企业可以实现订单的自动化处理,包括订单分配、路径规划、运输方式选择等。这不仅可以提高订单处理的效率和准确性,还能降低人力成本。

（3）预测性维护。通过对物流设备的运行数据进行实时监测和分析,企业可以预测设备的维护需求,提前进行维护和保养。这有助于减少设备故障和停机时间,提高物流运作的可靠性和稳定性。

通过引入物联网、大数据和人工智能等智能化技术,企业可以在绿色物流服务中实现更加精准、高效和可持续的运作。这些技术的应用不仅有助于提升企业的运营效率和服务质量,还能推动整个物流行业的绿色发展和转型升级。

## 5.1.4　服务流程优化

在服务流程优化方面,企业为了提高客户体验、提升运营效率,采取了一系列有效的措施。这些措施不仅降低了客户的时间成本,也增强了企业的服务质量和竞争力。以下是对这些优化策略的详细讲解与具体分析。

1. 简化操作流程

为了降低客户使用绿色物流服务的门槛,企业致力于简化操作流程。这包括优化界面设计、减少不必要的操作步骤等。通过简化流程,客户可以更加便捷地完成订单提交、物流查询等操作,从而提高了客户满意度。

具体来说,企业可以:

（1）优化网站或 APP 界面,使其更加简洁明了,方便用户快速找到所需功能。

（2）减少用户填写信息的环节,例如通过自动填充、一键登录等方式简化注册和登录流程。

（3）提供清晰的物流信息展示,使用户能够轻松了解订单状态、预计送达时间等关键信息。

2. 提供便捷的自助服务

为了满足客户多样化的需求,企业提供了丰富的自助服务选项。这些自助服务不仅方便了客户,也减轻了客服人员的工作负担,提高了服务效率。

例如,企业可以:

（1）开发智能客服系统,通过自然语言处理技术实现与客户的智能交互,解答常见问题。

（2）提供在线支付、电子发票等便捷功能,方便客户完成交易并获取相关凭证。

（3）设立自助查询平台,客户可以随时查询订单状态、物流信息等。

3.建立完善的客户服务体系

为了确保客户在遇到问题时能够得到及时、有效的解决,企业建立了完善的客户服务体系。这一体系涵盖了多种沟通渠道和专业的客服团队,旨在为客户提供全方位的服务支持。

具体而言,企业可以:

(1)设立在线客服,通过网站或 APP 提供在线咨询和解答服务。

(2)提供电话客服热线,方便客户通过电话咨询和投诉。

(3)建立客户服务邮箱,客户可以通过邮件形式提出问题和建议。

此外,企业还可以定期对客服人员进行培训,提升他们的专业素养和服务水平,确保客户能够享受到高质量的服务。

通过实施上述服务流程优化策略,该电商企业成功提升了绿色物流服务的水平和客户满意度。其简洁的操作流程、便捷的自助服务以及完善的客户服务体系,为客户提供了更加高效、便捷、贴心的服务体验。这不仅有助于增强客户黏性,也为企业的长期发展奠定了坚实的基础。同时,该企业的绿色物流体系也为推动行业的绿色发展做出了积极贡献,展现了企业的社会责任和担当。

总结来说,绿色物流运输中的服务设计策略需要综合考虑环保理念、客户需求和技术应用等多个方面。通过选择环保包装材料、绿色运输方式、引入智能化技术以及优化服务流程等措施,可以打造出既满足客户需求又符合环保要求的绿色物流服务。

# 5.2　绿色物流运输中的服务过程管理策略

绿色物流运输中的服务过程管理策略,旨在确保整个运输过程的绿色、高效和顺畅。下面,我将通过一个具体的实例来详细讲解和分析这一策略。

实例:某大型物流企业的绿色物流运输服务过程管理

该大型物流企业致力于提供绿色、高效的物流服务,以满足客户对于环保和效率的需求。在服务过程管理方面,该企业采取了以下策略。

## 5.2.1　建立绿色物流运输标准

建立绿色物流运输标准是企业在追求可持续发展和环保目标过程中的一项重要举措。这一标准的设立不仅有助于降低运输过程中的环境污染,还能提升运输效率,降低运营成本,从而实现经济效益和生态效益的双赢。

1. 绿色运输工具助力减排降污

绿色运输工具助力减排降污是当前物流行业追求可持续发展的重要策略之一。随着全球气候变化和环境问题的日益严重,减少运输过程中的碳排放和环境污染已成为行业发展的当务之急。因此,企业优先选择低碳、环保的运输工具,如电动车或氢能源车,对于实现减排降污的目标具有显著意义。

(1)电动车和氢能源车作为清洁能源交通工具,其能耗和排放远低于传统燃油车辆。电动车通过电力驱动,不产生尾气排放,从而避免了燃油车辆排放的大量二氧化碳和其他污染物。氢能源车则以氢气为燃料,燃烧后仅产生水蒸气,几乎不会对环境造成任何污染。因此,采用这些绿色运输工具可以显著减少运输过程中的碳排放和环境污染,有助于改善空气质量,缓解温室效应。

(2)绿色运输工具的使用也有助于提升企业的社会责任感和公众形象。随着社会对环保问题的关注度不断提高,消费者和投资者越来越倾向于支持那些积极承担环保责任的企业。因此,采用绿色运输工具不仅可以为企业赢得消费者的青睐,还可以吸引更多投资者的关注和支持,从而为企业的发展提供有力保障。

(3)绿色运输工具的使用还有助于推动相关产业链的发展和创新。随着电动车和氢能源车等清洁能源交通工具的普及,相关的充电设施、氢气加注站等基础设施建设也将得到快速发展。同时,清洁能源技术的研发和应用也将不断推动相关产业链的技术创新和产业升级,为整个社会的可持续发展提供有力支撑。

(4)绿色运输工具的推广和应用也面临一些挑战和困难。例如,电动车和氢能源车的续航里程、充电速度等问题仍需进一步解决;同时,相关的基础设施建设也需要大量的资金投入和时间成本。因此,企业在选择绿色运输工具时,需要综合考虑技术成熟度、成本效益等因素,制定符合自身实际情况的发展策略。

综上所述,绿色运输工具助力减排降污是当前物流行业实现可持续发展的重要手段之一。通过优先选择低碳、环保的运输工具,企业可以显著减少碳排放和环境污染,提升社会责任感和公众形象,并推动相关产业链的发展和创新。虽然面临一些挑战和困难,但随着技术的不断进步和政策的持续支持,相信绿色运输工具将在未来得到更广泛的应用和推广。

2. 智能调度优化运输降能耗

智能调度优化运输在降低能耗方面扮演着至关重要的角色。这一技术的核心在于利用大数据分析和人工智能算法,实现对运输路线的实时优化,从而提高运输效率,减少能源消耗,并降低排放。

(1)智能调度系统具备实时获取路况信息的能力。通过与各种交通数据源进行连接,系统可以实时获取到最新的路况信息,包括交通拥堵、道路施工、事故等情况。这些实时数据为智能调度提供了决策依据,使其能够根据当前的路况信息做出准确的路线规划。

(2)智能调度系统能够自动选择最优路径。基于大数据分析和人工智能算法,系统可以根据实时路况信息、货物属性、运输需求等多个因素,自动计算出最优的运输路径。这一路径不仅考虑了距离和时间,还综合考虑了能源消耗和排放等因素,旨在实现运输过程中的能耗和排放最小化。

通过选择最优路径,智能调度系统能够避免拥堵路段,减少不必要的绕行。在交通拥堵的情况下,传统的运输方式可能会因为无法获取实时路况信息而选择拥堵路段,导致运输时间延长、能源消耗增加。而智能调度系统则能够实时感知到这些拥堵情况,并自动调整路线,选择更为畅通的道路进行运输。

(3)智能调度系统还可以根据实时路况信息对运输过程进行动态调整。在运输过程中,路况可能会发生变化,如突发事故、临时道路施工等。智能调度系统能够实时感知到这些变化,并快速做出反应,调整运输路线或采取其他措施,以应对这些突发情况,确保运输过程的顺利进行。

通过智能调度优化运输,企业可以显著降低运输过程中的能源消耗和排放。这不仅有助于提高企业的经济效益,降低运营成本,还有助于保护环境,实现可持续发展。同时,这也符合当前社会对环保和节能的要求,有助于提升企业的社会形象和竞争力。

综上所述,智能调度优化运输在降低能耗方面具有重要的作用。通过实时获取路况信息、自动选择最优路径以及动态调整运输过程,智能调度系统能够显著提高运输效率,降低能源消耗和排放,为企业带来经济效益和社会效益的双重提升。

3.优化装载卸载,提效降成本

优化装载与卸载环节在物流运输中扮演着至关重要的角色,它不仅直接影响到运输效率,还关系到企业的成本控制和运营效益。下面,我们将详细讲解并具体分析如何通过优化装载卸载来提高效率并降低成本。

(1)合理安排货物的装载顺序和位置是优化装载卸载的关键。企业应根据货物的性质、形状、重量以及目的地等因素,科学规划货物的装载顺序。例如,对于重量较大或体积较大的货物,应优先装载在车厢或货舱的底部或中央位置,以保证运输过程中的稳定性和安全性。同时,根据货物的目的地,企业可以合理安排货物的堆放位置,使得相近目的地的货物尽量靠近,以减少中途转运和装卸的次数。

通过合理安排装载顺序和位置,企业能够显著减少装卸时间和能源消耗。一方面,减少装卸次数可以降低装卸工人的劳动强度,提高装卸效率;另一方面,减少不必要的移动和转运可以减少运输工具的能耗,从而降低运输成本。

（2）采用先进的装卸设备和技术也是优化装载卸载的重要手段。例如，企业可以引进自动化装卸设备，如叉车、输送带、自动堆垛机等，这些设备能够大大提高装卸效率，减少人力成本。同时，企业还可以采用智能化技术，如物联网、大数据等，对装卸过程进行实时监控和调度，确保装卸过程的顺畅和高效。

采用先进的装卸设备和技术不仅提高了装卸效率，还降低了人力成本。传统的装卸方式往往需要大量的人力参与，不仅劳动强度大，而且效率相对较低。而采用自动化和智能化的装卸设备和技术，可以大幅度减少人力投入，降低人工成本，同时提高装卸的准确性和安全性。

（3）优化装载卸载还能够减少货物损耗和破损。通过科学规划货物的装载顺序和位置，以及采用先进的装卸设备和技术，企业可以确保货物在运输过程中的稳定性和安全性，减少因不当装卸导致的货物损坏和丢失。这不仅有助于维护企业的声誉和客户信任度，还能够避免因货物损坏而产生的额外费用和赔偿。

优化装载卸载对于提高物流运输效率、降低成本具有重要意义。通过合理安排货物的装载顺序和位置，以及采用先进的装卸设备和技术，企业可以显著提高装卸效率、降低人力成本、减少能源消耗和货物损耗，从而实现更高效、更经济的物流运输。这些措施不仅有助于提升企业的竞争力，还能够为企业的可持续发展奠定坚实基础。

综合来看，建立绿色物流运输标准是企业实现绿色、高效物流运输的关键一环。通过选择环保的运输工具、优化路线规划和货物装载与卸载流程，企业能够显著降低运输过程中的环境污染和能源消耗，提升运输效率，为企业创造更大的经济效益和社会效益。同时，这也体现了企业积极履行社会责任、推动行业绿色发展的决心和行动。

## 5.2.2　实施绿色包装与材料管理

实施绿色包装与材料管理是现代企业在追求可持续发展和环境友好型经营模式中的重要一环。这一策略旨在减少包装材料的使用量、降低废弃物产生，并通过采用环保材料和建立回收体系，实现资源的循环利用和减少环境污染。

1. 绿色包装减污，循环降解环保

"绿色包装减污，循环降解环保"是一种积极应对环境污染和资源浪费的包装策略。下面，我将详细讲解并具体分析这一策略的重要性及其实施效果。

（1）我们来谈谈绿色包装的核心——采用可循环、可降解的包装材料。传统的包装材料，特别是塑料包装，往往难以降解，而且在其生产和使用过程中可能释放有害物质，对环境造成长期污染。这种污染不仅影响土壤和水体的质量，还可能通过食物链进入人体,对人类健康构成威胁。因此,采用绿色包装材料成为了一种迫切的需求。

(2)可循环材料是绿色包装的重要组成部分。这类材料能够多次使用,减少了对新资源的需求。通过回收和再利用,我们可以有效地延长包装材料的使用寿命,降低资源消耗和环境污染。同时,这也符合可持续发展的理念,有助于推动循环经济的发展。

(3)可降解材料则是绿色包装的另一个关键方面。这类材料能在一定条件下自然分解,不会长期滞留在环境中。与传统的塑料包装相比,可降解材料在降解过程中释放的有害物质更少,对环境的负面影响更小。此外,随着科技的发展,越来越多的新型可降解材料被研发出来,它们的降解性能更好,能够满足更多领域的需求。

(4)采用绿色包装策略不仅有助于减少环境污染和资源浪费,还符合消费者对环保产品的日益增长的需求。随着环保意识的提高,越来越多的消费者开始关注产品的环保性能,并愿意为环保产品支付更高的价格。因此,采用绿色包装的企业不仅能够获得环保方面的优势,还能在市场上获得更大的竞争优势。

具体分析来看,绿色包装策略的实施效果主要体现在以下几个方面:

①减少环境污染:通过采用可循环、可降解的包装材料,企业能够显著减少包装废弃物对环境的污染。这有助于改善环境质量,保护生态平衡。

②节约资源:可循环材料的再利用减少了对新资源的需求,有助于节约自然资源。这符合可持续发展的理念,有助于推动资源的合理利用和保护。

③提升品牌形象:采用绿色包装的企业能够向消费者展示其环保理念和社会责任感,提升品牌形象和声誉。这有助于增强消费者对品牌的信任和忠诚度。

④拓展市场机会:随着环保意识的普及和消费者对环保产品的需求增加,采用绿色包装的企业能够拓展更多的市场机会。这有助于提升企业的市场占有率和竞争力。

综上所述,绿色包装减污、循环降解环保是一种有效的环保策略,有助于减少环境污染、节约资源、提升品牌形象和拓展市场机会。企业应当积极采用绿色包装策略,为推动可持续发展做出贡献。

2. 包装回收循环,减废增效环保

包装回收循环,减废增效环保,是企业在追求可持续发展过程中一项至关重要的策略。这一策略旨在通过回收和再利用使用过的包装材料,实现资源的循环利用,进而减少废弃物的产生,提高经济效益,并促进环境质量的改善。下面将详细讲解并具体分析这一策略的核心要素和实施效果。

（1）建立包装材料回收体系是实现资源循环利用的关键步骤。企业需要建立一套完善的回收机制，包括设立专门的回收站点、制定明确的回收标准和流程，以及与回收机构建立稳定的合作关系。通过这一体系，企业能够有效地收集和整理使用过的包装材料，为后续的处理和再利用提供便利。

（2）回收使用过的包装材料并进行再加工或再利用，可以显著减少对新材料的依赖。这不仅能够降低企业的采购成本，提高企业的经济效益，还有助于减少资源的消耗和浪费。同时，通过循环利用包装材料，企业还能够减少生产过程中的能源消耗和排放，进一步推动绿色生产。

（3）包装回收循环还有助于减少废弃物的产生和垃圾填埋的压力。传统的包装废弃物往往难以降解，长期堆积在垃圾填埋场不仅占用大量土地资源，还可能对土壤、水体和大气造成污染。通过回收循环，企业能够将这些废弃物转化为有价值的资源，减少垃圾填埋的数量，从而减轻对环境的负面影响。

（4）从环境质量改善的角度来看，包装回收循环也具有重要意义。通过减少废弃物的产生和降低垃圾填埋的压力，企业能够减少对环境的污染和破坏，有助于保护生态系统的平衡和稳定。同时，循环利用包装材料还能够降低碳排放和能源消耗，为应对气候变化和推动绿色发展贡献力量。

需要注意的是，包装回收循环的实施需要企业在技术、管理和资金等方面投入相应的资源。企业需要不断提高回收和处理技术的水平，确保回收的包装材料能够得到有效的再利用；同时，还需要加强管理和监督，确保回收体系的顺利运行和效果的实现。

综上所述，包装回收循环、减废增效环保是一项具有重要意义的策略。通过建立包装材料回收体系、循环利用使用过的包装材料以及减少废弃物产生等措施，企业能够实现资源的循环利用、提高经济效益并改善环境质量。在未来的发展中，企业应继续加强包装回收循环的实施力度，为推动可持续发展做出更大的贡献。

3. 绿色包装助力品牌，提升竞争力

绿色包装策略在现代商业环境中扮演着越来越重要的角色，它不仅体现了企业对环保的承诺，还能有效助力品牌提升竞争力。随着消费者环保意识的日益提高，绿色包装已经成为企业吸引消费者、塑造积极品牌形象的重要工具。下面将详细讲解并具体分析绿色包装如何助力品牌并提升竞争力。

（1）绿色包装符合现代消费者的环保诉求。随着环保理念的深入人心，越来越多的消费者开始关注产品的包装是否环保。他们更倾向于选择那些采用绿色包装、注重环保的产品。因此，企业实施绿色包装策略，能够直接迎合消费者的这一需求，增加产品的市场吸引力。

（2）绿色包装有助于提升企业的品牌形象。一个注重环保、积极承担社会责任的企业，往往能够获得消费者的好感和认同。通过采用绿色包装，企业能够向消费者传递出积极、正面的品牌形象，增强消费者对企业的信任和忠诚度。这种信任和忠诚度一旦形成，就会转化为持续的购买力和口碑传播，进一步提升企业的市场竞争力。

（3）绿色包装还能够提升企业的社会责任感。在全球环境问题日益严重的背景下，企业有责任采取措施减少对环境的影响。通过实施绿色包装策略，企业能够展示自己的环保决心和行动，向社会公众传递出积极的信息。这种社会责任感不仅有助于提升企业的公众形象，还能够吸引更多关注环保的消费者和合作伙伴。

（4）绿色包装还能够为企业带来实际的经济效益。虽然绿色包装可能会增加一定的成本，但这种成本通常可以通过提高产品售价、扩大市场份额等方式得到补偿。同时，随着绿色包装技术的不断进步和成本的不断降低，绿色包装的成本优势也将逐渐显现。

需要注意的是，企业在实施绿色包装策略时，需要综合考虑市场需求、成本效益、技术可行性等因素。同时，企业还需要加强与供应商、消费者等各方利益相关者的沟通和合作，共同推动绿色包装的发展和应用。

综上所述，绿色包装策略不仅有助于企业满足市场需求、提升品牌形象和竞争力，还能够增强企业的社会责任感和公众形象。在未来的商业竞争中，绿色包装将成为企业不可或缺的重要战略手段。

需要注意的是，实施绿色包装与材料管理需要企业在研发、采购、生产、销售等多个环节进行协同合作，确保整个流程的顺畅和高效。同时，企业还需要密切关注行业动态和技术发展，不断更新和优化包装材料和回收体系，以适应不断变化的市场需求和环保标准。

综上所述，实施绿色包装与材料管理是企业实现可持续发展和环保目标的重要举措。通过采用可循环、可降解的包装材料和建立包装材料回收体系，企业能够降低包装成本、减少环境污染，并提升品牌形象和竞争力。

### 5.2.3　强化绿色运输过程监控

强化绿色运输过程监控是现代物流管理中至关重要的一环，它对于确保绿色物流运输标准的落实以及提高运输效率与安全性具有显著意义。以下是对该策略的详细讲解与具体分析。

1. 利用物联网技术实现实时监控

物联网技术以其强大的实时数据处理和连接能力，在绿色运输过程中发挥着不可或缺的作用,为运输监控提供了前所未有的便利和效率。下面将详细讲解并具体分析物联网技术如何实现实时监控在绿色运输中的应用。

(1)物联网技术的核心在于将各种设备和系统通过网络连接在一起,形成一个能够相互通信和交换信息的系统。在绿色运输领域,这意味着企业可以将运输工具、货物以及相关的监测设备与系统连接成一个统一的网络。这样,无论是运输工具的行驶状态、货物的位置信息,还是其他与运输过程相关的数据,都可以通过这个网络进行实时传输和共享。

(2)物联网技术通过安装在运输工具上的传感器和定位设备,能够实时收集各种运输过程数据。这些传感器可以监测运输工具的速度、油耗、排放等关键指标,为绿色运输提供重要的数据支持。同时,定位设备则能够精确地提供运输工具的实时位置信息,使得企业可以准确掌握货物的运输轨迹和进度。

这些实时收集的数据通过物联网技术的连接,被迅速传输到企业的监控中心或相关管理人员的移动设备上。这意味着无论管理人员身处何地,只要有网络连接,就可以随时查看和分析运输过程的各种数据。这种实时性使得企业能够迅速应对运输过程中可能出现的问题,及时调整运输策略,提高运输效率。

(3)物联网技术还具备强大的数据处理和分析能力。通过对收集到的数据进行深度挖掘和分析,企业可以发现运输过程中的潜在问题和优化空间,从而制定更加科学的运输方案。例如,企业可以根据运输工具的油耗数据优化路线选择,减少不必要的燃油消耗;或者根据货物的位置信息预测到达时间,提前安排接收和储存工作。

总的来说,物联网技术通过实现信息的实时共享和交互,为绿色运输过程的监控提供了强大的技术支持。它不仅提高了运输过程的透明度和可控性,还为企业提供了更加丰富的数据资源,有助于企业优化运输方案、提高运输效率、降低运输成本,从而实现更加绿色、环保的运输方式。

2. 实时监控的优势与意义

(1)提高运输效率。通过实时监控,企业可以及时了解运输工具的行驶状态和货物位置,对运输过程进行更有效的调度和管理。这有助于减少运输过程中的等待时间和空驶率,提高运输效率。

(2)确保运输安全。实时监控可以及时发现运输过程中的异常情况,如超速行驶、偏离路线等。一旦发现这些问题,企业可以立即进行干预和处理,避免潜在的安全隐患。这有助于减少交通事故的发生,保障运输过程的安全。

(3)落实绿色物流标准。通过监控运输工具的油耗、排放等数据,企业可以确保运输过程符合绿色物流的标准。同时,企业还可以根据监控数据对运输工具进行维护和优化,降低能耗和排放,进一步实现绿色物流的目标。

3.潜在挑战与应对措施

强化绿色运输过程监控确实带来了诸多优势,但与此同时,也存在一些潜在的挑战。这些挑战可能来自于技术实施、成本投入、数据安全等多个方面。下面将详细讲解并具体分析这些挑战,并探讨相应的应对措施。

(1)技术实施与成本挑战

①物联网设备的部署与维护

• 挑战:物联网设备的部署需要考虑到运输工具的种类、数量以及运行环境。不同的运输工具可能需要不同类型的传感器和定位设备,而且设备的安装和调试也可能需要专业的技术支持。此外,设备的日常维护和更新也是一项持续性的工作,需要投入相应的人力和物力。

• 应对措施:企业可以制定详细的物联网设备部署计划,明确设备的种类、数量以及安装位置。同时,建立专业的维护团队或与合作伙伴合作,确保设备的正常运行和及时更新。此外,通过合理的采购和供应链管理,可以降低设备的采购成本。

②数据传输与处理的复杂性

• 挑战:大量的实时数据需要从运输工具传输到监控中心或管理人员的移动设备上。这要求企业具备高效的数据传输和处理能力,以确保数据的准确性和实时性。同时,数据的处理和分析也需要专业的技能和工具支持。

• 应对措施:企业可以建立稳定可靠的数据传输网络,利用云计算等先进技术提高数据处理能力。同时,培养或引进具备数据分析技能的人才,建立专业的数据分析团队,对数据进行深入挖掘和分析,以支持决策和优化运输方案。

(2)数据安全与隐私保护挑战

①数据泄露风险

• 挑战:在数据传输和存储过程中,如果缺乏有效的安全措施,可能会导致数据泄露或被非法获取。这不仅可能影响企业的正常运营,还可能泄露客户的隐私信息。

• 应对措施:企业应建立完善的数据安全管理制度,采用加密技术、访问控制等手段保护数据的机密性和完整性。同时,定期对数据安全进行检查和评估,及时发现并修复潜在的安全漏洞。

②数据篡改与伪造

• 挑战:如果缺乏有效的数据验证机制,可能会出现数据被篡改或伪造的情况。这将导致企业无法准确掌握运输过程的真实情况,影响决策的有效性和准确性。

  • 应对措施:企业应建立严格的数据验证和审计机制,确保数据的真实性和可靠性。例如,可以采用数字签名、时间戳等技术手段对数据进行认证和溯源。同时,建立数据质量监控体系,对异常数据进行及时处理和调查。

  强化绿色运输过程监控虽然具有诸多优势,但也需要企业面对并解决一系列潜在挑战。通过合理的技术部署、成本投入以及数据安全与隐私保护措施,企业可以克服这些挑战,实现更加高效、安全、环保的绿色运输过程监控。

  为了应对这些挑战,企业可以采取以下措施:首先,合理规划和布局物联网技术的基础设施,确保其能够满足实际需求并具备可扩展性。其次,加强数据安全管理和隐私保护,采用先进的加密技术和权限管理机制,确保监控数据的安全性和保密性。最后,定期对物联网设备进行维护和更新,确保其能够正常运行并提供准确的数据支持。

  综上所述,强化绿色运输过程监控是实现绿色物流目标的重要手段之一。通过利用物联网技术实现实时监控,企业可以提高运输效率、确保运输安全并落实绿色物流标准。同时,企业也需要关注潜在挑战并采取相应的应对措施,以确保绿色运输过程监控的有效实施。

## 5.2.4  优化绿色物流服务流程

  优化绿色物流服务流程是现代物流行业实现可持续发展的关键一环。通过改进和升级服务流程,企业能够提升绿色物流服务的效率和质量,降低资源消耗,减少环境污染,同时提高客户满意度。下面将对优化绿色物流服务流程进行详细讲解与具体分析。

  1. 推行电子化的订单处理系统

  传统的物流服务中,订单处理往往依赖于大量的纸质文件,这不仅造成了资源浪费,还影响了处理效率。推行电子化的订单处理系统可以有效地解决这一问题。

  (1)电子化的订单处理系统能够实现订单的实时录入、修改和查询,大大提高了处理速度。同时,通过自动化和智能化的技术,系统还可以自动匹配运输资源,优化运输路线,降低运输成本。

  (2)电子化的订单处理系统可以减少纸质文件的使用,降低对环境的影响。这符合绿色物流的核心理念,即减少资源消耗,降低环境污染。

  2. 建立高效的客户服务体系

  客户服务是物流服务的重要组成部分,也是影响客户满意度的关键因素。建立高效的客户服务体系,对于提升绿色物流服务的质量具有重要意义。

（1）企业可以通过建立客户服务热线、在线客服等渠道，为客户提供便捷的咨询和投诉服务。同时，企业还可以利用大数据和人工智能技术，对客户需求进行预测和分析，提前做好准备，提高服务响应速度。

（2）企业还应加强与客户的沟通和协作，及时了解客户的需求和反馈，对服务流程进行持续改进。通过不断优化服务流程，提高服务质量，企业可以增强客户的信任度和忠诚度，进一步提升绿色物流服务的市场竞争力。

3.加强与其他物流企业的合作

在绿色物流服务流程中，企业之间的合作与协同至关重要。通过加强与其他物流企业的合作，企业可以实现资源共享和互利共赢，共同推动绿色物流的发展。

（1）企业可以通过合作共享运输资源，减少空驶率和车辆等待时间，提高运输效率。这不仅可以降低运输成本，还可以减少能源消耗和排放，有利于环境保护。

（2）企业可以共同开发绿色物流技术和管理经验，推动绿色物流服务的创新和发展。通过合作研发新技术、新设备和新模式，企业可以不断提升绿色物流服务的水平和质量，满足市场和客户的需求。

综上所述，优化绿色物流服务流程是提升绿色物流服务效率和质量的关键举措。通过推行电子化的订单处理系统、建立高效的客户服务体系以及加强与其他物流企业的合作，企业可以不断提升绿色物流服务的竞争力和可持续发展能力。同时，这也符合当前社会对于环保和可持续发展的要求，有助于推动整个物流行业的绿色转型和升级。

## 5.2.5　开展绿色物流培训和宣传

开展绿色物流培训和宣传是企业在实施绿色物流服务过程中至关重要的环节。这一举措旨在提高员工对绿色物流的认识和参与度，进而推动整个企业乃至行业的绿色发展。下面将对这一环节进行详细讲解与具体分析。

1.绿色物流培训的重要性与实施方式

绿色物流培训的重要性与实施方式，是推进企业可持续发展的重要环节。随着社会对环保意识的日益增强，绿色物流已经成为企业提升竞争力、实现可持续发展的关键所在。而绿色物流培训则是确保员工具备绿色物流理念和实践能力的重要手段。

（1）绿色物流培训的重要性

①提升员工绿色意识：通过培训，员工能够深刻理解绿色物流的核心理念，认识到环保与经济效益的紧密关系。这种意识的提升将促使员工在日常工作中更加注重节能减排、资源循环利用等方面，为企业营造绿色文化氛围。

②增强专业能力:绿色物流涉及诸多专业知识和技能,如环保材料的选择、节能技术的应用、废弃物处理等。通过培训,员工可以系统地学习这些知识和技能,提升自己在绿色物流领域的专业素养。

③促进企业绿色发展:员工是企业发展的基石。当员工具备了绿色物流理念和实践能力时,企业就能够更好地推进绿色发展战略,实现经济效益和环境效益的双赢。

(2)绿色物流培训的实施方式

①内部培训:企业可以组织内部培训,邀请绿色物流领域的专家或企业内部经验丰富的员工进行授课。这种培训方式可以根据企业的实际需求进行定制化设计,内容更具针对性和实用性。同时,内部培训还可以加强员工之间的交流和沟通,促进团队协作。

②线上培训:利用网络平台进行线上培训是一种便捷、高效的方式。企业可以购买或开发绿色物流相关的在线课程,让员工随时随地进行学习。线上培训不仅可以节省时间和成本,还可以为员工提供丰富的学习资源和实践案例。

③外部培训与研讨会:参加外部培训或研讨会可以让员工接触到更广泛的知识和更先进的理念。企业可以组织员工参加绿色物流领域的专业会议、论坛或培训班,与其他企业的同行交流学习。这种培训方式不仅可以拓宽员工的视野,还可以为企业带来合作机会和资源共享的可能性。

综上所述,绿色物流培训是提高员工绿色意识和专业能力的重要途径,对于推进企业绿色发展具有重要意义。企业应根据自身实际情况选择合适的培训方式,确保培训内容的针对性和实用性,为员工的绿色物流实践提供有力支持。

2. 绿色物流宣传的作用与策略

绿色物流宣传的作用与策略是企业在推动绿色物流实践中不可忽视的一环。通过有效的宣传,企业不仅能够增强员工对绿色物流的认同感和参与度,还能提升客户对绿色物流服务的认知和需求,进而促进绿色物流服务的普及和发展。

(1)绿色物流宣传的作用

①提升员工绿色意识:通过绿色物流宣传,企业可以向员工普及绿色物流的知识和理念,使其充分认识到绿色物流在环境保护、资源节约以及企业可持续发展中的重要作用。这有助于激发员工参与绿色物流实践的积极性,形成全员参与、共同推进的良好氛围。

②增强客户绿色消费意识:客户是企业的重要利益相关者,他们的消费行为和选择对企业的发展具有重要影响。通过绿色物流宣传,企业可以向客户传递绿色消费的理念和价值,引导客户关注环保、选择绿色产品和服务。这有助于提升企业

的品牌形象和市场竞争力,同时也有助于推动整个社会的绿色消费潮流。

③推动绿色物流服务的普及和发展:绿色物流宣传不仅有助于提升员工和客户的绿色意识,还能够促进绿色物流服务的普及和发展。通过宣传,企业可以展示自己在绿色物流领域的创新成果和实践经验,吸引更多的客户和合作伙伴关注和参与。这有助于形成绿色物流服务的良性循环,推动整个行业的绿色化发展。

(2)绿色物流宣传的策略

①内部宣传策略:企业可以利用内部渠道进行绿色物流宣传,如通过企业内部网站、公告栏、内部会议等方式发布绿色物流相关信息和动态。同时,可以组织员工参加绿色物流培训、分享会等活动,提升员工对绿色物流的认知和参与度。

②外部宣传策略:除了内部宣传外,企业还应利用外部渠道扩大绿色物流宣传的覆盖面。可以通过社交媒体、广告、新闻发布等方式向更广泛的受众传播绿色物流的理念和价值。此外,可以积极参与绿色物流相关的公益活动或合作项目,通过实际行动展示企业的绿色形象和责任担当。

③创意宣传策略:为了吸引更多人的关注和参与,企业可以采用创意性的宣传策略。例如,可以设计富有创意的绿色物流宣传海报、视频或动画,以生动有趣的方式传递绿色物流的信息和价值。此外,可以组织绿色物流主题的线上或线下活动,如知识竞赛、公益徒步等,增强宣传的互动性和趣味性。

综上所述,绿色物流宣传在推动绿色物流实践中具有重要作用。企业应根据自身实际情况选择合适的宣传策略,综合运用内外部渠道和创意性手段,实现绿色物流宣传的最大化效果。

3.培训与宣传对企业绿色物流发展的推动作用

培训与宣传对企业绿色物流发展的推动作用,体现在多个方面,对于企业来说具有深远的战略意义。下面,我将详细讲解并具体分析这两个方面对企业绿色物流发展的重要作用。

(1)培训对企业绿色物流发展的推动作用

培训是提升员工绿色物流意识和技能的关键手段。通过系统性的绿色物流培训,企业能够确保员工全面了解绿色物流的理念、原则和实践方法。这样的培训不仅能够加深员工对绿色物流重要性的认识,还能够提升他们在工作中的实际操作能力。员工在掌握了绿色物流的专业知识后,将更加自觉地遵循绿色物流的原则和要求,积极参与绿色物流服务的改进和创新。这种全员参与的氛围将极大地推动企业在实践中更好地贯彻绿色物流理念,从而提高绿色物流服务的效率和质量。

此外,培训还能够促进企业内部知识的共享和传承。通过培训,员工可以将自己在绿色物流实践中的经验和教训分享给其他人,从而形成一个不断学习和进步的良好循环。这种知识共享的氛围有助于企业不断提升绿色物流的水平,推动绿色物流服务的持续改进。

(2)宣传对企业绿色物流发展的推动作用

宣传是企业向外界展示绿色物流形象、传递绿色物流价值的重要途径。通过绿色物流宣传,企业可以向客户、合作伙伴以及社会公众展示自己在绿色物流方面的努力和成果。这不仅能够提升企业的品牌形象和市场竞争力,还能够吸引更多具有环保意识的客户和合作伙伴,从而为企业带来更多的商业机会。

同时,宣传还能够激发更多人对绿色物流的关注和参与。通过宣传,企业可以向更广泛的受众传递绿色物流的理念和价值,引导更多人关注和参与绿色物流实践。这种社会化的宣传效应有助于推动整个社会对绿色物流的认识和重视,从而为企业的绿色物流发展提供更加有利的社会环境。

培训与宣传在推动企业绿色物流发展中具有不可替代的作用。通过培训提升员工的绿色物流意识和技能,通过宣传展示企业的绿色物流形象和价值,企业可以不断推动绿色物流服务的改进和创新,实现可持续发展。因此,企业应高度重视培训与宣传在绿色物流发展中的作用,加大投入力度,不断提升培训和宣传的效果。

综上所述,开展绿色物流培训和宣传是企业实施绿色物流服务过程中的重要环节。通过培训和宣传,企业可以提高员工的绿色意识和专业能力,推动绿色物流服务的普及和发展,为行业的绿色发展做出积极贡献。该大型物流企业通过实施以上服务过程管理策略,成功实现了绿色物流运输的目标,不仅提高了运输效率、降低了成本,还赢得了客户的认可和市场的口碑。这一成功案例为其他企业提供了有益的借鉴和启示。

总结来说,绿色物流运输中的服务过程管理策略需要从建立绿色标准、实施绿色包装、强化过程监控、优化服务流程以及开展培训和宣传等多个方面入手。通过这些措施的实施,可以确保运输过程的绿色化、高效化和顺畅化,提升企业的竞争力和社会形象。

# 5.3 绿色物流运输中的服务补救与持续改进策略

在绿色物流运输过程中,服务补救与持续改进是两个至关重要的环节。服务补救旨在及时纠正运输过程中出现的问题,而持续改进则关注于不断优化运输流程,提高服务质量和环保效率。下面,我将通过一个具体的实例来详细讲解和分析这两个策略。

### 5.3.1 服务补救策略

实例背景:某物流公司在进行绿色物流运输过程中,由于天气原因,导致一批货物在运输途中出现了延误。为了弥补这一失误,公司迅速启动了服务补救策略。

1. 及时沟通

公司首先与客户取得了联系,详细解释了延误的原因,并表示了歉意。通过及时沟通,公司赢得了客户的理解和信任。

(1)及时沟通的重要性

在商务或项目管理中,及时沟通是建立和维护客户关系、确保项目顺利进行的关键环节。无论是遇到何种问题或挑战,与客户保持开放、透明的沟通,都有助于减少误解、化解矛盾,并增进双方的理解和信任。

(2)具体情境分析

在这个案例中,公司首先与客户取得了联系,详细解释了延误的原因。这种及时、主动的做法,避免了客户因为信息不透明或缺乏沟通而产生的不满和疑虑。通过解释延误的原因,公司让客户了解到问题的真实情况,从而减少了客户因不知情而产生的焦虑和误解。

同时,公司还表示了歉意。这种道歉不仅是对客户的一种尊重,也是对公司自身责任的承认和反思。道歉能够让客户感受到公司的诚意和诚意解决问题的决心,有助于修复可能因延误而产生的负面印象。

(3)结果与影响

通过及时沟通,公司成功地赢得了客户的理解和信任。客户对公司的解释和道歉表示了认可,并可能因此对公司的服务态度和解决问题的能力产生更高的评价。这种正面的反馈不仅有助于维护现有的客户关系,还可能为公司带来更多的业务机会和市场份额。

此外,及时沟通还有助于提升公司的品牌形象和声誉。在客户心目中,一个能够主动沟通、勇于承担责任并努力解决问题的公司,往往更值得信赖和尊重。这种良好的品牌形象和声誉,是公司长期发展的宝贵资产。

(4)总结与建议

及时沟通在商务和项目管理中具有重要的作用。它能够帮助公司化解矛盾、赢得客户的理解和信任,并提升公司的品牌形象和声誉。因此,建议公司在日常运营中,注重与客户的沟通,尤其是在遇到问题和挑战时,更要保持开放、透明的沟通态度,以维护良好的客户关系并推动公司的持续发展。

2. 提供补偿

在商业环境中,当因公司原因给客户带来不便或损失时,提供合理的补偿是一种有效的补救措施。补偿不仅可以减轻客户的不满情绪,还能体现出公司的诚意和责任感,进一步巩固双方的合作关系。

(1) 补偿措施的制定

在此案例中,公司为了弥补客户的损失,主动提出了一系列补偿措施。这些措施根据客户的具体情况和公司的实际情况来制定,确保了补偿的针对性和有效性。例如,提供折扣优惠可以降低客户再次购买时的成本,而免费升级运输服务则可以提升客户体验,弥补因延误造成的时间损失。

(2) 缓解客户不满情绪

补偿措施的实施,有效地缓解了客户的不满情绪。客户在接受补偿的过程中,能够感受到公司对其利益的重视和关怀,从而减轻因服务延误而产生的负面情绪。这种情绪上的缓解有助于维护客户对公司的信任和忠诚度,防止客户流失。

(3) 提升公司形象

提供补偿不仅是对客户的实际利益进行补偿,更是对公司形象和声誉的一种投资。通过积极处理客户问题并提供合理的补偿,公司能够向客户展示其负责任、以客户为中心的企业形象。这种形象的提升有助于增强客户对公司的信任和好感,为公司的长期发展奠定良好的基础。

(4) 建立长期合作关系

补偿措施的实施还有助于建立长期稳定的合作关系。通过主动承担责任并提供补偿,公司能够赢得客户的认可和尊重,从而增加客户黏性。在竞争激烈的市场环境中,这种稳定的合作关系是公司获取竞争优势的重要来源。

(5) 总结与建议

提供补偿是公司在处理客户问题时的有效手段之一。通过制定针对性的补偿措施并积极实施,公司能够有效缓解客户的不满情绪、提升公司形象并建立长期合作关系。因此,建议公司在遇到类似问题时,积极考虑并采取相应的补偿措施,以维护良好的客户关系并推动公司的持续发展。同时,公司也应注意在提供补偿时保持公平、合理和透明,避免引起其他客户的不满或误解。

3. 改进运输方案

在客户服务和商业运营中,当出现问题或延误时,除了立即解决当前问题,更关键的是要找到问题的根源并采取相应的措施,以防止类似问题再次发生。对于运输行业来说,延误是一个常见但严重影响客户满意度的问题。因此,公司针对此次延误事件进行了深入分析,并优化了运输方案,这是一个非常积极和负责任的举措。

（1）深入分析延误原因

公司首先进行了深入的延误原因分析。这包括但不限于天气因素、设备故障、人员操作失误、交通拥堵等。只有准确地找出问题的根源，才能有针对性地制定改进措施。通过这一步骤，公司不仅可以解决当前的问题，还可以为未来的运营提供宝贵的经验和参考。

（2）优化运输方案

在分析原因的基础上，公司开始着手优化运输方案。优化的方向可能涉及多个方面，如路线规划、运输时间选择、设备升级等。以加强与气象部门的合作为例，这一举措使得公司能够提前获取天气信息，从而根据天气状况及时调整运输计划。这不仅可以避免因恶劣天气导致的延误，还可以提高运输效率和安全性。

（3）预防类似问题再次发生

通过改进运输方案，公司有效地降低了类似问题再次发生的风险。这不仅有助于提升客户满意度和忠诚度，还可以减少因延误带来的额外成本和负面影响。长期来看，这种预防措施有助于公司树立良好的企业形象，提高市场竞争力。

（4）提升运营效率与降低成本

除了避免延误，优化运输方案还可能带来运营效率的提升和成本的降低。例如，通过更合理的路线规划和时间管理，公司可以减少不必要的运输时间和成本，提高整体运营效率。同时，更稳定的运输计划也有助于公司更好地安排人员和设备资源，进一步降低成本。

（5）总结与建议

改进运输方案是公司在面对运输延误等问题时的重要应对措施。通过深入分析原因并采取有针对性的改进措施，公司可以有效地避免类似问题再次发生，提升客户满意度和忠诚度。同时，优化运输方案还有助于提升公司的运营效率和降低成本，为公司的长期发展奠定坚实的基础。建议公司在未来的运营中继续加强这方面的工作，不断完善和优化运输方案，以应对不断变化的市场环境和客户需求。

## 5.3.2　持续改进策略

该物流公司在服务补救的同时，也注重持续改进运输流程，提高绿色物流运输的效率和环保性。

1. 引入先进技术

在物流行业中，技术的运用是提升运输效率、降低成本和增强竞争力的关键。随着科技的快速发展，许多先进的技术和设备已经广泛应用于物流领域，为企业的运营带来了显著的改善。因此，公司积极引进先进的物流技术和设备，如智能调度系统、绿色能源车辆等,旨在提高运输效率和降低能耗,是一个具有前瞻性和战略性的决策。

（1）智能调度系统的引入

智能调度系统是一种基于大数据和人工智能技术的先进管理系统,它可以实时收集和分析运输过程中的各种数据,包括车辆位置、运输路线、货物状态等。通过这些数据,系统可以自动优化运输计划,合理分配运输资源,减少空驶和等待时间,从而提高运输效率。此外,智能调度系统还可以提供实时的运输监控和预警功能,帮助企业及时发现和解决潜在问题,确保运输过程的顺利进行。

（2）绿色能源车辆的应用

随着环保意识的日益增强,绿色能源车辆已经成为物流行业的重要发展方向。这些车辆采用清洁能源作为动力来源,如电动汽车、氢能源车等,具有低能耗、低排放的优点。通过引入绿色能源车辆,公司不仅可以降低运输过程中的能源消耗和环境污染,还可以为企业树立良好的环保形象,增强市场竞争力。

（3）提升运输效率

先进技术的应用可以显著提高运输效率。智能调度系统可以优化运输路线和计划,减少不必要的绕行和等待时间;而绿色能源车辆则具有更高的能源利用效率和更稳定的性能,可以进一步提高运输速度和可靠性。这些措施共同作用下,公司的运输效率将得到显著提升,从而缩短货物从发货到送达的时间,提高客户满意度。

（4）降低能耗与成本

引入绿色能源车辆可以减少对传统能源的依赖,降低燃油消耗和碳排放,从而实现节能减排的目标。这不仅有助于降低公司的运营成本,还可以减少对环境的影响,符合可持续发展的理念。同时,智能调度系统的应用可以减少空驶和不必要的运输活动,进一步降低能耗和成本。这些措施将有助于提升公司的经济效益和社会效益。

（5）总结与建议

引入先进技术是提高物流运输效率和降低能耗的有效手段。通过引入智能调度系统和绿色能源车辆等先进技术和设备,公司可以显著提升运输效率、降低能耗和成本,增强市场竞争力。建议公司在未来的运营中继续加大技术投入和创新力度,不断探索和应用新的物流技术和设备,以适应不断变化的市场需求和环境挑战。同时,公司还应注重技术人才的培养和引进,为技术的顺利实施和持续创新提供有力保障。

2. 优化运输路径

在物流行业中,运输路径的选择直接影响到运输成本、时间和环境影响。传统的路径规划方法往往基于经验和固定模式,难以适应复杂多变的交通环境和客户需求。因此,公司利用大数据和人工智能技术,对运输路径进行优化,减少不必要的绕行和空驶,是一个具有创新性和实用性的策略。

（1）大数据的应用

大数据技术的核心在于收集、分析和应用海量的数据。在运输路径优化中,公司可以通过收集各种运输相关的数据,包括历史运输记录、交通状况、天气条件等,建立一个庞大的数据库。然后,利用大数据分析工具对这些数据进行挖掘和分析,找出运输过程中的瓶颈和潜在优化点。例如,通过分析历史数据,公司可以发现某些时间段或路段的交通拥堵情况较为严重,从而避免在这些时间段或路段进行运输。

（2）人工智能技术的运用

人工智能技术,特别是机器学习算法,可以在大数据的基础上进一步提升运输路径优化的效果。通过训练机器学习模型,公司可以让计算机自动学习如何根据实时交通状况、车辆状态、货物需求等因素,自动选择最优的运输路径。这种智能化的路径规划方法不仅更加灵活和高效,还可以适应不断变化的运输环境和客户需求。

（3）减少不必要的绕行和空驶

通过大数据和人工智能技术的运用,公司可以显著减少运输过程中的绕行和空驶现象。绕行通常是由于缺乏实时交通信息或路径规划不当导致的,而空驶则是因为车辆返回时无法找到合适的货源或任务。通过优化运输路径,公司可以确保车辆按照最短、最快捷的路线行驶,减少不必要的行驶距离和时间。同时,通过智能匹配货源和任务,公司还可以降低空驶率,提高车辆的利用率。

（4）降低运输成本和环境影响

优化运输路径带来的最直接的好处是降低运输成本。由于减少了绕行和空驶,公司可以节省燃油消耗、减少车辆磨损和维修成本,从而降低整体运营成本。此外,更高效的运输方式也意味着更少的碳排放和环境污染,符合可持续发展的要求。

（5）总结与建议

优化运输路径是提升物流运输效率和降低成本的关键环节。通过利用大数据和人工智能技术,公司可以实现运输路径的智能化和动态优化,减少不必要的绕行和空驶,降低运输成本和环境影响。建议公司在未来的运营中继续加强大数据和人工智能技术的应用和创新,不断优化运输路径和策略,以适应不断变化的市场需求和环境挑战。同时,公司还应关注新技术和新方法的发展动态,及时引入和应用更加先进和高效的路径优化技术,以不断提升物流运输的效率和可持续性。

### 3. 加强员工培训

在绿色物流实践中,员工是企业实现可持续发展目标的重要力量。因此,加强员工培训,提高员工的绿色物流知识和技能,是确保企业绿色物流战略得以有效执行的关键环节。

绿色物流涉及多个方面,包括节能减排、资源循环利用、减少废弃物等。要实现这些目标,员工需要具备相应的绿色物流知识和技能,以便在实际工作中能够采取正确的措施,减少对环境的影响。

(1)加强员工培训有助于提高员工的环保意识

通过培训,员工可以更加深入地了解绿色物流的重要性,认识到自身在环保工作中的责任和义务,从而在日常工作中更加注重环保,积极参与绿色物流实践。

(2)培训还可以提升员工的操作能力

绿色物流往往需要采用一些先进的技术和设备,这些技术和设备的使用方法需要员工掌握。通过培训,员工可以学习如何使用这些技术和设备,以及如何在实际操作中运用绿色物流的理念和方法,确保绿色物流运输标准得到有效执行。

(3)培训还有助于促进员工之间的交流与合作

在培训过程中,员工可以分享自己在绿色物流实践中的经验和做法,相互学习和借鉴,共同提高绿色物流的水平和效果。

(4)具体分析

①针对员工的培训应该具有系统性和针对性。系统性意味着培训应该覆盖绿色物流的各个方面,确保员工对绿色物流有一个全面的认识。针对性则是指培训应该根据员工的岗位职责和工作内容,制定不同的培训计划和内容,使培训更加贴近实际工作需要。

②培训方式应该多样化。除了传统的课堂教学外,还可以采用案例分析、现场操作、在线学习等多种方式,使培训更加生动有趣,提高员工的参与度和学习效果。

③培训效果应该进行定期评估和反馈。通过评估,可以了解员工在培训后的知识和技能掌握情况,以及在实际工作中运用绿色物流理念和方法的情况。根据评估结果,可以对培训内容进行调整和优化,确保培训更加贴近实际需求和效果。

综上所述,加强员工培训是提高企业绿色物流水平的重要手段。通过培训,可以提高员工的环保意识和操作能力,促进员工之间的交流与合作,推动企业绿色物流战略的有效执行。因此,企业应该高度重视员工培训工作,将其纳入企业绿色物流战略的重要组成部分。

4.定期评估与反馈

在绿色物流实践中,定期评估与反馈是确保绿色物流运输工作持续优化和提升的关键环节。通过建立有效的评估机制,公司能够全面了解绿色物流运输的实际情况,及时发现存在的问题,并据此采取针对性的改进措施。

(1)定期评估有助于公司全面了解绿色物流运输的各个方面。评估过程可以涵盖能源消耗、排放减少、资源利用等多个维度,通过收集和分析相关数据,公司可以对绿色物流运输的效果进行客观评价。

(2)评估机制能够及时发现绿色物流运输中存在的问题。通过对运输过程中的各个环节进行监测和评估,公司可以识别出潜在的环保风险和改进点,为后续的改进工作提供依据。

(3)定期评估还能够促进公司与客户之间的沟通与互动。通过收集客户的反馈意见,公司可以了解客户对绿色物流运输的期望和需求,从而更加精准地满足市场需求,提升客户满意度。

(4)鼓励员工提出改进意见和建议也是定期评估与反馈机制的重要一环。员工是绿色物流运输的直接参与者,他们在实际工作中积累了丰富的经验和知识。通过鼓励员工积极参与评估过程,公司可以充分利用员工的智慧和创造力,推动绿色物流运输的持续优化。

(5)具体分析

在实施定期评估与反馈机制时,公司需要注意以下几点:

①评估指标的选择应科学合理。评估指标应能够全面反映绿色物流运输的实际情况,同时应具有可操作性和可衡量性,以便公司能够根据评估结果进行有针对性的改进。

②评估过程应公正、透明。公司应确保评估过程的公正性和客观性,避免主观因素对评估结果的影响。同时,评估结果应及时向相关部门和人员进行反馈,确保改进措施得到有效执行。

③公司还应加强对评估结果的运用。评估结果不仅应作为改进工作的依据,还应作为公司制定绿色物流战略和规划的重要参考。通过深入分析评估结果,公司可以更加准确地把握绿色物流运输的发展趋势和方向,为未来的发展提供有力支持。

综上所述,定期评估与反馈机制在绿色物流运输中发挥着至关重要的作用。通过建立有效的评估机制并加强评估结果的运用,公司可以不断提升绿色物流运输的水平和效果,实现可持续发展目标。

　　通过以上实例可以看出,服务补救和持续改进策略在绿色物流运输中发挥着重要作用。服务补救能够弥补运输过程中出现的问题,增强客户信任度;而持续改进则能够不断优化运输流程,提高服务质量和环保效率。因此,物流企业在实施绿色物流运输时,应重视这两个策略的应用,以实现可持续发展目标。

# 第6章 服务质量管理在绿色物流运输中的实践案例

在全球化与可持续发展的大背景下,绿色物流运输已成为现代物流业发展的重要趋势。服务质量管理作为绿色物流运输体系的核心要素,对于提升物流效率、降低环境影响以及增强企业竞争力具有不可替代的作用。本章将通过介绍国内外绿色物流运输服务质量管理的成功案例,深入剖析这些案例背后的经验总结和启示,并对比不同案例之间的异同点,以期为读者提供有益的参考和借鉴。

## 6.1 国内外绿色物流运输服务质量管理成功案例介绍

在绿色物流运输领域,国内外众多企业积极探索服务质量管理之道,涌现出了一批成功的案例。以下将通过几个典型的实例,详细讲解并分析这些成功案例。

### 6.1.1 国内案例:鹏程物流园

鹏程物流园作为铜仁市绿色货运配送示范城市创建工程的重要项目,集仓储、加工、包装、中转、冷藏、分拨配送、信息平台等功能于一体。在服务质量管理方面,鹏程物流园通过以下措施取得了显著成效。

1.引入智能化管理系统

引入智能化管理系统对物流园来说是一个至关重要的决策,它利用先进的物流管理系统实现货物的实时跟踪和信息的快速传递,从而显著提高运输效率和服务质量。下面,我将详细讲解并具体分析智能化管理系统的引入对物流园产生的积极影响。

(1)我们来看智能化管理系统如何实现货物的实时跟踪。在传统的物流管理模式中,货物的跟踪往往依赖于人工记录和查询,这种方式不仅效率低下,而且容易出错。而引入智能化管理系统后,物流园可以通过先进的物联网技术,为每一件货物配备唯一的识别码,实现货物的实时定位和跟踪。这样一来,无论是货物的出库、入库,还是在途运输,都可以通过系统实时查询和监控,大大提高了物流信息的透明度和准确性。

(2)智能化管理系统能够实现信息的快速传递。传统的信息传递方式往往依赖于纸质文档或电子邮件,这种方式不仅速度慢,而且容易丢失或损坏。而智能化管理系统则通过数字化、网络化的方式,实现了信息的即时传递和共享。物流园内的各个环节,如仓储、运输、配送等,都可以通过系统实现信息的实时交互和协同,从而确保物流过程的顺畅和高效。

(3)智能化管理系统的引入对物流园的运输效率和服务质量产生了显著的提升作用。具体来说:

在运输效率方面,智能化管理系统通过优化运输路线、减少运输等待时间、提高车辆利用率等方式,有效降低了运输成本,提高了运输效率。同时,系统还可以根据货物的实时信息和需求,进行智能调度和资源配置,进一步提升了物流园的运营效率。

在服务质量方面,智能化管理系统通过提供准确的货物跟踪信息、及时的物流信息更新和便捷的查询服务,增强了客户对物流服务的信任度和满意度。此外,系统还可以通过数据分析,为客户提供个性化的物流解决方案,进一步提升服务质量和客户满意度。

总之,引入智能化管理系统是物流园提升运输效率和服务质量的重要手段。通过实现货物的实时跟踪和信息的快速传递,智能化管理系统为物流园提供了更加高效、准确、便捷的物流管理服务,有助于物流园在激烈的市场竞争中脱颖而出,实现可持续发展。

2. 优化运输线路

通过对运输线路的合理规划,减少了重复运输和空驶现象,降低了运输成本,同时减少了对环境的影响。

优化运输线路是物流园管理中的一个核心环节,它涉及到如何更高效地组织货物的运输,减少不必要的资源浪费,并同时降低对环境的负面影响。下面,我将详细讲解并具体分析优化运输线路的重要性及其带来的积极影响。

(1)优化运输线路的核心在于合理规划。物流园通过收集和分析大量的运输数据,包括货物种类、运输量、运输时间、目的地等信息,利用先进的算法和技术工具进行线路规划。这样的规划可以综合考虑多个因素,如道路状况、交通拥堵情况、运输工具的性能等,从而制定出最优的运输方案。

(2)优化运输线路能够显著减少重复运输和空驶现象。在传统的物流管理中,由于缺乏有效的规划和调度,很容易出现同一线路上的多次往返运输或车辆空驶的情况。这不仅增加了运输成本,还浪费了宝贵的资源和时间。而优化后的运输线路可以确保每次运输都是必要的、有效的,从而避免了这些不必要的浪费。

(3)优化运输线路还有助于降低运输成本。通过减少重复运输和空驶现象,物流园能够降低运输过程中的油耗、人力成本等费用,进而提升整体的经济效益。同时,优化线路还可以提高运输工具的装载率,使得每次运输都能充分利用车辆的载重能力,进一步降低成本。

(4)优化运输线路对于环境的影响也是不容忽视的。减少重复运输和空驶现象意味着减少了车辆在道路上的行驶时间和里程,从而降低了燃油消耗和尾气排放。这对于缓解交通拥堵、减少空气污染等方面都具有积极的意义。同时,通过优化线路,物流园还可以促进绿色物流的发展,推动整个行业向更加环保、可持续的方向发展。

综上所述,优化运输线路是物流园提升运输效率、降低成本、减少环境影响的重要手段。通过合理规划运输线路,物流园能够实现资源的有效利用和环境的友好发展,为行业的可持续发展做出积极贡献。

3.绿色包装和循环利用

绿色包装和循环利用是现代物流行业中非常重要的环保实践,旨在减少物流活动对环境的负面影响,并推动资源的可持续利用。

(1)推广使用可降解、可循环的包装材料是绿色包装的核心内容。传统的包装材料,如塑料、泡沫等,往往难以降解,对环境造成长期污染。而可降解材料,如生物降解塑料或纸质包装,能够在一定条件下自然分解,大大减少对环境的负担。同时,可循环的包装材料则意味着这些材料在使用后可以经过回收、处理,再次用于包装,从而形成一个闭环的循环使用模式。

(2)鼓励企业间包装材料的循环利用是实现资源有效利用的关键措施。在实际操作中,不同企业之间可能存在包装材料的余缺情况,通过建立一个共享或交换的平台,企业可以相互借用或交换包装材料,避免浪费。这种循环利用的方式不仅降低了企业的采购成本,也减少了新材料的生产需求,从而减少了能源消耗和环境污染。

(3)鹏程物流园在这一方面的成功实践为其他物流企业提供了宝贵的经验。例如,鹏程物流园可能通过建立严格的包装材料采购标准,优先选择可降解、可循环的材料;同时,他们还可能设立专门的包装材料回收站,对使用过的包装材料进行统一回收和处理。此外,他们还可能积极与上下游企业合作,推动包装材料的循环利用,形成绿色供应链。

鹏程物流园的成功实践不仅提升了自身的绿色物流运输服务质量管理水平，也为整个行业树立了榜样。其他物流企业可以借鉴其经验，结合自身的实际情况，制定适合自己的绿色包装和循环利用策略。这样不仅可以提高企业的环保形象和市场竞争力，还可以推动整个物流行业的可持续发展。

（4）从更宏观的角度来看，绿色包装和循环利用的实践对于保护生态环境、实现资源的可持续利用具有重要意义。通过减少包装废弃物的产生和资源的浪费，可以有效缓解环境污染和资源短缺的问题，为子孙后代留下一个更加美好的家园。

综上所述，绿色包装和循环利用是现代物流行业实现绿色发展的重要途径之一。通过推广使用可降解、可循环的包装材料以及鼓励企业间包装材料的循环利用，可以实现资源的有效利用和环境的保护。鹏程物流园的成功实践为其他物流企业提供了可借鉴的经验，推动了整个行业绿色物流运输服务质量管理水平的提升。

### 6.1.2　国外案例：日本绿色物流推进

日本在绿色物流运输方面有着丰富的经验和实践。其中，最为显著的是其在绿色物流推进方面的努力。

1.设定明确的绿色目标

日本在绿色物流领域的努力和成果备受瞩目，其中设定明确的绿色目标是其成功推动绿色物流发展的关键一步。这一策略不仅为物流行业的发展设定了清晰的方向，也促进了整个社会对环境保护的重视。

（1）日本提出的绿色物流推进目标具有高度的针对性和实用性。例如，降低氮氧化物和颗粒物排放、减少汽油中的硫成分等，都是针对物流活动中常见的环境问题而设定的。这些目标不仅有助于减少空气污染和环境污染，还有助于提高物流行业的能源利用效率，降低运营成本。

（2）这些绿色目标的设定体现了日本政府对环境保护的高度重视。政府通过制定具体的法规和政策，引导物流行业朝着绿色、可持续的方向发展。这不仅有利于提升日本物流行业的国际竞争力，也有助于推动全球物流行业的绿色发展。

在具体实施方面，日本采取了一系列有效的措施。例如，通过推广使用清洁能源和节能技术，降低物流活动中的能源消耗和排放；通过优化运输方式和路线，减少空驶和重复运输，提高物流效率；通过加强包装和废弃物的回收利用，降低物流活动对环境的影响。

（3）日本还注重与企业和公众的沟通和合作。政府通过举办研讨会、发布指南等方式，向企业和公众普及绿色物流的理念和技术，鼓励他们积极参与绿色物流的实践。同时,政府还鼓励企业间开展合作,共同研发和推广绿色物流技术,实现资源共享和优势互补。

综合分析,日本设定明确的绿色目标对于推动绿色物流发展具有重要意义。这些目标不仅为物流行业的发展提供了清晰的方向和指引,也促进了社会对环境保护的关注和重视。通过实施有效的措施和加强合作,日本在绿色物流领域取得了显著的成果,为全球物流行业的绿色发展提供了宝贵的经验和借鉴。

(4)我们也应该看到,绿色物流的发展是一个长期而复杂的过程,需要政府、企业和公众共同努力。未来,我们可以借鉴日本的经验,结合我国的实际情况,制定更加具体和可行的绿色物流发展目标,推动我国物流行业的绿色、可持续发展。

2.政策引导与激励

政策引导与激励在推动绿色物流的快速发展中起到了至关重要的作用。管理部门通过制定一系列相关政策,不仅为企业提供了明确的发展方向,还通过税收优惠、资金支持等手段,鼓励企业积极采用绿色物流技术和设备,从而实现物流行业的绿色化转型。

(1)政策引导为企业提供了清晰的绿色物流发展蓝图。管理部门通过发布绿色物流发展规划、指导意见等文件,明确了绿色物流的发展目标、重点任务和保障措施。这些政策文件不仅为企业指明了发展方向,还提供了具体的实施路径和操作指南,有助于企业更好地理解和把握绿色物流的内涵和要求。

(2)税收优惠是政策激励的重要手段之一。管理部门通过降低绿色物流企业的税负,减轻其经营压力,提高其采用绿色物流技术和设备的积极性。例如,对使用清洁能源、实施节能减排措施的企业给予税收减免或优惠,鼓励企业加大在绿色物流方面的投入。这种税收优惠政策有助于降低企业的运营成本,提高其市场竞争力,从而推动绿色物流技术的广泛应用。

(3)资金支持也是政策激励的重要方面。管理部门通过设立绿色物流专项资金、提供贷款优惠等方式,为企业在绿色物流技术和设备方面的投入提供资金支持。这种资金支持可以帮助企业缓解资金压力,降低投资风险,加快绿色物流项目的落地实施。同时,管理部门还可以引导社会资本进入绿色物流领域,形成多元化的投融资机制,为绿色物流的发展提供充足的资金保障。

在具体实施中,政策引导与激励的效果是显著的。一方面,越来越多的企业开始关注和投入到绿色物流领域,积极采用绿色物流技术和设备,推动物流行业的绿色化转型。另一方面,绿色物流的发展也带来了显著的环境效益和社会效益,如减少能源消耗、降低排放、提高物流效率等,为社会的可持续发展做出了积极贡献。

然而,政策引导与激励也面临着一些挑战和问题。例如,政策的制定和执行需要考虑到不同地区的差异性和企业的实际情况,避免出现一刀切或过度干预的情况。同时,政策的监督和评估机制也需要不断完善,以确保政策的有效性和可持续性。

综上所述,政策引导与激励在推动绿色物流的快速发展中起到了关键作用。通过制定清晰的政策导向、提供税收优惠和资金支持等手段,管理部门成功地引导了企业积极采用绿色物流技术和设备,推动了物流行业的绿色化转型。未来,随着政策的不断完善和优化,相信绿色物流将迎来更加广阔的发展前景。

3. 企业自主创新与合作

日本企业在绿色物流技术创新方面的出色表现,以及企业间在推动绿色物流技术发展和应用方面的积极合作,确实为全球物流业的发展提供了宝贵的经验和启示。下面我将详细讲解并具体分析这两个方面。

(1)日本企业在绿色物流技术创新方面展现出了强大的实力。这些企业通过优化运输线路、采用新能源车辆等方式,显著降低了能耗和排放,为绿色物流的实现做出了重要贡献。例如,日本企业利用先进的物流管理系统和大数据分析技术,对运输线路进行合理规划,避免了不必要的绕行和空驶,从而减少了能源消耗和排放。同时,他们积极推广使用新能源车辆,如电动汽车、氢能源汽车等,这些车辆不仅具有更低的能耗和排放,还有助于改善空气质量,减少环境污染。

(2)日本企业间在推动绿色物流技术发展和应用方面的合作也值得称道。他们通过共享资源、交流经验、联合研发等方式,共同推动绿色物流技术的创新和应用。这种合作模式不仅有助于降低企业的研发成本,还能加快新技术的推广和应用速度,促进整个行业的绿色化进程。此外,企业间的合作还有助于形成绿色物流的产业链和生态圈,推动相关产业的协同发展。

具体来说,日本企业在绿色物流技术创新方面的成功案例有很多。例如,一些企业成功研发出了高效节能的冷藏运输技术,通过优化保温材料和制冷系统,大幅降低了冷藏车在运输过程中的能耗。还有一些企业利用物联网和人工智能技术,实现了对物流过程的实时监控和智能调度,提高了物流效率的同时,也降低了能耗和排放。

这些成功案例表明,日本企业在绿色物流技术创新方面已经取得了显著的成果。这些成果的取得离不开企业自身的努力和创新精神,也得益于政府政策的支持和引导。同时,企业间的合作也为绿色物流技术的发展和应用提供了有力的支撑。

总的来说,日本企业在绿色物流技术创新和企业间合作方面的成功实践,为全球物流业的发展提供了有益的借鉴和启示。我们应该积极学习和借鉴这些经验,加强自主创新和合作,推动绿色物流技术的发展和应用,为实现可持续发展做出贡献。同时,政府也应加大对绿色物流的支持力度,制定更加完善的政策措施,为绿色物流的发展提供良好的环境和条件。

通过以上国内外成功案例的介绍和分析,我们可以看出,绿色物流运输服务质量管理不仅关乎企业的经济效益,更关乎社会的可持续发展。只有不断推动绿色物流技术的创新和应用,加强服务质量管理,才能实现物流业的可持续发展。

# 6.2　成功案例的经验总结与启示

在探讨绿色物流运输服务质量管理成功案例时,我们不仅能够观察到这些案例所取得的显著成果,还能从中提炼出宝贵的经验,为其他物流企业提供重要的启示。以下将通过几个具体实例,对成功案例的经验进行总结,并探讨其带来的启示。

## 6.2.1　成功案例经验总结

1.技术创新的驱动

技术创新在推动绿色物流发展方面起到了至关重要的作用。以某知名电商企业的绿色物流项目为例,该企业成功研发了智能调度系统,这一创新举措不仅优化了运输资源的配置,还显著提升了运输效率,同时降低了能耗和排放,为绿色物流的实现提供了有力支持。

(1)智能调度系统通过大数据和人工智能技术的运用,实现了对运输资源的精确控制。系统能够实时收集和分析运输过程中的各种数据,包括车辆位置、货物状态、路况信息等,从而实现对运输资源的优化配置。这种优化不仅减少了空驶和等待时间,还提高了车辆的装载率,从而降低了运输成本。

(2)智能调度系统还通过算法优化和路径规划,降低了运输过程中的能耗和排放。系统能够根据实时路况和货物需求,为车辆规划出最优的行驶路线,避免了拥堵和不必要的绕行。同时,系统还可以根据车辆的实时状态,调整行驶速度和功率输出,以达到最佳的能耗效果。这些措施不仅减少了能源消耗,还降低了尾气排放,对改善环境质量具有重要意义。

(3)智能调度系统还提升了物流服务的准确性和可靠性。通过实时监控和数据分析,系统能够及时发现和解决运输过程中的问题,确保货物按时、安全地送达目的地。这种准确性和可靠性的提升,增强了消费者对电商企业的信任度,提高了企业的竞争力。

(4)技术创新是推动绿色物流发展的关键动力。通过不断研发和应用新技术,企业可以实现对物流过程的优化和升级,提高运输效率、降低能耗和排放,从而实现绿色物流的目标。同时,技术创新还可以推动物流行业的转型升级,提升整个行业的竞争力和可持续发展能力。

(5)技术创新也面临着一些挑战和限制。例如,新技术的研发和应用需要大量的资金投入和人才支持,这对于一些中小企业来说可能是一个难题。此外,新技术的推广和应用还需要克服一些技术和制度上的障碍,如数据共享、标准统一等问题。因此,政府、企业和研究机构需要加强合作,共同推动绿色物流技术的创新和应用。

综上所述,技术创新是推动绿色物流发展的关键动力。通过研发和应用新技术,企业可以实现对物流过程的优化和升级,提高运输效率、降低能耗和排放,从而实现绿色物流的目标。同时,政府和社会各界也需要加强对绿色物流技术的支持和引导,为绿色物流的发展创造良好的环境和条件。

2. 政策与标准的引导

政策与标准的引导在推动绿色物流发展中确实起到了举足轻重的作用。以下将详细讲解并具体分析这一观点,以某地区主管部门出台的环保政策和绿色物流标准为例。

(1)该地区主管部门出台的严格环保政策,对物流运输的排放和能耗进行了严格限制。这种政策导向明确,目标清晰,旨在通过法规手段强制性地降低物流行业的环境污染。政策通常包括具体的排放标准、能耗标准以及相应的处罚措施,从而确保了物流企业在运营过程中必须遵循环保规定,减少对环境的不良影响。

(2)制定绿色物流的相关标准也是推动绿色物流发展的重要手段。这些标准涵盖了物流运输的各个环节,包括包装、装卸、运输、仓储等,为物流企业提供了明确的操作指南。通过遵循这些标准,企业可以更加系统地推进绿色物流建设,提高资源利用效率,降低环境污染。

在政策的引导和标准的约束下,该地区的物流企业纷纷加强绿色物流建设,取得了显著成效。例如,一些企业采用了绿色运输工具,如电动汽车、氢能源车辆等,以减少尾气排放;一些企业优化了物流网络布局,减少了不必要的运输距离和空驶率;还有一些企业采用了智能物流系统,提高了物流信息的共享和优化程度,进一步降低了能耗和排放。

这些举措不仅有助于企业降低运营成本,提高竞争力,同时也为环境保护和可持续发展做出了积极贡献。在政策的引导和标准的约束下,绿色物流逐渐成为了该地区物流行业的主流趋势,推动了整个行业的转型升级。

(3)政策与标准的引导也需要不断完善和调整。随着物流行业的发展和技术进步,原有的政策和标准可能会逐渐失去适用性。因此,主管部门需要密切关注行业动态和技术发展趋势,及时修订和完善相关政策与标准,确保其始终能够发挥有效的引导作用。

(4)政策与标准的实施还需要加强监管和执法力度。主管部门应该建立健全的监管机制,加强对物流企业的日常检查和监督,确保企业严格遵循相关政策和标准。对于违反规定的企业,应该依法进行处罚,形成有效的威慑力。

综上所述,政策与标准的引导在推动绿色物流发展中起到了重要作用。通过制定严格的环保政策和绿色物流标准,主管部门为物流企业提供了明确的发展方向和操作指南,促进了绿色物流的快速发展。同时,不断完善和调整政策与标准,加强监管和执法力度,也是确保绿色物流持续发展的重要保障。

3. 合作与共享的模式

合作与共享的模式在绿色物流发展中具有显著的优势和潜力。下面我将详细讲解并具体分析这一观点,以某物流公司与其他企业合作建立的绿色物流服务平台为例。

(1)合作与共享模式的核心在于通过资源整合和优化配置,实现资源的高效利用。在绿色物流服务平台的建设中,各参与企业可以将自身的资源、技术、经验等进行共享,从而形成一个更加完善、高效的物流体系。这种模式的运作不仅有助于降低单个企业的运营成本,还能提高整个物流行业的绿色发展水平。

(2)合作与共享模式有助于推动技术创新和产业升级。在共同建立绿色物流服务平台的过程中,各参与企业需要共同面对和解决一系列技术和管理难题。这促使企业之间加强交流和合作,共同研发新技术、新设备,推动物流行业的绿色化、智能化发展。

(3)合作与共享模式还有助于提高物流行业的整体竞争力。通过资源整合和共享,企业可以更加灵活地应对市场变化,提高服务质量和效率。同时,绿色物流服务平台的建设也有助于提升行业形象和声誉,吸引更多客户和合作伙伴,从而增强整个行业的市场竞争力。

以某物流公司为例,该公司通过与其他企业合作,共同建立了一个绿色物流服务平台。该平台不仅实现了资源的共享和优化配置,降低了企业的运营成本,还通过技术创新和产业升级,提高了整个物流行业的绿色发展水平。这一成功案例表明,合作与共享模式是实现绿色物流的有效途径。

(4)合作与共享模式也存在一些挑战和限制。例如,如何确保各参与企业之间的利益平衡和公平分配,如何建立有效的合作机制和信任关系,以及如何应对可能出现的风险和不确定性等。这些问题需要在实践中不断探索和解决。

综上所述,合作与共享模式是实现绿色物流的有效途径。通过资源整合和优化配置、技术创新和产业升级以及提高行业竞争力等方面的优势,该模式有助于推动绿色物流的快速发展。当然,在实践中还需要克服一些挑战和限制,但随着经验的积累和技术的进步,这些问题有望得到解决。

## 6.2.2　成功案例经验启示

1. 注重技术创新与研发

注重技术创新与研发是推动绿色物流发展的关键所在,这是因为技术创新能够显著提升物流行业的效率,减少资源消耗和环境污染,从而实现物流的绿色可持续发展。下面我将详细讲解并具体分析这一观点。

(1)技术创新能够提升物流运作的效率。传统的物流模式往往存在资源浪费、效率低下等问题,而技术创新可以优化物流流程,提高物流运作的智能化、自动化水平。例如,通过应用物联网、大数据、人工智能等先进技术,可以实现对物流信息的实时监控和精准分析,优化运输路径和配送方案,减少不必要的运输和等待时间,提高物流运作的效率和准确性。

(2)技术创新有助于减少资源消耗和环境污染。绿色物流的核心目标是实现资源的节约利用和环境的保护。通过技术创新,可以开发出更加环保的物流设备和技术,如电动车辆、绿色包装材料、节能型仓储设施等,减少能源消耗和排放。同时,技术创新还可以推动物流行业的循环经济发展,如通过回收再利用废旧包装材料、实施逆向物流等方式,实现资源的循环利用,降低环境污染。

(3)技术创新还能够促进物流行业的产业升级和转型。随着技术的不断发展和应用,物流行业正朝着智能化、绿色化的方向发展。物流企业通过加大技术创新和研发力度,可以开发出更加先进的物流技术和解决方案,提升企业的核心竞争力,实现产业升级和转型。

成功案例告诉我们,注重技术创新与研发的企业往往能够取得更好的绿色物流发展成果。这些企业通常拥有较为完善的技术研发团队和体系,能够紧跟技术发展趋势,及时将新技术应用于物流实践中。例如,一些先进的物流企业已经成功应用了无人驾驶车辆、智能仓储系统等技术,实现了物流运作的智能化和绿色化,提升了企业的运营效率和环保水平。

(4)技术创新与研发也面临着一些挑战和限制。首先,技术创新需要投入大量的资金和资源,对于一些规模较小或资金紧张的物流企业来说,可能难以承担。

其次,新技术的研发和应用需要具备一定的技术实力和人才支持,这对于一些技术基础薄弱的企业来说可能是一个难题。此外,新技术的推广和应用还需要克服一些市场和制度方面的障碍,如市场需求不足、政策支持不够等。

综上所述,注重技术创新与研发是推动绿色物流发展的关键所在。物流企业应加大对绿色技术的研发和应用力度,不断提升自身的技术创新能力和水平,以推动绿色物流的快速发展。同时,政府和社会各界也应给予更多的支持和关注,为技术创新与研发提供良好的环境和条件。

2. 积极响应政策与标准

积极响应政策与标准在绿色物流发展中具有至关重要的意义。主管部门制定的政策和标准不仅为物流行业的绿色发展提供了明确的指导和方向,同时也起到了规范和约束的作用,确保企业在追求经济效益的同时,也充分考虑到环境和社会效益。下面,我将详细讲解并具体分析这一观点。

(1)主管部门的政策导向为绿色物流发展指明了方向。政府部门会根据国家的发展战略、资源环境状况以及市场需求等因素,制定出一系列促进绿色物流发展的政策措施。这些政策通常包括财政补贴、税收优惠、技术支持等方面,旨在鼓励企业加大绿色技术的研发和应用力度,推动物流行业的绿色转型。企业积极响应这些政策导向,不仅能够获得政策上的支持和优惠,还能够更好地适应市场变化和需求,提升企业的竞争力。

(2)遵守相关标准是绿色物流发展的基本要求。主管部门会制定一系列绿色物流的标准和规范,包括排放标准、能耗标准、包装标准等,以规范企业的物流行为,确保物流活动的绿色化。企业遵守这些标准,不仅能够减少环境污染和资源消耗,还能够提升企业的形象和声誉,增强消费者的信任和支持。同时,遵守标准也是企业履行社会责任的重要体现,有助于企业在社会上树立良好的口碑和形象。

(3)积极响应政策与标准还有助于企业提升自身的绿色发展水平。随着绿色物流理念的深入人心和市场的不断扩大,越来越多的企业开始关注绿色物流的发展。企业积极响应政策与标准,可以借助政策和标准的推动力量,加强内部管理、优化物流流程、提高资源利用效率等方面的工作,不断提升自身的绿色发展水平。这不仅有助于企业在激烈的市场竞争中脱颖而出,还能够为企业带来长远的经济效益和社会效益。

(4)积极响应政策与标准也面临着一些挑战和困难。首先,政策与标准的制定和实施需要一定的时间和过程,企业可能需要投入更多的资源和精力去适应和遵守。其次,一些企业可能由于技术、资金等方面的限制,难以完全达到政策与标准的要求。此外,一些政策与标准可能存在一定的滞后性和不适应性,需要不断进行完善和调整。

针对这些挑战和困难,企业可以采取以下措施:一是加强与主管部门的沟通和联系,及时了解政策与标准的变化和要求,以便做出相应的调整和应对;二是加大技术研发和投入力度,提升企业的技术水平和创新能力,以更好地适应政策与标准的要求;三是加强内部管理和团队建设,提高企业的执行力和协作能力,确保政策与标准的顺利实施。

综上所述,积极响应政策与标准是绿色物流发展的重要一环。企业应充分了解并遵循主管部门的政策导向和相关标准,不断提升自身的绿色发展水平,以实现经济效益、社会效益和环境效益的共赢。

3. 加强合作与共享

合作与共享是实现绿色物流目标的重要途径,它涉及到企业间、行业间以及产学研之间的紧密配合与协同工作。通过加强合作与共享,企业可以更有效地整合资源、优化流程、降低能耗,从而推动绿色物流技术的发展和应用。下面,我将详细讲解并具体分析合作与共享在绿色物流中的重要作用。

(1)合作与共享有助于企业间资源的优化配置。在物流领域,不同企业拥有不同的资源和技术优势。通过加强合作,企业可以相互借鉴、共享资源,实现资源的优化配置和高效利用。例如,一些企业可能拥有先进的物流技术和设备,而另一些企业则可能拥有更广泛的物流网络和客户资源。通过合作,这些企业可以共同开发新的物流解决方案,提高物流效率,降低运营成本。

(2)合作与共享有助于推动绿色物流技术的创新和应用。绿色物流技术的研发和应用需要投入大量的资金、人力和物力。通过合作,企业可以共同承担研发成本,共享技术成果,从而加速绿色物流技术的创新和应用。此外,合作还可以促进企业间的知识交流和经验分享,有助于企业不断提升自身的绿色物流水平。

(3)合作与共享有助于提升整个物流行业的绿色发展水平。物流行业是一个庞大的产业链,涉及到多个环节和多个主体。通过加强行业间的合作与共享,可以推动整个物流行业的绿色化发展。例如,行业协会可以组织企业共同制定绿色物流标准和规范,推动行业内的绿色转型;科研机构可以与企业合作开展绿色物流技术的研发和应用,为行业提供技术支持和创新动力。

(4)合作与共享还有助于增强企业的市场竞争力。在竞争激烈的物流市场中,企业通过合作与共享可以形成合力,共同应对市场挑战。通过合作,企业可以拓展业务领域、提高服务质量、降低运营成本,从而增强自身的市场竞争力。同时,合作与共享还可以增强企业间的信任度和合作意愿,为企业间的长期合作奠定坚实的基础。

（5）合作与共享也面临着一些挑战和困难。例如，企业间可能存在竞争关系，导致合作意愿不强；合作过程中可能出现利益分配不均、沟通不畅等问题；同时，合作与共享需要企业投入一定的时间和资源，可能会影响企业的短期利益。

针对这些挑战和困难，企业可以采取以下措施来加强合作与共享：一是建立有效的沟通机制，加强企业间的信息交流和沟通协作；二是制定明确的合作计划和目标，确保合作的有序进行；三是建立公平合理的利益分配机制，确保合作双方的利益得到保障；四是加强人才培养和团队建设，提高企业的合作能力和水平。

（6）合作与共享是实现绿色物流目标的重要途径。通过加强企业间、行业间以及产学研之间的合作与交流，可以推动绿色物流技术的创新和应用，提升整个物流行业的绿色发展水平，增强企业的市场竞争力。因此，企业应积极探索合作与共享的模式和途径，为绿色物流的发展贡献力量。

综上所述，成功案例的经验总结为我们提供了宝贵的启示：在推动绿色物流运输服务质量管理的过程中，我们应注重技术创新、积极响应政策与标准、加强合作与共享等方面的工作，以实现物流业的可持续发展。

# 6.3　案例对比分析与应用推广

在绿色物流领域，不同的案例展现了多样化的成功路径和实践策略。通过对比分析这些案例，我们不仅能够深入了解各种方法的优劣，还能为未来的应用推广提供有益的借鉴。以下将通过两个具体的案例对比分析，并探讨其应用推广的价值。

## 6.3.1　案例对比分析

1.案例一：智能调度系统的应用

在这个案例中，某电商企业成功地引入了智能调度系统，旨在优化其物流运输流程，提高运输效率，并降低运营成本。这一举措不仅反映了企业在追求经济效益的同时，也积极响应了绿色物流的号召，展现了企业对于社会责任和可持续发展的深刻认识。

（1）智能调度系统基于大数据和人工智能技术，能够实时分析运输需求、车辆位置、路况等多种因素。这种实时数据分析能力使得系统能够迅速应对各种变化，比如订单量的突然增加、交通拥堵的突然发生等。通过实时分析，系统能够更准确地掌握物流运输的实际情况，为后续的路径规划和车辆调度提供有力支持。

（2）智能调度系统能够自动规划最优运输路径。通过综合考虑运输需求、车辆类型、路况信息等因素，系统能够计算出最经济、最高效的运输路径。这种路径规划不仅能够减少运输时间和成本，还能够降低运输过程中的能耗和排放，符合绿色物流的发展理念。

（3）智能调度系统能够实时调度车辆。根据订单量、车辆位置、驾驶员状态等信息，系统能够合理安排车辆的出发时间和路线，确保车辆能够按时到达指定地点，完成运输任务。这种实时调度能力有效减少了车辆的空驶率和等待时间，提高了车辆的利用率，进一步降低了运营成本。

通过引入智能调度系统，该电商企业实现了显著的效益提升。一方面，运输效率得到了大幅提升，订单处理速度和客户满意度都得到了显著提高；另一方面，空驶率和能耗得到了有效降低，为企业节省了大量的运输成本。同时，由于减少了交通拥堵和排放，企业的社会形象也得到了进一步提升。

总的来说，这个案例展示了智能调度系统在物流运输领域的巨大潜力和价值。通过引入智能调度系统，企业不仅能够优化物流运输流程，提高运输效率，还能够降低运营成本，实现经济效益和社会效益的双赢。因此，对于其他企业来说，借鉴这一案例，积极探索和应用智能调度系统，将是推动绿色物流发展的重要途径之一。

2. 案例二：清洁能源车辆的使用

在这个案例中，另一家物流公司积极采用清洁能源车辆，如电动车和氢燃料电池车，以替代传统的燃油车辆。这一创新举措不仅体现了企业在环保方面的责任感和前瞻性，也为其带来了显著的经济效益和社会效应。

（1）从环保角度来看，清洁能源车辆的使用显著减少了化石燃料的消耗和尾气排放。相比传统燃油车辆，电动车和氢燃料电池车不依赖石油等化石燃料，因此其运行过程中几乎不产生有害物质。这不仅有助于减少大气污染和温室气体排放，对改善城市空气质量起到了重要作用，还降低了对有限自然资源的依赖，促进了可持续发展。

（2）清洁能源车辆的使用也带来了经济效益。虽然电动车和氢燃料电池车的初始购置成本可能高于传统燃油车辆，但随着技术的进步和规模效应的显现，这一成本差距正在逐渐缩小。同时，由于清洁能源车辆在运行过程中能耗低、维护成本低，企业在长期使用中能够节省大量费用。此外，主管部门提供的补贴和税收优惠也进一步降低了清洁能源车辆的使用成本，提高了企业的积极性。

（3）清洁能源车辆的使用还提升了企业的社会形象和竞争力。随着社会对环保问题的关注度不断提高，采用清洁能源车辆的企业更容易获得公众的认可和好评。这不仅有助于提升企业的品牌形象和声誉,还能吸引更多具有环保意识的消费者和合作伙伴。同时,清洁能源车辆的使用也体现了企业在技术创新和可持续发展方面的领先地位,有助于提升企业的市场竞争力。

(4)主管部门在推动清洁能源车辆普及方面也发挥了积极作用。通过提供补贴和税收优惠等政策手段,主管部门降低了清洁能源车辆的使用门槛和成本,为企业提供了更多的选择和空间。同时,主管部门还加强了对清洁能源车辆的技术研发和推广力度,推动了相关产业链的发展和完善。

(5)我们也应看到清洁能源车辆在推广过程中仍面临一些挑战,如充电设施建设不足、续航里程有限等问题。为了克服这些挑战,需要政府、企业和社会各界共同努力,加强合作与创新,推动清洁能源车辆的广泛应用和普及。

综上所述,清洁能源车辆的使用不仅有助于改善空气质量、降低环境污染,还能为企业带来经济效益和社会效应。随着技术的不断进步和政策的持续推动,相信未来会有更多的企业选择使用清洁能源车辆,共同推动绿色物流的发展。

3. 对比分析

这两个案例,一个聚焦于智能调度系统的应用,另一个着眼于清洁能源车辆的推广,尽管采用了截然不同的方法,但都殊途同归地实现了绿色物流的目标。以下是对这两个案例的对比分析:

(1)技术创新与成本考量

智能调度系统案例中的技术创新是关键。通过算法优化和数据分析,系统能够更精确地安排运输路线和车辆,实现资源的最大化利用。这种技术创新往往需要较高的初期投入,包括研发成本、设备购置和人才培养等。然而,一旦系统成熟并稳定运行,其带来的效益也是显著的,不仅提高了运输效率,还降低了能耗和排放。

相比之下,清洁能源车辆案例则更注重从源头上减少污染。使用电动车和氢燃料电池车等清洁能源车辆,可以大大降低尾气排放和化石燃料的消耗。然而,这种方法的成本也相对较高。除了车辆本身的购置成本外,还需要考虑充电或加氢设施的建设、维护成本以及可能的技术更新费用。此外,清洁能源车辆的推广还需要主管部门的支持和补贴,以减轻企业的经济压力。

(2)实施难度与政策依赖

智能调度系统的实施难度主要在于技术集成和人才培养。系统需要与现有的运输设备和业务流程进行融合,这可能需要一定的时间和资源。同时,培养和引进具备相关技术和管理能力的人才也是一项挑战。然而,一旦系统成功实施,其带来的效益将是长期的,且能够随着技术的不断进步而持续提升。

清洁能源车辆的推广则更多地依赖于政策支持和市场环境。主管部门需要提供补贴和税收优惠等政策措施,以降低清洁能源车辆的使用成本,提高其市场竞争力。此外,充电或加氢设施的建设也需要政府的规划和投入。在市场环境方面,消费者对清洁能源车辆的接受度和认知度也是影响其推广的重要因素。

(3)环境效益与社会效应

无论是智能调度系统还是清洁能源车辆,它们都能够带来显著的环境效益。智能调度系统通过优化运输过程,减少了不必要的行驶和等待时间,从而降低了能耗和排放。清洁能源车辆则从源头上减少了污染物的产生,对改善空气质量起到了积极作用。

同时,这两个案例也具有一定的社会效应。智能调度系统的应用提高了物流行业的科技含量和智能化水平,为行业的可持续发展奠定了基础。清洁能源车辆的推广则有助于提升公众对环保问题的认识和关注度,推动整个社会向更加绿色、低碳的方向发展。

综上所述,智能调度系统和清洁能源车辆这两种方法在实现绿色物流目标上各有优劣。前者侧重于技术创新和效率提升,后者则更注重从源头上减少污染。在实际应用中,可以根据企业的实际情况和市场环境选择适合的方法,或者将两者结合起来使用,以实现更好的绿色物流效果。

## 6.3.2　应用推广的价值

### 1. 促进技术创新

在绿色物流的实践中,智能调度系统等技术的应用推广不仅有助于实现物流过程的优化与环保,更在多个层面展现了其深远的价值,其中促进技术创新是尤为关键的一环。

(1)智能调度系统等技术创新的应用推广,能够直接推动物流行业的技术进步和升级。智能调度系统通过集成大数据、云计算、物联网等先进技术,实现了对物流资源的精准调配和高效利用。这种技术的应用,使得传统的物流运作方式得以革新,提高了物流行业的整体效率和响应速度。随着更多企业开始采用智能调度系统,整个物流行业的技术水平也将得到显著提升。

(2)技术创新的应用推广有助于提高物流行业的整体竞争力。在激烈的市场竞争中,技术创新是企业保持竞争力的关键。通过应用智能调度系统等先进技术,企业能够降低运营成本、提高服务质量、缩短交货周期,从而赢得更多客户的青睐。这种竞争优势的积累,将使得整个物流行业在国际市场上更具竞争力。

(3)技术创新的应用推广还能够带动相关产业的发展。智能调度系统等技的推广,将促进相关硬件设备、软件开发、数据分析等产业的发展,形成更加完善的产业链。这种产业链的完善,不仅能够为物流行业提供更多的技术支持和服务保障,还能够带动相关产业的就业增长和经济发展。

(4)技术创新的应用推广还具有示范效应。当一些领先企业成功应用智能调度系统等技术创新并取得显著成效时,其他企业往往会受到启发并跟随效仿。这种示范效应将加速技术创新在物流行业的普及和应用,推动整个行业向更加智能、高效、绿色的方向发展。

综上所述,智能调度系统等技术创新的应用推广在促进物流行业的技术进步、提高整体竞争力、带动相关产业发展以及发挥示范效应等方面都具有重要的价值。因此,我们应该积极推动这些技术的研发和应用,为物流行业的可持续发展注入新的动力。

2. 降低运营成本

在物流行业中,绿色物流方法的应用推广不仅有助于环保和可持续发展,更重要的是它能够有效降低企业的运营成本,进而提升企业的盈利能力和市场竞争力。下面将详细讲解并具体分析绿色物流方法如何降低运营成本。

(1)绿色物流方法的应用可以有效降低燃油成本。传统的物流运作方式往往忽视了车辆在运输过程中的燃油消耗问题,导致能源浪费和成本上升。而绿色物流方法则注重提高车辆的燃油效率,通过优化运输路线、减少空驶和等待时间等方式,降低车辆在运输过程中的燃油消耗。此外,一些先进的绿色物流技术,如智能调度系统和节能型运输设备,也可以进一步减少燃油消耗,从而降低燃油成本。

(2)绿色物流方法还可以降低车辆维护成本。传统的物流车辆在使用过程中,由于运输过程中的颠簸和磨损,往往需要频繁地进行维护和保养。这不仅增加了企业的运营成本,还影响了物流运输的效率。而绿色物流方法通过采用先进的车辆技术和维护管理手段,如使用耐磨性更好的轮胎、定期进行车辆保养和检修等,可以有效延长车辆的使用寿命,减少维护成本。

(3)绿色物流方法还可以降低其他与运营相关的成本。例如,通过采用循环包装和回收再利用的方式,可以减少包装材料的消耗和废弃物的产生,进而降低包装成本和废弃物处理成本。同时,绿色物流方法还可以优化库存管理,减少库存积压和滞销情况的发生,降低库存成本。

综上所述,绿色物流方法的应用推广可以有效降低企业的运营成本,包括燃油成本、车辆维护成本以及其他与运营相关的成本。这不仅有助于提升企业的盈利能力,还可以提高企业的市场竞争力,使企业在激烈的市场竞争中保持领先地位。因此,企业应该积极推广和应用绿色物流方法,以实现可持续发展和长期的经济效益。

3. 提高环境效益

详细讲解并具体分析绿色物流方法在提高环境效益方面的作用,我们可以从清洁能源车辆和智能调度系统这两个方面来探讨。

(1)清洁能源车辆的应用

随着环保意识的日益增强,清洁能源车辆的应用在绿色物流中占据了举足轻重的地位。这些车辆,如电动汽车、氢能源车辆等,以其零排放或低排放的特性,显著减少了传统燃油车辆所产生的污染物排放。

具体来说,清洁能源车辆通过采用电力或氢气等清洁能源作为动力来源,有效避免了燃油燃烧过程中产生的二氧化碳、一氧化碳等温室气体和有害气体的排放。这不仅有助于改善空气质量,减少雾霾等环境污染问题,还有利于应对全球气候变暖等环境问题。

此外,清洁能源车辆还具备噪音污染小的优点。相较于传统燃油车辆,它们在运行过程中产生的噪音更低,有助于改善城市声环境,提高居民生活质量。

(2)智能调度系统的应用

智能调度系统是绿色物流中的另一项重要技术,它通过实时监控和优化物流运输过程,实现了物流资源的合理分配和高效利用,从而提高了环境效益。

首先,智能调度系统可以根据货物的种类、数量、运输距离等因素,自动规划最优的运输路线和车辆调度方案。这避免了迂回运输和重复运输,减少了不必要的能源消耗和排放。

其次,智能调度系统可以实时监控车辆的运行状态,包括速度、油耗、尾气排放等,一旦发现异常情况,立即进行调整和优化。这有助于确保车辆在最佳状态下运行,降低污染物排放。

此外,智能调度系统还可以通过数据分析,预测交通拥堵情况,提前调整运输计划,避免在拥堵时段进行运输。这不仅提高了运输效率,还减少了因拥堵而产生的额外能源消耗和排放。

综上所述,清洁能源车辆和智能调度系统等绿色物流方法的应用在提高环境效益方面发挥了重要作用。它们通过减少污染物排放、改善环境质量、提高能源利用效率等方式,为社会的可持续发展做出了积极贡献。随着技术的不断进步和应用的普及,相信这些绿色物流方法将在未来发挥更大的作用,推动物流行业向更加环保、高效的方向发展。

### 4.树立企业形象

积极采用绿色物流方法的企业将树立起环保、可持续的形象,有助于提升企业的社会声誉和品牌价值。

(1)环保形象塑造

在当今社会,环保已经成为公众关注的焦点,消费者对企业的环保行为越来越重视。积极采用绿色物流方法的企业,如使用清洁能源车辆、实施智能调度系统、采用可循环包装等,能够向公众展示其对环保的承诺和实践。这种环保形象的塑造,不仅有助于提升企业的社会声誉,还能够增强消费者对企业的好感度和信任度。

(2)可持续发展理念的体现

绿色物流方法的应用是企业贯彻可持续发展理念的具体体现。通过减少资源消耗、降低环境污染、提高能源利用效率等措施,企业向公众展示了其对社会、环境和经济的综合考虑。这种可持续发展理念的体现,有助于提升企业的品牌价值,吸引更多具有环保意识的消费者和合作伙伴。

(3)社会责任感的彰显

采用绿色物流方法的企业,不仅关注经济效益,还积极履行社会责任。企业通过减少污染物排放、改善环境质量等方式,为社会的可持续发展做出贡献。这种社会责任感的彰显,有助于提升企业的社会形象,增强公众对企业的认同感和支持度。

(4)创新能力的展示

绿色物流方法的应用往往涉及先进的技术和创新的管理手段。企业能够积极采用这些方法,不仅表明其具有前瞻性的战略眼光,还展示了其强大的创新能力和技术实力。这种创新能力的展示,有助于提升企业的竞争力,吸引更多优秀人才和投资者的关注。

综上所述,积极采用绿色物流方法的企业能够树立起环保、可持续的形象,提升企业的社会声誉和品牌价值。这种形象的塑造不仅有助于增强企业的市场竞争力,还能够为企业带来更长远的发展机遇。因此,企业应当重视绿色物流方法的应用,将其纳入企业发展战略的重要组成部分,以实现经济效益、社会效益和环境效益的共赢。

## 6.3.3 应用推广的建议

### 1.政府加强引导和支持

政府可以通过制定相关政策、提供资金支持和税收优惠等措施,鼓励和引导企业采用绿色物流方法。

（1）制定相关政策

管理部门在制定相关政策时,可以着重考虑以下几个方面:

①绿色物流标准制定:管理部门可以制定一系列绿色物流的标准和规范,明确企业在物流过程中应当遵循的环保要求和操作标准。这些标准可以包括碳排放限制、资源利用效率、废弃物处理等方面,为企业提供明确的指导和方向。

②激励政策制定:管理部门可以出台一系列激励政策,如设立绿色物流专项资金、提供绿色物流项目贷款等,以鼓励企业加大对绿色物流的投入。这些激励政策可以降低企业的成本负担,提高其采用绿色物流方法的积极性。

③法规制度建设:管理部门还可以通过完善法规制度,对违反绿色物流规定的企业进行处罚和约束。通过强化法规的执行力度,形成有效的威慑机制,促使企业自觉遵守绿色物流要求。

（2）提供资金支持

管理部门可以通过以下方式为企业提供资金支持:

①政府补贴:对于在绿色物流方面取得显著成效的企业,管理部门可以给予一定的政府补贴,以表彰其贡献并鼓励其继续发展。

②融资支持:管理部门可以与金融机构合作,为绿色物流项目提供优惠贷款、融资担保等支持,降低企业的融资成本,促进绿色物流项目的顺利实施。

（3）税收优惠

管理部门可以通过以下税收优惠措施来支持绿色物流的发展:

①税收减免:对于采用绿色物流方法的企业,管理部门可以给予一定的税收减免政策,如减免企业所得税、增值税等,以减轻企业的税收负担。

②加速折旧:管理部门可以允许企业对其在绿色物流方面投入的设备、技术等资产实行加速折旧政策,加快企业的资金回收速度,提高其投资绿色物流的积极性。

（4）加强宣传与教育

除了上述具体的政策措施外,管理部门还应加强宣传与教育工作,提高企业对绿色物流重要性的认识。通过举办绿色物流培训班、研讨会等活动,向企业普及绿色物流的理念和技术,帮助企业了解绿色物流的优势和潜力,激发其采用绿色物流方法的内在动力。

综上所述,管理部门加强引导和支持是推动企业采用绿色物流方法的重要手段。通过制定相关政策、提供资金支持和税收优惠等措施,管理部门可以为企业创造有利于绿色物流发展的外部环境,激发企业的积极性,推动绿色物流的广泛应用和发展。这将有助于实现经济、社会和环境的协调发展,促进可持续发展目标的实现。

2.加强行业合作与交流

加强行业合作与交流对于推动绿色物流技术的发展和应用具有至关重要的作用。下面,我将详细讲解并具体分析物流企业如何通过与同行业、科研机构以及高校的合作与交流,共同推动绿色物流技术的进步和应用。

(1)加强同行业合作与交流

①资源共享与协同:物流企业之间可以通过合作,实现资源共享和协同作业,降低物流成本,提高物流效率。例如,在仓储和运输环节,通过共同使用先进的绿色仓储设施和节能运输工具,可以显著减少能源消耗和碳排放。

②经验分享与相互学习:不同的物流企业在绿色物流实践中积累了不同的经验和教训。通过加强行业内的交流与合作,企业可以相互分享这些经验,学习先进的绿色物流理念和技术,避免重复试错,加速绿色物流技术的应用和推广。

③联合研发与技术创新:物流企业可以联合其他同行业企业,共同投入研发资金,开展绿色物流技术的研发和创新。通过整合行业内的技术资源和创新力量,可以加快绿色物流技术的研发进程,提高技术的成熟度和可靠性。

(2)加强与科研机构与高校的合作与交流

①产学研合作:物流企业可以与科研机构和高校建立产学研合作关系,共同开展绿色物流技术的研究和应用。科研机构和高校拥有先进的研发设备和专业的技术人才,可以为物流企业提供技术支持和创新思路。同时,企业也可以为科研机构和高校提供实践基地和案例研究,促进理论与实践的结合。

②人才培养与引进:通过与高校的合作,物流企业可以参与人才培养过程,为学生提供实习和就业机会,吸引更多的优秀人才加入绿色物流领域。同时,企业也可以从高校引进具有创新精神和专业技能的人才,为企业的绿色物流发展提供智力支持。

③学术成果应用:科研机构和高校在绿色物流领域的研究成果往往具有前瞻性和创新性。通过与这些机构的合作,物流企业可以及时了解和掌握最新的绿色物流技术和理念,将其应用于实际业务中,提升企业的竞争力。

(3)行业标准和规范制定

通过加强行业合作与交流,物流企业还可以共同推动绿色物流行业标准和规范的制定。这些标准和规范可以为企业提供明确的操作指南和评价依据,促进绿色物流技术的规范化和标准化发展。

综上所述,加强行业合作与交流是推动绿色物流技术发展和应用的重要途径。

通过加强同行业合作、与科研机构和高校的合作与交流以及参与行业标准和规范的制定,物流企业可以共同推动绿色物流技术的进步和应用,为实现可持续发展目标贡献力量。

　　3. 提升公众环保意识

　　提升公众环保意识在推动绿色物流的发展和应用中扮演着至关重要的角色。一个高度环保意识的社会氛围不仅能够加速绿色物流技术的普及和应用,还能形成广泛的社会共识,促进可持续发展目标的实现。以下将详细讲解并具体分析如何通过宣传教育、媒体传播等途径提升公众对绿色物流的认识和重视程度。

　　(1)宣传教育的作用与途径

　　①环保知识普及:通过举办环保知识讲座、展览等活动,向公众普及绿色物流的基本概念、原理和实践案例,使公众了解绿色物流的重要性和必要性。

　　②学校教育与培训:将绿色物流的理念和知识纳入学校教育体系,从小培养学生的环保意识。同时,针对成年人群开展绿色物流的专项培训,提高社会各界对绿色物流的认识和操作能力。

　　③社区活动宣传:在社区开展绿色物流主题的宣传活动,如环保知识竞赛、绿色出行倡议等,让公众在参与中深入了解绿色物流,提高环保意识。

　　(2)媒体传播的作用与策略

　　①新闻报道与专题报道:媒体通过新闻报道和专题报道的形式,及时传播绿色物流的最新进展、成功案例和先进经验,引导公众关注绿色物流的发展动态。

　　②公益广告与宣传片:制作绿色物流的公益广告和宣传片,通过电视、网络等媒体平台广泛传播,提高公众对绿色物流的认知度和认同感。

　　③社交媒体与网络平台:利用社交媒体和网络平台,开展绿色物流的线上宣传和教育活动。通过发布相关文章、视频、图片等内容,吸引公众关注并积极参与讨论,形成良好的互动氛围。

　　(3)提升公众环保意识的具体效果

　　①形成社会共识:通过广泛的宣传和教育活动,使公众认识到绿色物流对于环境保护和可持续发展的重要性,形成广泛的社会共识,为绿色物流的推广和应用提供有力支持。

　　②推动政策制定与实施:公众环保意识的提升有助于推动政府制定更加严格的环保政策和法规,加大对绿色物流的支持力度。同时,公众的监督和参与也能促使政策得到更好的实施和执行。

　　③促进企业自律与创新:面对公众日益增长的环保需求,物流企业将更加注重绿色物流技术的研发和应用,提高环保水平。同时,企业间的竞争也将更加关注环

保指标,推动整个行业向更加绿色、可持续的方向发展。

提升公众环保意识是推动绿色物流发展和应用的关键环节。通过宣传教育、媒体传播等途径,可以有效提升公众对绿色物流的认识和重视程度,为绿色物流的应用推广营造良好的社会氛围。这将有助于加快绿色物流技术的普及和应用进程,推动物流业向更加绿色、可持续的方向发展。

综上所述,通过对不同案例的对比分析,我们可以深入了解绿色物流的多种实践方法和效果,并为未来的应用推广提供有益的借鉴和指导。

# 第7章 绿色物流运输与服务质量管理 协同发展的路径与策略

　　随着全球经济的持续发展和环境保护意识的日益增强,绿色物流运输与服务质量管理之间的协同发展已成为物流行业的重要议题。本章将深入探讨这一协同发展的必要性与可行性,分析路径选择与策略构建,并探讨政策支持与保障措施,以期为我国物流行业的可持续发展提供有益的参考和借鉴。

　　在当前的物流领域中,绿色运输与服务质量管理是两大核心要素。绿色运输强调在物流过程中减少能源消耗、降低环境污染,实现资源的有效利用;而服务质量管理则关注提升物流服务的效率、准确性和客户满意度。这两者之间并非孤立存在,而是相互影响、相互促进的关系。通过协同发展,不仅能够推动物流行业的绿色转型,提升服务质量和效率,还能够为企业创造更大的经济效益和社会效益。

　　然而,要实现绿色物流运输与服务质量管理的协同发展,并非易事。我们需要深入剖析其发展的路径和策略,明确发展方向和重点。同时,政策支持和保障措施也是不可或缺的一环。政府应加大对绿色物流的支持力度,通过制定相关政策和措施,引导和鼓励企业积极参与绿色物流实践,推动行业的可持续发展。

　　因此,本章将围绕绿色物流运输与服务质量管理协同发展的路径与策略展开探讨。我们将从必要性与可行性分析入手,探讨协同发展的重要性以及实现的可能性;接着,我们将分析协同发展的路径选择和策略构建,提出具体的发展方案和实施措施;最后,我们将探讨政策支持与保障措施,为绿色物流运输与服务质量管理协同发展提供有力的支撑和保障。

　　通过本章的学习,我们希望能够为物流行业的可持续发展提供新的思路和方向,推动绿色物流运输与服务质量管理协同发展取得更大的成就。

# 7.1  协同发展的必要性与可行性分析

随着全球经济一体化和电子商务的迅猛发展,物流行业作为连接生产与消费的重要纽带,其地位日益凸显。在这一背景下,绿色物流运输与服务质量管理协同发展显得尤为重要。本节将通过实例详细讲解和分析协同发展的必要性与可行性。

## 7.1.1  绿色物流促发展,质效协同赢未来

绿色物流促发展,质效协同赢未来,这一观点强调了绿色物流运输与服务质量管理在协同发展中的重要性。从必要性角度来看,随着全球环境问题的日益严重,以及市场竞争的加剧,企业越来越需要寻求一种既能满足客户需求,又能降低环境影响的可持续发展模式。绿色物流运输与服务质量管理协同发展,正是这种模式的体现。

1.绿色物流:电商可持续新路径

在全球化与信息化的时代背景下,电商行业以其独特的商业模式和高效的服务方式,迅速崛起并改变了人们的购物习惯。然而,随着电商业务规模的不断扩大,物流运输量也呈现出爆炸式增长的趋势。传统的物流运输方式往往以高能耗、高排放为代价,给环境造成了巨大的压力。因此,发展绿色物流运输不仅成为电商企业应对环境挑战的重要途径,更是实现可持续发展的关键举措。

以某大型电商企业为例,其业务规模的迅速扩张使得物流运输量急剧上升。在这种情况下,传统的物流运输方式不仅效率低下,而且对环境造成了严重的负面影响。高能耗的运输工具、不合理的运输路线以及缺乏有效的回收利用机制,都使得物流环节成为电商企业碳排放的主要来源之一。

绿色物流运输作为一种新型的物流模式,旨在通过采用环保理念和技术手段,降低物流过程中的能耗和排放,实现资源的高效利用和环境的友好发展。对于电商企业来说,发展绿色物流运输具有以下重要意义:

(1)绿色物流有助于降低企业的运营成本。通过优化运输路线、提高运输工具的能效以及推广绿色包装等方式,企业可以显著减少能源消耗和排放,从而降低运营成本。这不仅有助于提高企业的经济效益,还有助于提升企业的市场竞争力。

(2)绿色物流有助于提升企业的社会形象。在当前全球倡导绿色、低碳、可持续发展的背景下,电商企业积极推行绿色物流运输,展现出了对环保事业的关注和

贡献。这有助于提升企业的社会责任感和公众形象,增强消费者对企业的信任和认可。

(3)绿色物流有助于推动整个行业的可持续发展。电商企业作为物流行业的重要客户,其绿色物流实践将对物流行业产生积极的示范效应。随着越来越多的电商企业加入到绿色物流的行列中来,整个物流行业将逐渐实现绿色化、低碳化的发展目标。

为了实现绿色物流的发展目标,电商企业可以采取以下具体措施:

①推广使用清洁能源和新能源运输工具。通过采用电动车辆、氢能源车辆等清洁能源运输工具,减少对传统燃油的依赖,降低运输过程中的碳排放。

②优化运输路线和运输方式。通过智能调度和路径规划技术,合理安排运输任务和运输路线,避免重复运输和空驶现象,提高运输效率。

③推广绿色包装和回收利用。采用可降解、可循环使用的包装材料,减少包装废弃物的产生;同时建立有效的回收利用机制,对废弃包装进行回收和再利用。

④加强绿色物流技术研发和应用。通过投入研发资金和技术力量,推动绿色物流技术的创新和应用,提高物流过程的环保性能和效率。

综上所述,绿色物流运输作为电商企业实现可持续发展的新路径,具有重要的现实意义和广阔的发展前景。通过采取一系列有效措施,电商企业可以推动绿色物流的发展,为环境保护和可持续发展作出积极贡献。

2. 服务质量提升:物流关键突破口

在快速发展的电商行业中,物流环节作为连接企业与消费者的桥梁,其服务质量的高低直接关系到企业的声誉、客户体验和市场竞争力。然而,目前许多企业在物流服务质量管理方面仍存在诸多不足,这成为制约企业进一步发展的关键因素。因此,提升物流服务质量成为企业亟待解决的问题。

(1)我们需要认识到服务质量管理在物流中的重要性。物流服务质量不仅包括运输的速度和准确性,还涉及货物的安全性、信息的透明度以及售后服务的及时性等多个方面。这些环节中的任何一个出现问题,都可能导致客户的不满和投诉,进而影响企业的整体形象和市场地位。

(2)当前许多企业在物流服务质量管理方面存在明显的不足。例如,一些企业的物流系统缺乏智能化和自动化的支持,导致运输效率低下、错误率较高;同时,部分企业在客户服务方面缺乏及时有效的响应机制,使得客户在遇到问题时无法得到及时的帮助和解决方案。这些问题不仅影响了客户的购物体验,也降低了客户对企业的信任度和忠诚度。

为了提升物流服务质量,企业可以采取以下措施:

①加强物流系统的智能化和自动化建设。通过引入先进的物流技术和管理手段,如物联网、大数据、人工智能等,实现物流信息的实时更新和共享,提高运输的效率和准确性。这不仅可以降低企业的运营成本,还可以提升客户的满意度和忠诚度。

②建立完善的客户服务体系。企业应设立专门的客户服务部门,负责处理客户的咨询、投诉和建议,确保客户问题能够得到及时有效的解决。同时,企业还可以通过建立客户档案、定期回访等方式,了解客户的需求和反馈,不断改进和提升服务质量。

③加强员工培训和素质提升。物流服务质量的高低很大程度上取决于员工的素质和能力。因此,企业应加强对员工的培训和教育,提高员工的专业技能和服务意识,使员工能够更好地为客户提供优质的服务。

④优化物流网络布局和运输方式。企业应合理规划物流网络布局,选择最合适的运输方式和路线,确保货物能够安全、快速地送达客户手中。同时,企业还可以通过与第三方物流服务商合作,实现资源共享和优势互补,进一步提高物流服务的质量和效率。

总之,提升物流服务质量是企业实现可持续发展的重要保障。通过加强服务质量管理、引入先进技术和管理手段、建立完善的客户服务体系以及优化物流网络布局和运输方式等措施,企业可以不断提升物流服务水平,赢得客户的信任和支持,为企业的长期发展奠定坚实的基础。

3.绿色物流协同:效益与环保共赢

在当前的全球背景下,环境保护与可持续发展已成为企业和社会共同关注的焦点。物流行业作为连接生产与消费的重要环节,其绿色化、低碳化的发展对于实现整体经济的可持续发展具有重要意义。绿色物流协同,即绿色物流运输与服务质量管理协同发展,是这一背景下的重要战略选择,旨在实现经济效益和社会效益的双赢。

(1)绿色物流协同有助于降低能耗和排放,减少对环境的影响。传统的物流运输方式往往伴随着高能耗、高排放的问题,这不仅加剧了环境污染,也增加了企业的运营成本。而绿色物流则通过采用先进的节能技术、优化运输路径、提高装载率等方式,有效降低了能耗和排放。这种环保的运输方式不仅有助于改善环境质量,也符合了社会对于环保的期望和要求,从而提升了企业的社会形象。

(2)绿色物流协同有助于提升物流效率和服务质量。通过加强服务质量管理,企业可以优化物流流程、提高运输效率、减少货物损耗和延误等问题。这不仅可以降低企业的运营成本,还可以提升客户的满意度和忠诚度。同时,绿色物流协同还可以促进物流服务的创新,如开发更加环保的包装材料、推广智能物流等,从而进一步提升企业的市场竞争力。

(3)绿色物流协同有助于推动整个行业的绿色发展。企业的绿色物流实践可以为其他企业树立榜样,引领整个行业向更加环保、低碳的方向发展。随着越来越多的企业加入到绿色物流的行列中,整个行业的绿色发展水平将得到提升,从而推动经济社会的可持续发展。

(4)实现绿色物流协同也面临一些挑战。例如,企业需要投入大量资金和技术来支持绿色物流的发展;同时,还需要加强员工培训和管理,以确保绿色物流理念能够深入人心并得到有效执行。此外,政府和社会各界也需要为绿色物流的发展提供必要的支持和引导,如出台相关政策、加强监管和宣传等。

综上所述,绿色物流协同是实现企业经济效益和社会效益双赢的重要途径。通过采用绿色物流运输方式并加强服务质量管理,企业可以降低能耗和排放、提升物流效率和服务质量、推动整个行业的绿色发展。虽然面临一些挑战,但只要企业和社会共同努力,就一定能够实现绿色物流的可持续发展。

4.绿色物流协同:强化措施促发展

在当今社会,绿色物流协同已经成为企业追求可持续发展、提升竞争力的关键路径。为了实现绿色物流运输与服务质量管理的协同发展,企业需要采取一系列有效的措施。这些措施不仅有助于提升企业的经济效益,还能显著增强企业的社会责任感和环境友好性。

(1)引入先进的物流技术和设备是至关重要的。传统的物流运输方式往往效率低下、能耗高、排放大,而先进的物流技术和设备则能有效解决这些问题。例如,采用智能化、自动化的物流系统,能够实时监控货物的运输状态,优化运输路径,减少空驶和等待时间,从而显著提高物流运输效率。同时,使用节能型运输车辆和环保型包装材料,能够降低能耗和排放,减少对环境的负面影响。

(2)建立完善的服务质量管理体系也是必不可少的。服务质量是物流运输的核心竞争力之一,而完善的服务质量管理体系则是提升服务质量的关键。企业可以通过制定详细的服务标准、加强员工培训和管理、建立客户反馈机制等方式,不断提升服务质量和客户满意度。这不仅有助于增强企业的市场竞争力,还能为企业赢得更多的客户和业务机会。

(3)与供应商和客户建立紧密的合作关系也是推动绿色物流协同发展的重要手段。通过与供应商建立绿色采购合作关系,企业可以确保采购的原材料和产品符合环保要求,降低供应链的环境风险。同时,与客户共同推动绿色物流的发展,可以共同制定环保标准和措施,实现双方的共赢。这种紧密的合作关系不仅有助于提升企业的环保形象,还能增强企业在行业中的影响力和话语权。

需要注意的是,实现绿色物流协同并不是一蹴而就的,需要企业付出长期的努力和投入。企业需要不断跟进最新的物流技术和设备,更新服务质量管理体系,加强与供应商和客户的合作,才能确保绿色物流协同的持续推进和有效实施。

综上所述,为了实现绿色物流运输与服务质量管理协同发展,企业需要采取一系列有效的措施。这些措施不仅有助于提升企业的经济效益和竞争力,还能显著增强企业的社会责任感和环境友好性。通过不断努力和实践,企业可以在实现自身可持续发展的同时,为推动整个社会的绿色发展做出贡献。

综上所述,绿色物流促发展,质效协同赢未来,是企业实现可持续发展的必然选择。通过加强绿色物流运输与服务质量管理的协同发展,企业不仅可以提升经济效益和社会效益,还可以为行业的绿色发展做出积极贡献。

## 7.1.2 绿物流质效协同,强化企业社会责任

绿物流质效协同,强化企业社会责任,这一观点深入探讨了企业如何通过绿色物流运输与服务质量管理协同发展来强化自身的社会责任。接下来,我将详细讲解与具体分析这一观点。

1.绿色物流协同

(1)企业探索可持续发展

在当今社会,可持续发展已经成为全球范围内的共识和追求。对于企业而言,如何在追求经济效益的同时,实现与环境的和谐共生,是摆在他们面前的重要课题。绿色物流协同便是企业在此背景下的积极探索和实践。

绿色物流协同,顾名思义,是指在物流运输过程中,通过采用绿色技术和理念,实现物流运输与服务质量管理的协同发展。这种协同不仅体现在物流效率的提升上,更体现在对环境影响的最小化上。通过优化运输方式、减少不必要的包装和装卸、提高能源利用效率等手段,企业能够在保证服务质量的同时,降低物流过程中的能耗和排放。

(2)企业深刻认识和积极行动

企业开始积极探索绿色物流运输与服务质量管理协同发展的路径,这体现了企业对可持续发展的深刻认识和积极行动。这种认识和行动源于多个方面:

首先,随着环保理念的深入人心,消费者对产品的环保性能要求越来越高。企业为了满足市场需求,必须积极响应环保号召,提升产品的环保性能。而绿色物流作为产品从生产到消费的重要环节,其环保性能的提升对于提升产品整体环保性能具有重要意义。

其次,政府对环保问题的重视程度也在不断提高。为了推动绿色发展,政府出台了一系列环保政策和法规,对企业提出了更高的环保要求。企业为了遵守法规、避免处罚,必须加强绿色物流建设。

最后,企业自身也意识到环保责任的重要性。作为社会的一份子,企业不仅要追求经济效益,还要承担社会责任。通过实施绿色物流,企业能够降低对环境的影响,履行社会责任,提升企业形象和品牌价值。

(3)引入先进的绿色物流技术和管理理念

为了实现绿色物流协同,企业需要引入先进的绿色物流技术和管理理念。这包括以下几个方面:

①技术创新:采用智能化、自动化的物流设备和系统,提高物流运输的效率和精度。例如,利用物联网技术实现物流信息的实时跟踪和监控,减少不必要的运输和等待时间;利用清洁能源技术降低运输工具的能耗和排放。

②理念更新:树立绿色发展的理念,将环保融入企业文化和核心价值观。通过培训和教育,提高员工对绿色物流的认识和重视程度,使其在日常工作中能够自觉遵守环保规定和操作流程。

③协同管理:加强供应链上下游企业之间的合作与沟通,共同推动绿色物流的发展。通过建立绿色采购和绿色销售合作关系,确保整个供应链的环保性能得到提升。

(4)降低能耗和排放,减少对环境负面影响

通过实施绿色物流协同战略,企业能够有效降低物流运输过程中的能耗和排放,减少对环境的负面影响。这主要体现在以下几个方面:

①减少能源消耗:通过优化运输方式和路径、提高运输工具的能效等方式,降低物流过程中的能源消耗。这有助于减少温室气体排放和缓解能源紧张问题。

②降低排放污染:采用清洁能源和环保技术,减少运输工具的尾气排放和噪音污染。同时,通过减少不必要的包装和装卸操作,降低物流过程中的废弃物产生量。

③提升资源利用效率:通过合理利用物流资源和优化物流流程,提高资源的利用效率。例如,通过循环利用包装材料、提高仓库利用率等方式,减少资源的浪费和损耗。

(5)企业履行社会责任的具体体现与实现可持续发展的必要条件

实施绿色物流协同战略不仅是企业履行社会责任的具体体现,也是企业实现可持续发展的必要条件。

①通过降低能耗和排放、减少对环境的负面影响,企业能够为社会创造更多的

环境价值。这有助于提升企业的社会形象和品牌价值,增强消费者的认可和信任。

②绿色物流协同战略有助于提升企业的服务质量和竞争力。通过优化物流流程和提高运输效率,企业能够为客户提供更加快速、准确、可靠的物流服务。这有助于增强客户的满意度和忠诚度,提升企业在市场上的竞争优势。

③实施绿色物流协同战略也是企业实现经济效益与环保效益双赢的重要手段。通过提高资源利用效率和降低运营成本,企业能够实现经济效益的提升;同时,通过履行社会责任和推动绿色发展,企业也能够获得社会的认可和支持,为企业的长期发展奠定坚实基础。

综上所述,绿色物流协同是企业探索可持续发展的重要途径。通过引入先进的绿色物流技术和管理理念,企业能够降低物流运输过程中的能耗和排放,减少对环境的负面影响,实现经济效益与环保效益的双赢。这既是企业履行社会责任的具体体现,也是企业实现可持续发展的必要条件。

2. 优化服务流程:强化企业社会责任

在现代商业竞争中,优化服务流程不仅是提高企业内部运营效率的关键,更是企业强化社会责任、提升品牌形象的重要手段。特别是物流服务,作为连接企业与客户的桥梁,其服务质量和效率直接影响到客户的满意度和忠诚度。因此,通过优化服务质量管理流程,企业不仅能够提升物流服务的效率和准确性,降低客户投诉率,还能够强化自身的社会责任,实现经济效益与社会效益的双赢。

(1)优化服务流程可以提高物流服务的效率和准确性。企业可以通过引入先进的信息化技术和管理理念,对物流服务流程进行梳理和优化。例如,通过采用自动化、智能化的物流设备和系统,实现物流信息的实时跟踪和监控,提高物流操作的准确性和效率。同时,企业还可以加强内部沟通与协作,确保各个环节之间的衔接顺畅,减少不必要的等待和延误。这些措施的实施可以显著提升物流服务的效率和准确性,确保产品能够及时、准确地送达客户手中。

(2)优化服务流程可以降低客户投诉率。客户投诉是衡量企业服务质量的重要指标之一。当客户对物流服务不满意时,他们可能会选择投诉或转向其他竞争对手。因此,降低客户投诉率对于维护客户关系、提升客户满意度至关重要。通过优化服务流程,企业可以及时发现并解决物流服务中存在的问题和隐患,提高服务质量和客户满意度。此外,企业还可以通过建立完善的客户服务体系,提供及时、专业的售后服务,进一步降低客户投诉率。

(3)优化服务流程还是企业强化社会责任的重要途径。企业社会责任是指企业在追求经济效益的同时,积极履行对社会、环境、员工等方面的责任。在物流服务领域,优化服务流程不仅意味着提高服务质量和效率,还意味着减少对环境的影响、保障员工的安全与健康等方面。例如,通过采用环保包装材料、减少运输过程中的能耗和排放等措施,企业可以降低物流服务对环境的影响;同时,通过加强员工培训和安全防护措施,企业可以保障员工的安全与健康。这些措施的实施不仅体现了企业对社会的贡献和担当,也提升了企业的社会形象和品牌价值。

(4)优化服务流程还能够提高企业的经济效益。通过降低客户投诉率、提高客户满意度和忠诚度,企业可以稳定并扩大市场份额,增加销售收入和利润。同时,优化服务流程还可以减少不必要的浪费和损耗,降低运营成本,提高企业的盈利能力。这些经济效益的实现不仅为企业的发展提供了有力支持,也为企业更好地履行社会责任提供了物质基础。

综上所述,优化服务流程是企业强化社会责任的重要途径。通过提高物流服务的效率和准确性、降低客户投诉率等措施,企业不仅可以提升客户满意度和忠诚度,还可以履行对社会的责任和义务,实现经济效益与社会效益的双赢。因此,企业应该高度重视服务流程的优化工作,不断探索和创新服务模式和方法,为社会的可持续发展做出积极贡献。

3. 绿色物流提升品牌形象与声誉

绿色物流,作为现代物流体系的重要组成部分,其核心在于通过环保理念和技术手段,实现物流运输的低碳化、节能化和资源化。这种环保理念不仅有助于减少环境污染,降低能源消耗,同时也对提升企业的品牌形象和社会声誉起到了至关重要的作用。

(1)绿色物流的实施体现了企业的环保意识和责任感。在当今社会,环境问题日益严重,公众对于企业的环保行为给予了高度关注。企业积极推行绿色物流,采用环保包装、节能减排的运输方式等,能够向社会展示其对于环境保护的积极态度和行动。这种负责任的形象有助于提升企业在公众心中的地位,增加消费者的好感度和信任度。

(2)绿色物流有助于提升企业的服务质量和效率。在物流过程中,通过优化运输路线、采用先进的物流技术和设备,可以实现物流运输的高效化和准确化。这不仅提高了企业的运营效率,降低了运营成本,同时也为消费者提供了更加便捷、高效的服务体验。这种优质的服务质量能够为企业赢得更多消费者的青睐和认可,进一步巩固和提升企业的品牌形象。

(3)绿色物流还能够为企业赢得社会声誉。在市场竞争日益激烈的今天,企业的社会声誉对于其长期发展具有重要影响。企业推行绿色物流,不仅符合社会的环保要求,也有助于推动整个行业的可持续发展。这种积极的社会贡献能够为企业赢得社会的广泛认可和尊重,进一步提升企业的社会声誉。

综上所述,绿色物流运输与服务质量管理协同发展,不仅有助于企业实现环保目标,降低运营成本,提高运营效率,更能够显著提升企业的品牌形象和社会声誉。在日益激烈的市场竞争中,企业应当充分认识到绿色物流的重要性,积极推行绿色物流战略,为企业的长期发展奠定坚实的基础。

4.绿色物流强化企业社会责任

强化企业社会责任,对现代企业而言,早已超越了单纯的道德层面,成为了一种战略选择和发展需求。在全球化、信息化的今天,企业的运营不仅影响着股东和员工的利益,更与整个社会、环境息息相关。因此,积极履行社会责任,尤其是通过绿色物流来强化这一责任,成为了企业实现长期可持续发展的关键。

(1)绿色物流是企业社会责任在环保领域的具体体现。通过采用环保材料、节能设备以及优化运输路径等方式,绿色物流旨在减少物流活动对环境造成的负面影响。这种对环境的关注和保护,正是企业社会责任的重要组成部分。当企业积极履行这一责任时,不仅有助于改善环境质量,还能够向公众展示其对环境保护的承诺和行动,从而增强企业的社会认同感和信任度。

(2)绿色物流有助于提升企业的社会形象。随着消费者对环保和社会责任的关注度不断提高,那些积极履行社会责任的企业往往更能够赢得消费者的青睐。通过绿色物流,企业可以向消费者传递其注重环保、关注社会责任的积极形象,从而增强消费者对企业的好感度和忠诚度。这种良好的社会形象不仅有助于提升企业的市场竞争力,还能够为企业带来更多的商业机会和合作伙伴。

(3)绿色物流还能够推动企业的可持续发展。可持续发展强调经济、社会和环境三者之间的协调与平衡。通过绿色物流,企业可以在追求经济效益的同时,兼顾社会效益和环境效益,实现三者之间的共赢。这种可持续性的发展模式不仅有助于企业的长期稳定发展,还能够为整个社会和环境带来积极的影响。

绿色物流在强化企业社会责任方面发挥着重要的作用。通过绿色物流运输与服务质量管理协同发展,企业不仅能够提升环保水平和社会形象,还能够实现经济效益和社会效益的双赢。因此,企业应该充分认识到绿色物流的重要性,积极推行绿色物流战略,以强化自身的社会责任并推动企业的可持续发展。

综上所述,绿物流质效协同强化企业社会责任是企业实现可持续发展的关键途径。通过引入先进的绿色物流技术和管理理念,优化服务质量管理流程,企业能够降低能耗和排放、提高物流效率、降低客户投诉率,从而强化自身的社会责任并提升品牌形象和社会声誉。这将有助于企业在激烈的市场竞争中脱颖而出,实现长期稳定发展。

### 7.1.3　绿物流与质效协同,前景广阔潜力大

绿物流与质效协同,前景广阔潜力大,这一观点深入剖析了绿色物流运输与服务质量管理协同发展在未来所具有的巨大潜力和广阔前景。以下是对这一观点的详细讲解与具体分析。

1. 科技助力绿色物流高效发展

科技助力绿色物流高效发展,已经成为物流行业不可忽视的重要趋势。随着科技的飞速进步和创新,物联网技术、大数据分析等先进技术的应用为绿色物流运输提供了智能化、精细化的管理手段,极大地提升了物流效率和质量管理水平。

(1)物联网技术在绿色物流中的应用日益广泛。物联网技术通过传感器、RFID 等设备,实现对物流信息的实时监控和智能调度。这意味着从货物的生产、储存、运输到配送的每一个环节,都可以实现信息的实时更新和共享。这种信息的透明化不仅有助于企业更准确地掌握物流情况,还可以根据实时数据调整运输策略,优化资源配置,减少不必要的浪费。

(2)物联网技术还能实现物流设备的智能化管理。比如,智能仓库系统可以自动进行货物的识别、分类和储存,减少了人工操作的错误和遗漏,提高了仓库的利用率和管理效率。同时,智能运输设备可以实时监测运输过程中的温度、湿度等环境因素,确保货物的质量和安全。

(3)大数据分析在绿色物流中发挥着重要作用。通过对海量的物流数据进行深入挖掘和分析,企业可以发现潜在的问题和改进空间,为优化运输路线、提高服务质量提供有力支持。比如,利用大数据分析,企业可以对历史运输数据进行挖掘,发现运输过程中的瓶颈和浪费环节,进而调整运输策略,提高运输效率。同时,大数据还可以帮助企业预测未来的物流需求,提前做好资源储备和规划,避免资源短缺或浪费。

(4)大数据分析还可以实现个性化的物流服务。通过对客户的购买习惯、需求偏好等数据进行分析,企业可以为客户提供更加精准、个性化的物流服务,提高客户满意度和忠诚度。

综上所述,科技助力绿色物流高效发展的优势主要体现在两个方面:一是通过物联网技术实现物流信息的实时监控和智能调度,优化资源配置,减少浪费;二是通过大数据分析挖掘潜在问题,预测未来需求,提供个性化的物流服务。这些技术的应用不仅提高了物流效率和质量管理水平,还为企业的可持续发展奠定了坚实的基础。

然而,值得注意的是,虽然科技在推动绿色物流高效发展方面发挥了重要作

用,但实际应用中仍面临一些挑战,如技术成本较高、数据安全和隐私保护等问题。因此,企业在应用科技手段推动绿色物流发展的同时,还需要综合考虑技术成本、数据安全等因素,确保科技应用的实际效果和可持续性。

未来,随着科技的不断进步和创新,相信会有更多的先进技术应用于绿色物流领域,推动物流行业实现更加高效、环保、可持续的发展。

2. 市场需求驱动绿色物流发展

市场需求是驱动绿色物流发展的重要力量,特别是在当前消费者对环保和社会责任日益关注的背景下,绿色物流运输与服务质量管理协同发展的市场需求呈现出持续增长的趋势。以下是对此现象的详细讲解和具体分析。

(1)消费者环保意识的提高直接推动了绿色物流的发展。随着全球环境问题的日益严峻,消费者对环保的认识和重视程度不断提高。他们更倾向于选择那些在生产、运输、销售等各环节都注重环保和社会责任的企业和产品。这种消费偏好的变化,使得企业在物流运输过程中必须更加注重环保和可持续性,以满足消费者的需求。

(2)市场需求的变化促使企业加强绿色物流运输与服务质量管理。为了满足消费者对环保产品的需求,企业需要在物流运输过程中采用更加环保的方式,减少污染和浪费。同时,消费者对于服务质量的要求也在不断提高,这要求企业在保证物流效率的同时,还要注重提升服务质量,实现绿色物流运输与服务质量管理的协同发展。

(3)政策扶持也为绿色物流的发展提供了有力支持。为了推动环保产业的发展,政府出台了一系列扶持政策,包括资金补贴、税收优惠等,鼓励企业采用环保技术和设备,推动绿色物流运输的发展。这些政策的实施,不仅降低了企业绿色物流运输的成本,还提高了其市场竞争力。

市场需求驱动绿色物流发展的具体案例也屡见不鲜。例如,一些电商平台开始采用可循环使用的包装材料,减少一次性塑料的使用;一些物流企业则开始使用新能源车辆进行运输,减少碳排放。这些举措不仅符合消费者的环保需求,也为企业带来了良好的社会声誉和经济效益。

综上所述,市场需求是驱动绿色物流发展的重要力量。随着消费者对环保和社会责任的关注度不断提高,以及政策扶持的加强,绿色物流运输与服务质量管理协同发展的市场需求将持续增长。这将促使企业更加注重环保和可持续性,推动整个物流行业的绿色化发展。

3. 产业链协同促绿色物流发展

产业链协同在推动绿色物流发展方面扮演着至关重要的角色。这种协同不仅有助于促进产业链上下游的紧密合作和协同发展,还能通过共同研发和应用绿色物流技术,实现资源共享和优势互补,从而提高整个产业链的竞争力。以下是对此现象的详细讲解和具体分析。

(1)产业链协同有助于推动绿色物流技术的研发和应用。在产业链中,各个环节的企业都拥有各自的专业知识和技术资源。通过协同合作,这些企业可以共享彼此的技术和经验,共同投入研发绿色物流技术,以实现更高效的能源利用、更少的污染排放和更优化的物流流程。这种合作不仅可以加速绿色物流技术的创新和应用,还可以降低研发成本,提高技术应用的成功率。

(2)产业链协同能够实现资源共享和优势互补。在物流过程中,各个环节的企业需要不同的资源和能力来支持其运营。通过协同合作,企业可以共享仓储设施、运输工具、人力资源等,避免资源的浪费和重复建设。同时,企业之间还可以互相补充各自的优势和不足,实现优势互补,从而提高整个物流过程的效率和质量。

(3)产业链协同还有助于提高整个产业链的竞争力。通过协同合作,产业链中的各个环节可以更加紧密地联系在一起,形成一个有机的整体。这种整体性不仅有助于提升整个产业链的效率和响应速度,还可以增强产业链的稳定性和抗风险能力。在市场竞争日益激烈的今天,这种整体性优势将成为企业赢得市场份额和保持竞争优势的重要因素。

在具体实践中,产业链协同推动绿色物流发展的案例屡见不鲜。例如,一些大型电商平台通过与供应商、物流服务商等合作伙伴的协同合作,共同推广绿色包装、绿色运输等环保措施,实现了整个电商产业链的绿色发展。同时,一些物流企业也积极与生产商、销售商等合作伙伴开展协同合作,共同研发和应用绿色物流技术,推动整个产业链的可持续发展。

综上所述,产业链协同是推动绿色物流发展的重要途径之一。通过协同合作,企业可以共同推动绿色物流技术的研发和应用,实现资源共享和优势互补,从而提高整个产业链的竞争力。未来,随着环保意识的不断提高和绿色物流技术的不断创新,产业链协同将在推动绿色物流发展中发挥更加重要的作用。

4.绿色物流助力企业可持续发展

绿色物流助力企业可持续发展是一个多方面、深层次的议题。从可持续发展的视角来看,绿色物流运输与服务质量管理协同发展不仅是企业应对环保挑战和市场竞争的有效手段,更是实现经济效益、社会效益和环境效益协同发展的关键路径。

(1)绿色物流运输对于降低企业环境负面影响至关重要。传统物流活动中,如运输、仓储和包装等环节往往伴随着能源消耗、排放污染等问题,这不仅加剧了环境压力,也影响了企业的公众形象。而绿色物流通过采用环保材料、节能技术、智能调度等手段,有效减少了物流活动中的能耗和排放,实现了对环境的友好型发展。这种转变不仅有助于企业减少环境风险,还能提升其在社会责任方面的表现,从而增强企业的竞争力和市场认可度。

(2)绿色物流运输有助于提高企业资源利用效率。在物流过程中,资源的有效利用直接关系到企业的成本控制和效益提升。通过绿色物流技术的应用,企业可以优化运输路线、减少空驶率、提高装载率等,从而有效降低物流成本。同时,绿色物流还强调对废旧物资的回收再利用,通过循环经济的模式实现资源的最大化利用,进一步提升了企业的经济效益。

(3)服务质量管理在绿色物流中同样占据重要地位。优质的服务不仅能够提升客户满意度和忠诚度,还能为企业赢得良好的口碑和市场份额。在绿色物流的背景下,服务质量管理需要更加注重环保理念的融入和环保措施的落实。例如,企业可以通过提供环保包装、绿色运输方案等增值服务,满足消费者对环保产品的需求;同时,企业还可以加强对物流服务人员的培训和管理,确保他们在服务过程中能够充分贯彻绿色理念,提供高效、环保的物流服务。

绿色物流运输与服务质量管理协同发展是实现企业可持续发展的必然选择。通过推动绿色物流运输的发展和服务质量管理的优化,企业不仅能够降低对环境的负面影响、提高资源利用效率,还能提升客户满意度和忠诚度,实现经济效益和社会效益的双赢。在未来的发展中,企业应继续加大对绿色物流的投入和研发力度,推动绿色物流技术的不断创新和应用,为企业的可持续发展注入新的动力。

综上所述,绿物流与质效协同具有广阔的应用前景和巨大的潜力。随着科技的不断进步和市场需求的不断增长,企业可以通过应用先进技术和优化管理流程来推动绿色物流运输与服务质量管理协同发展,从而实现企业的可持续发展目标。这将有助于提升企业的品牌形象和社会声誉,增强企业的市场竞争力,为企业赢得更多的市场机遇和发展空间。

## 7.1.4　政策市场双驱动,绿物流质效共进

政策与市场双驱动,绿物流与质效共进,这一观点充分说明了绿色物流运输与服务质量管理协同发展的双重动力来源。以下是对这一观点的详细讲解与具体分析。

1.政策驱动下的绿色物流发展

政策驱动下的绿色物流发展是一个综合、系统的过程,涉及多个层面的政策引导、激励与规范。管理部门在推动绿色物流发展方面发挥了至关重要的作用,通过

制定一系列政策,为绿色物流的发展提供了有力的支持和保障。

(1)政策驱动下的绿色物流发展体现了国家对于绿色发展的战略考量。在全球环境问题日益突出、可持续发展成为共识的背景下,管理部门出台绿色物流政策,旨在引导企业转变传统的物流模式,推动物流行业向绿色、低碳、循环的方向发展。这不仅有助于减少物流活动对环境的影响,还能提升企业的经济效益和社会效益,实现经济发展与环境保护的双赢。

(2)政策驱动下的绿色物流发展注重发挥政策的激励作用。税收优惠是其中的重要手段之一。通过降低绿色物流相关企业和项目的税率,或给予一定的税收减免,管理部门能够直接减轻企业的经济负担,增加其开展绿色物流实践的积极性和动力。这种经济激励效应有助于推动更多的企业投身于绿色物流领域,加速绿色物流技术的研发和应用进程。

(3)管理部门还通过设立专项资金,为绿色物流项目提供资金支持。这些资金可以用于绿色物流技术的研发、示范项目的建设、设备的更新改造等方面,有效解决企业在实施绿色物流过程中面临的资金短缺问题。这种资金支持不仅有助于降低企业的投资风险,还能加快绿色物流技术的推广和应用速度。

除了经济激励外,管理部门还通过制定绿色物流标准和规范,引导企业开展绿色物流实践。这些标准和规范包括绿色包装、绿色运输、绿色仓储等方面的要求,旨在为企业提供明确的指导和规范,帮助企业更好地实施绿色物流策略。同时,管理部门还加强了对绿色物流的监管和评估,确保相关政策的有效执行和落地。

在政策驱动下的绿色物流发展中,管理部门还注重加强跨部门协作和国际合作。通过与环保、交通等相关部门的紧密合作,管理部门能够形成合力,共同推动绿色物流的发展。同时,通过加强与国际组织和其他国家的交流与合作,管理部门能够借鉴国际先进经验和技术,推动我国绿色物流水平不断提升。

综上所述,政策驱动下的绿色物流发展是一个全面、系统的过程,涉及多个层面的政策引导、激励与规范。通过发挥政策的激励作用、提供资金支持、制定标准和规范以及加强跨部门协作和国际合作等手段,管理部门能够有效推动绿色物流的发展,为企业的可持续发展注入新的动力。

2.市场推动下的绿色物流发展

市场推动下的绿色物流发展是一个持续演进的过程,它深受消费者偏好、市场需求以及企业竞争态势等多重因素的影响。以下是对这一过程的详细讲解和具体分析。

(1)消费者对于环保和社会责任的日益关注是推动绿色物流发展的重要力量。随着环保意识的普及和消费者教育水平的提高,越来越多的消费者倾向于选择那些具有环保理念和社会责任感的企业及其产品。这种偏好不仅体现在产品的选择上，也延伸到对物流服务的要求上。消费者希望看到企业在整个供应链中都能贯彻环保原则，包括使用环保材料、减少能源消耗和排放、优化运输路径等。

消费者的这种偏好和购买意愿为企业提供了强大的市场动力。为了迎合消费者的需求并赢得市场份额，企业不得不将绿色物流纳入其发展战略。这种市场动力促使企业不仅要在产品上创新，还要在物流运输和服务质量上进行绿色化改革。

(2)市场竞争也是推动绿色物流发展的重要因素。在激烈的市场竞争中，企业需要不断提高自身的服务质量和效率以赢得消费者的信任和忠诚。绿色物流作为一种新型的物流模式，可以帮助企业优化运输路径、降低能耗和排放，从而提高服务质量和效率。通过绿色物流，企业可以减少运输过程中的资源浪费和环境污染，提高运输效率和客户满意度。

(3)政策与市场的双重驱动为绿色物流的发展提供了有力保障。政府部门出台的一系列政策为绿色物流的发展提供了指导和支持，而市场需求的增长则为企业提供了广阔的市场空间。在政策与市场的共同作用下，企业有更大的动力去开展绿色物流实践，推动绿色物流运输与服务质量管理协同发展。

(4)需要注意的是，市场推动下的绿色物流发展是一个持续不断的过程。随着消费者对环保和社会责任的要求不断提高，以及市场竞争的不断加剧，企业需要不断调整和优化其绿色物流战略。这包括研发和应用更先进的绿色物流技术、加强绿色物流人才的培养和引进、深化与上下游企业的合作等方面。

市场推动下的绿色物流发展是一个多方共同作用的结果。消费者的偏好和购买意愿、市场竞争态势以及政策引导都为绿色物流的发展提供了强大的动力。企业需要抓住这些机遇，积极投身绿色物流实践，推动绿色物流运输与服务质量管理协同发展，为企业的可持续发展和社会的绿色转型作出积极贡献。

综上所述，通过实例的详细讲解和分析，我们可以看出绿色物流运输与服务质量管理协同发展的必要性和可行性。随着技术的不断进步和市场的不断发展，我们有理由相信这一协同发展模式将在未来得到更广泛的应用和推广，为物流行业的可持续发展注入新的活力。

# 7.2　协同发展的路径选择与策略构建

在协同发展的背景下,路径选择和策略构建是实现目标的关键步骤。以智能制造与物流行业的协同发展为例,我们可以详细讲解和分析其路径选择与策略构建的过程。

## 7.2.1　智能制造物流协同增效

智能制造与物流行业的协同增效,是一个基于双方优势互补和资源共享的战略选择。这种协同不仅有助于提升各自行业的竞争力,更能推动整个供应链的优化和升级。下面我们将从路径选择的角度,详细讲解与具体分析智能制造与物流行业的协同增效。

1. 智能制造与物流高效协同共赢

智能制造与物流高效协同共赢,是现代工业发展中一个至关重要的议题。这两者之间的紧密合作,不仅有助于提高生产效率、降低成本,还能提升整个供应链的响应速度和灵活性。下面将详细讲解并具体分析这一协同共赢的关系。

(1)智能制造以其高效、精准、自动化的生产方式,显著提升了制造业的生产效率和产品质量。通过引入先进的生产设备和智能系统,智能制造实现了生产过程的数字化、网络化和智能化。这意味着生产过程中的各个环节都可以被精准地控制和优化,从而减少了人为因素带来的误差和浪费。同时,智能制造还能通过数据分析来预测生产需求和趋势,为生产计划的制定提供有力支持。

(2)物流行业扮演着连接生产与销售的重要角色。它将产品从生产地准确地、快速地送达消费者手中,是确保供应链顺畅运转的关键环节。在智能制造的背景下,物流行业面临着更高的挑战和机遇。一方面,智能制造提高了生产效率,使得物流需求变得更加频繁和多样化;另一方面,智能制造也为物流行业提供了更多的技术创新和应用场景。

(3)为了实现智能制造与物流的高效协同,两者需要建立紧密的合作关系。这种合作关系可以基于共同的目标和利益,通过资源共享、信息互通和技术创新来推动双方业务的深度融合。具体来说,这种合作可以体现在以下几个方面:

①信息共享与协同规划:智能制造企业和物流企业可以共享生产计划和物流需求信息,共同制定协同规划。这有助于双方更准确地预测和应对市场需求变化,减少库存积压和运输成本。

②智能化物流解决方案的研发与应用：通过引入物联网、大数据、人工智能等先进技术，双方可以共同研发智能化物流解决方案。例如，利用物联网技术实现物流设备和产品的实时追踪与监控，确保货物在运输过程中的安全和可控；利用大数据技术对物流信息进行深度挖掘和分析，预测市场需求和物流趋势，为生产计划和物流调度提供科学依据。

③资源优化与共享：智能制造企业可以利用物流企业的运输网络和仓储资源，实现生产原料和产品的快速、准确配送。同时，物流企业也可以借助智能制造企业的生产能力和技术优势，提高物流服务的效率和质量。

④共同创新与人才培养：双方可以共同开展技术创新和人才培养活动，推动智能制造与物流行业的持续发展。例如，通过设立联合研发中心或实验室，共同开展新技术的研究和应用；通过举办培训班或研讨会，培养具备跨领域知识和技能的人才。

总之，智能制造与物流的高效协同共赢是工业发展的必然趋势。通过建立紧密的合作关系、实现信息共享与协同规划、研发与应用智能化物流解决方案、优化与共享资源以及共同创新与人才培养等措施，双方可以实现互利共赢，推动整个工业领域的持续发展。

2. AI 助力物流智能化提效降本

AI 技术在物流领域的应用为物流智能化提效降本提供了强大的支持。下面将详细讲解并具体分析 AI 如何助力物流实现智能化、提效和降本。

（1）物流信息智能处理

AI 技术可以实现对物流信息的智能处理，从而大大提高处理速度和准确性。例如，利用自然语言处理技术，AI 可以解析和识别来自各种渠道的物流信息，如订单、发货单、运输单据等。这大大减少了人工处理的时间和错误率，提高了信息处理的效率。

此外，AI 还可以通过机器学习算法对大量物流数据进行分析和挖掘，提取出有价值的信息和规律。这些信息可以帮助企业更好地了解物流运作情况，发现潜在的问题和机会，为决策提供有力支持。

（2）预测与优化

机器学习算法在物流领域的应用尤为突出，它们可以对物流数据进行预测和优化，从而提高物流效率和降低成本。

在需求预测方面，机器学习模型可以基于历史销售数据、市场趋势、消费者行为等多维度信息，对未来的物流需求进行精准预测。这有助于企业提前规划运输资源、调整库存水平，避免资源浪费和短缺现象，实现成本的优化控制。

在路径优化方面,AI技术可以根据实时交通信息、货物特性、车辆状况等因素,为运输车辆规划出最优的行驶路线。这不仅可以减少运输时间和成本,还可以降低车辆的能耗和排放,实现绿色物流。

(3)智能调度系统

智能调度系统是AI在物流领域应用的另一个重要方面。通过引入AI技术,调度系统可以实现运输资源的优化配置,提高运输效率和减少空驶率。

具体来说,智能调度系统可以根据实时的物流需求和运输资源信息,自动匹配最适合的运输车辆和司机,实现运输任务的智能分配。同时,系统还可以根据实时交通情况和货物状态,对运输过程进行实时监控和调整,确保运输任务的顺利完成。

此外,智能调度系统还可以与仓储、配送等环节进行无缝对接,实现整个物流链条的协同优化。通过数据共享和协同决策,各环节之间的衔接更加紧密,物流运作更加高效顺畅。

(4)成本降低与效益提升

通过上述AI技术的应用,物流企业在多个方面实现了成本的降低和效益的提升。

首先,智能信息处理减少了人工参与,降低了人工成本。同时,预测与优化减少了资源浪费和短缺现象,降低了库存成本和运输成本。

其次,智能调度系统提高了运输效率,减少了空驶率和等待时间,进一步降低了运输成本。此外,通过优化路径和减少不必要的停留,还降低了车辆的能耗和排放成本。

最后,AI技术的应用提升了客户满意度。通过提供更准确、更及时的物流服务,企业赢得了客户的信任和忠诚,从而增加了市场份额和收益。

综上所述,AI技术在物流领域的应用为物流智能化提效降本提供了强大的支持。通过智能信息处理、预测与优化、智能调度系统等方面的应用,物流企业可以实现更高效、更经济、更绿色的物流运作。

3. 智企共建智能仓储,提效降本增准度

智企共建智能仓储系统,旨在通过引入自动化设备和智能管理系统,实现货物的自动化存储、分拣和配送,进而达到提效降本增准度的目标。下面将详细讲解并具体分析智能仓储系统的优势以及智企共建智能仓储系统的意义。

(1)智能仓储系统的优势

①提高仓储效率:智能仓储系统通过自动化设备和智能算法,实现货物的快速、准确存储和分拣。与传统的人工操作相比,自动化设备能够连续不断地进行工

作,且不受时间和体力限制,大大提高了仓储作业的效率。

②降低人力成本:智能仓储系统的引入,使得大部分重复性、繁琐性的工作得以由机器替代。这不仅降低了企业的人力成本,还缓解了劳动力短缺的问题,使得企业能够更加专注于核心业务的发展。

③提高作业准确性:智能仓储系统通过精确的传感器和智能算法,实现对货物的精确识别、定位和跟踪。这大大降低了人为因素导致的错误率,提高了作业的准确性。

(2)智企共建智能仓储系统的意义

①资源共享与优势互补:智能制造企业与物流企业共同建设智能仓储系统,可以实现资源共享和优势互补。制造企业可以提供仓库场地和货物信息,而物流企业则可以提供先进的自动化设备和智能管理系统,共同打造高效、智能的仓储系统。

②优化物流链条:智能仓储系统作为物流链条的重要环节,其建设有助于优化整个物流过程。通过实现货物的自动化存储、分拣和配送,可以减少物流过程中的中转环节和时间,提高物流效率,降低物流成本。

③提升客户满意度:智能仓储系统能够快速、准确地处理货物,缩短客户等待时间,提高客户满意度。同时,智能系统还可以实现货物信息的实时跟踪和查询,为客户提供更加便捷的服务体验。

(3)智企共建智能仓储系统的案例分析

以某智能制造企业为例,该企业通过与物流企业合作,共同建设了智能仓储系统。该系统采用了先进的自动化设备和智能管理系统,实现了货物的自动化存储、分拣和配送。通过引入智能仓储系统,该企业的仓储效率得到了显著提升,人力成本大幅降低,作业准确性也得到了极大提高。同时,智能仓储系统的建设还带动了该企业物流链条的优化,提高了整体物流效率,降低了物流成本。

智企共建智能仓储系统对于提高仓储效率、降低人力成本、提高作业准确性具有重要意义。通过实现货物的自动化存储、分拣和配送,智能仓储系统能够优化物流链条,提升客户满意度,为企业创造更大的价值。

综上所述,智能制造与物流行业的协同增效是一个具有战略意义的选择。通过路径选择上的紧密合作和资源共享,双方可以实现生产与销售的无缝对接,提高整体效率并降低成本。这种协同增效不仅有助于提升各自行业的竞争力,更能推动整个供应链的优化和升级,为消费者提供更加高效、便捷的服务体验。

## 7.2.2　智造物流协同创新

策略构建是协同发展的关键。在智能制造与物流行业的协同发展中,策略构建需要注重以下几个方面:

1. 制定明确的协同发展目标

制定明确的协同发展目标,是智能制造企业与物流企业在开展深度合作时的重要一环。这一环节不仅有助于双方明确合作方向,还能确保合作过程中的各项措施和行动都是围绕共同的目标展开的。下面将详细讲解并具体分析制定明确的协同发展目标的重要性及其具体操作。

(1)制定明确的协同发展目标的重要性

①明确合作方向:明确的协同发展目标为双方合作提供了清晰的方向指引。这有助于双方企业避免在合作过程中出现方向偏离或目标不一致的情况,确保合作能够顺利进行。

②提高合作效率:有了明确的目标,双方可以更有针对性地制定协同策略,优化资源配置,提高合作效率。这有助于减少合作过程中的浪费和不必要的摩擦,推动合作项目更快落地。

③增强合作信心:明确的协同发展目标能够增强双方企业对合作的信心和期望。这有助于双方企业更加积极地投入合作,共同推动合作项目的发展。

(2)如何制定明确的协同发展目标

①深入了解双方需求:在制定协同发展目标之前,双方企业需要深入了解彼此的需求和优势。这有助于双方企业发现合作的可能性,找到合作的共同点,为制定协同发展目标提供有力支撑。

②分析市场环境:双方企业还需要对市场环境进行深入分析,了解行业发展趋势、竞争对手情况以及潜在的市场机遇。这有助于双方企业更加准确地把握市场脉搏,制定符合市场需求的协同发展目标。

③确定具体目标:在深入了解双方需求和市场环境的基础上,双方企业需要确定具体的协同发展目标。这些目标应该具有可衡量性、可达成性和相关性,以便双方企业在合作过程中能够明确方向、量化成果。

④制定实施计划:确定了协同发展目标之后,双方企业需要制定具体的实施计划。这包括明确各项任务的分工、时间安排、资源投入等方面的内容。通过制定实施计划,双方企业可以确保合作过程中的各项工作能够有序进行。

(3)案例分析

以某智能制造企业与某物流企业的合作为例,双方在合作初期就制定了明确的协同发展目标,即提高生产效率、降低物流成本、提升服务质量。为了实现这些目标,双方企业共同分析了市场需求和竞争态势,确定了具体的合作内容和实施计划。通过共同努力,双方企业在合作过程中取得了显著的成果,不仅提高了生产效率、降低了物流成本,还提升了服务质量,赢得了客户的认可和好评。

综上所述,制定明确的协同发展目标对于智能制造企业与物流企业的合作至关重要。双方企业需要深入了解彼此需求和市场环境,确定具体的协同发展目标,并制定相应的实施计划。通过共同努力和密切配合,双方企业可以实现互利共赢的合作成果。

2. 建立有效的沟通机制

建立有效的沟通机制是确保智能制造企业与物流企业协同发展顺利进行的关键环节。这一机制旨在促进双方企业之间的信息交流、经验分享和问题解决,从而加强合作,提升整体运营效率和协同效果。下面将详细讲解并具体分析建立有效沟通机制的重要性及其实际操作。

(1)建立有效沟通机制的重要性

①促进信息共享:有效的沟通机制能够确保双方企业及时共享关键信息,包括市场需求、生产计划、物流状况等。这有助于双方企业更加准确地把握市场动态,优化资源配置,提高决策效率。

②加强经验交流:通过沟通机制,双方企业可以分享各自在智能制造和物流管理方面的经验和做法。这不仅有助于双方企业相互学习、相互借鉴,还能激发创新思维,推动合作项目的持续改进和升级。

③快速解决问题:有效的沟通机制能够帮助双方企业及时发现合作过程中出现的问题,并通过协商和讨论找到解决方案。这有助于减少合作中的摩擦和障碍,确保合作项目能够顺利进行。

(2)如何建立有效的沟通机制

①确定沟通频率和方式:双方企业需要根据合作项目的实际情况和需求,确定合适的沟通频率和方式。这可以包括定期召开会议、建立信息共享平台、使用即时通讯工具等。确保双方企业能够保持紧密的联系和沟通。

②明确沟通内容和重点:双方企业需要明确沟通的内容和重点,确保每次沟通都能够聚焦关键问题,提高沟通效率。在沟通时,双方可以围绕合作项目的进展情况、存在的问题、解决方案等方面进行深入交流和讨论。

③建立反馈机制:有效的沟通机制需要建立反馈机制,确保双方企业能够及时了解对方的意见和建议。这有助于双方企业不断改进和优化合作方式,提升协同效果。

④培养团队意识和合作精神：建立有效的沟通机制还需要双方企业培养团队意识和合作精神。双方企业可以加强人员交流和培训，提高员工的合作意识和能力，促进双方企业之间的深度融合和协同发展。

（3）案例分析

以某智能制造企业与某物流企业的合作为例，双方建立了有效的沟通机制，包括定期召开项目进展会议、建立信息共享平台等。通过这一机制，双方企业能够及时分享信息、交流经验、解决问题，确保合作项目的顺利进行。在合作过程中，双方企业不仅提高了生产效率、降低了物流成本，还建立了长期稳定的合作关系，实现了互利共赢。

综上所述，建立有效的沟通机制对于智能制造企业与物流企业的协同发展至关重要。双方企业需要确定合适的沟通频率和方式，明确沟通内容和重点，建立反馈机制，并培养团队意识和合作精神。通过这一机制，双方企业可以加强合作，提升整体运营效率和协同效果，实现共同发展。

3. 加强技术创新与人才培养

加强技术创新与人才培养是智能制造与物流行业协同发展的关键环节，这关系到合作双方能否在激烈的市场竞争中保持领先，提升整体运营效率和协同效果。下面将详细讲解并具体分析这两个方面的重要性及其在实际案例中的应用。

（1）技术创新的重要性及案例分析

技术创新是推动智能制造与物流行业协同发展的关键动力。通过技术创新，双方企业可以优化生产流程、提高物流效率、降低成本，从而增强市场竞争力。

以某智能制造企业为例，该企业通过与一家知名物流企业合作，共同开展智能化物流项目。双方共同研发了一套智能仓储系统，利用先进的传感器、物联网和自动化技术，实现了货物的自动化存储、分拣和配送。这一技术创新不仅大幅提升了物流效率，还降低了人力成本，减少了人为错误。

此外，双方还利用大数据分析技术对物流过程进行实时监控和优化。通过对海量数据的收集、分析和挖掘，双方能够精准地预测物流需求、优化配送路径、提高车辆利用率，进一步降低物流成本，提升服务质量。

（2）人才培养的重要性及案例分析

人才是技术创新和协同发展的核心力量。双方企业需要共同投入资源进行人才培养，打造一支具备专业技能和创新精神的人才队伍，为协同发展提供有力的人才保障。

在上述案例中，该智能制造企业与物流企业不仅注重技术研发，还积极开展人才培养工作。双方通过联合举办培训班、开展技能竞赛等方式，提升员工的专业技能和综合素质。同时,双方还建立了人才交流机制,鼓励员工相互学习、相互借鉴,共同提升创新能力。

通过人才培养,双方企业不仅提高了员工的业务能力和工作效率,还激发了员工的创新精神和团队合作意识。这使得双方能够在技术创新和协同发展过程中不断取得新的突破和成果。

(3)综合分析

通过加强技术创新与人才培养,智能制造企业与物流企业能够实现更加紧密的协同发展。技术创新能够推动双方不断优化生产流程、提高物流效率、降低成本,从而增强市场竞争力;而人才培养则能够为双方提供有力的人才保障,推动技术创新和协同发展不断向前发展。

在上述案例中,该智能制造企业与物流企业通过共同开展智能化物流项目,实现了技术创新和人才培养的双赢。这不仅提升了双方的核心竞争力,还促进了整个智能制造与物流行业的健康发展。

因此,对于其他智能制造企业和物流企业而言,加强技术创新与人才培养同样具有重要意义。双方应该积极寻求合作机会,共同投入资源进行技术研发和人才培养,以推动整个行业的协同发展。

综上所述,通过实例的详细讲解和分析,我们可以看出智能制造与物流行业在协同发展过程中需要进行路径选择和策略构建。只有选择合适的路径和构建有效的策略,才能实现双方的优势互补和资源共享,推动整个行业的持续发展。

# 7.3 协同发展的政策支持与保障措施

协同发展的顺利实施离不开政策支持与保障措施的有力支持。以京津冀地区为例,我们可以详细讲解和分析其在协同发展过程中所采取的政策支持与保障措施。

## 7.3.1 京津冀协同政策强化

京津冀协同政策强化是一个多维度、多层次的战略举措,旨在推动这一重要经济区域的协同发展,实现资源共享、优势互补、互利共赢的局面。下面将详细讲解与具体分析京津冀协同政策强化的多个方面。

1. 中央层面的政策支持与规划引领

中央层面的政策支持与规划引领在京津冀协同发展中具有举足轻重的地位。

国家管理部门通过制定和实施一系列政策文件和规划纲要,为京津冀地区的协同发展提供了清晰的战略定位和明确的发展目标,同时也为区域合作与协同提供了有力的政策保障。

(1)从战略定位的角度来看,国家层面的政策支持为京津冀协同发展明确了方向。京津冀地区作为我国的重要经济区域,其协同发展的战略定位是打造世界级城市群,成为引领全国高质量发展的重要引擎。这一战略定位不仅凸显了京津冀地区在国家发展大局中的重要地位,也为区域协同发展提供了明确的指引。

(2)从发展目标来看,中央层面的规划引领为京津冀协同发展设定了具体且可量化的指标。这些目标涵盖了经济发展、社会进步、生态环境保护等多个方面,旨在实现区域全面、协调、可持续发展。通过设定这些目标,国家管理部门为京津冀地区的发展提供了明确的路径和预期成果,有助于激发各方的积极性和创造力。

(3)在重点任务方面,中央层面的政策支持与规划引领也发挥了重要作用。国家管理部门明确了京津冀协同发展的重点任务和优先领域,如加强产业协同、优化交通布局、推动生态环境保护等。这些重点任务的实施,有助于推动京津冀地区在关键领域取得突破性进展,加快区域协同发展的步伐。

(4)中央层面的政策支持还为京津冀协同发展提供了具体的政策措施和实施路径。这些政策措施包括财政支持、税收优惠、项目审批等方面的优惠政策,旨在降低企业成本、激发市场活力,推动区域协同发展。实施路径则明确了各项任务的具体执行部门和时间节点,确保了政策的有效落地和执行。

综上所述,中央层面的政策支持与规划引领在京津冀协同发展中发挥了关键作用。通过制定和实施一系列政策文件和规划纲要,国家管理部门为京津冀地区的协同发展提供了明确的战略定位、发展目标、重点任务和政策措施,为区域合作与协同提供了有力的政策保障。这有助于推动京津冀地区实现更高质量、更可持续的发展,为我国的现代化建设作出重要贡献。

2. 地方层面的政策落实与具体措施

在推动京津冀协同发展的过程中,地方层面的政策落实与具体措施起着至关重要的作用。在中央政策的宏观指导下,京津冀三地的地方管理部门结合各自实际,制定并实施了一系列具有针对性和可操作性的政策措施,这些措施涉及产业合作、交通一体化、生态环境保护等多个关键领域。

(1)在产业合作方面,地方层面的政策落实注重加强区域间的产业协同与互补。以北京市为例,它积极与河北、天津等地开展产业对接与合作,推动产业链的优化和升级。通过共享资源、互通有无,京津冀三地实现了产业的错位发展,避免了恶性竞争,提高了整体产业竞争力。同时,地方政府还通过政策引导,鼓励企业加强跨地区合作,推动形成了一批具有区域特色的产业集群。

(2)在交通一体化方面,地方层面的政策措施致力于提升区域交通的便捷性和效率。北京市加强与周边地区的交通联系和合作,推动区域交通网络的互联互通。通过优化交通布局、提升交通设施水平、加强交通管理等方式,京津冀地区的交通状况得到了显著改善。这不仅方便了人民群众的出行,也为区域经济的协同发展提供了有力支撑。

(3)在生态环境保护方面,地方层面的政策措施注重加强与周边地区的合作,共同推进区域生态环境的改善和治理。北京市通过实施严格的环保标准、加强污染治理、推动绿色发展等方式,为京津冀地区的生态环境保护做出了积极贡献。同时,三地还共同开展了生态补偿、环境治理等合作项目,实现了生态环境的共建共治共享。

这些政策措施的实施效果是显著的。它们不仅推动了京津冀地区的协同发展,还提升了整个区域的综合竞争力和可持续发展能力。通过加强产业合作、推动交通一体化、改善生态环境等措施,京津冀地区正在逐步形成一个经济繁荣、交通便捷、生态宜居的世界级城市群。

然而,也需要注意的是,地方层面的政策落实与具体措施仍需进一步完善和优化。未来,京津冀三地应继续加强沟通与协作,共同研究制定更加精准有效的政策措施,以推动京津冀协同发展不断取得新的更大成果。

3. 政策强化带来的成效与影响

京津冀协同政策的强化带来的成效与影响可以从多个方面进行深入探讨。以下是对这一问题的详细讲解与具体分析:

(1)产业协同发展的显著成效

京津冀协同政策的强化,首先体现在对产业协同发展的有力推动上。通过政策引导,三地的产业合作得到了显著加强,形成了一批具有竞争力的产业集群。这种协同发展模式,使得京津冀地区的产业结构得到了优化和升级,产业链更加完善,实现了资源的优化配置和高效利用。

具体来说,北京市在高端制造业、现代服务业等领域具有明显优势,而河北省和天津市则在制造业、农业等领域具有较为丰富的资源和产业基础。通过政策强化,三地得以充分发挥各自的优势,实现产业的错位发展,避免了恶性竞争,提高了整体产业竞争力。

(2)交通网络优化的积极影响

京津冀协同政策的强化还体现在对交通网络的优化和完善上。通过加强交通基础设施建设,推动交通一体化进程,京津冀地区的交通网络得到了显著提升。这不仅提高了区域交通的便捷性和效率,也为区域经济的协同发展提供了有力支撑。

例如,京津冀地区的高速公路、铁路等交通干线得到了进一步完善,形成了较为完善的交通网络。同时,随着区域交通一体化的深入推进,三地之间的交通联系更加紧密,实现了互联互通。这种交通网络的优化和完善,不仅方便了人民群众的出行,也为区域经济的协同发展提供了重要保障。

(3)生态环境保护的积极成果

京津冀协同政策的强化还带来了生态环境保护的积极成果。通过加强生态环境保护合作,推动绿色发展,京津冀地区的生态环境质量得到了显著改善。

在政策推动下,三地共同开展了大气污染治理、水环境治理等合作项目,取得了显著成效。同时,通过推动绿色发展,加强生态文明建设,京津冀地区的生态环境质量得到了进一步提升。这不仅为人民群众提供了更好的生活环境,也为区域经济的可持续发展提供了重要保障。

(4)面临的挑战与未来展望

尽管京津冀协同政策的强化带来了显著的成效和影响,但我们也应看到,区域协同发展仍面临一些挑战和问题。例如,区域发展不平衡、产业结构调整难度大等问题仍然存在。因此,未来还需要继续加强政策支持和协调,推动京津冀地区实现更高水平、更深层次的协同发展。

同时,我们还应关注到新的发展趋势和机遇。例如,随着数字经济的快速发展,京津冀地区可以加强在数字经济领域的合作,推动数字产业化和产业数字化进程。此外,随着全球环保意识的不断提高,京津冀地区也可以加强在绿色经济、循环经济等领域的合作,推动区域经济的绿色转型。

京津冀协同政策的强化带来了显著的成效和影响,推动了区域的产业协同发展、交通网络优化和生态环境保护。然而,也需要关注到存在的挑战和问题,并积极寻求解决方案和新的发展机遇。通过不断努力和创新,京津冀地区有望实现更高水平、更深层次的协同发展。

综上所述,京津冀协同政策强化是推动区域协同发展的重要举措,具有深远的意义和影响。未来,随着政策的不断完善和落实,京津冀地区将迎来更加广阔的发展空间和更加美好的未来。

## 7.3.2 协同保障措施到位

保障措施是确保协同发展顺利进行的重要手段。在京津冀协同发展的过程中,各地政府采取了一系列保障措施,以确保协同发展的顺利实施。

1.加强组织领导

加强组织领导在京津冀协同发展中起到了至关重要的作用。京津冀三地通过建立协同发展的工作机制,并成立专门的领导小组和工作机构,为协同发展的规划、协调和推进工作提供了坚实的组织保障。以下是对加强组织领导的详细讲解和具体分析。

(1)组织领导的必要性与意义

京津冀协同发展是一项复杂而庞大的系统工程,涉及产业、交通、生态、文化等多个领域,需要三地政府、企业和社会各界的共同努力和协作。加强组织领导,能够确保协同发展的目标和方向明确,政策措施得到有效执行,避免出现各自为政、重复建设等问题,从而实现资源的优化配置和效益最大化。

(2)京津冀协同发展的组织领导架构

京津冀三地建立了协同发展的组织领导架构,主要包括领导小组和工作机构两个层面。领导小组通常由三地政府的主要领导担任组长,相关部门负责人担任成员,负责统筹协调三地协同发展的重大问题。工作机构则负责具体执行领导小组的决策,推动各项政策措施的落实。

(3)组织领导的具体作用与成效

①统筹规划与协调:领导小组和工作机构能够统筹考虑京津冀三地的资源禀赋、产业特点和发展需求,制定科学合理的协同发展规划,并协调解决规划实施过程中的重大问题。这有助于避免三地之间的无序竞争和资源浪费,实现优势互补和互利共赢。

②推动政策落实:通过加强组织领导,可以确保各项协同发展政策得到有效执行。领导小组和工作机构能够监督政策落实情况,及时发现和解决政策执行过程中的问题,确保政策目标的实现。

③促进信息沟通与共享:加强组织领导有助于促进京津冀三地之间的信息沟通与共享。领导小组和工作机构可以建立信息共享机制,推动三地之间在政策、产业、技术等方面的交流合作,提高协同发展的效率和水平。

(4)面临的挑战与未来展望

虽然加强组织领导在京津冀协同发展中取得了显著成效,但仍面临一些挑战。例如,如何进一步完善组织领导机制,提高决策效率和执行力;如何加强三地之间的沟通与协作,形成更加紧密的协同发展关系等。

未来,随着京津冀协同发展的不断深入,需要进一步加强组织领导,完善工作机制,推动协同发展向更高层次、更广领域拓展。同时,还应注重发挥市场机制和社会力量的作用,形成政府引导、市场主导、社会参与的协同发展新格局。

综上所述,加强组织领导是京津冀协同发展的关键所在。通过建立完善的组织领导架构和工作机制,可以确保协同发展的顺利进行和取得实效。未来,应继续加强组织领导,推动京津冀协同发展不断迈上新台阶。

2. 优化营商环境

京津冀地区在优化营商环境方面做出了显著的努力,通过简化审批程序、降低企业成本和提高行政效率,为企业在区域内的合作与发展提供了良好的环境。下面将详细讲解并具体分析这些举措。

(1)简化审批程序是优化营商环境的关键一环。京津冀三地通过推动商事制度改革,实现了企业开办、变更、注销等流程的简化。例如,通过实行"一网通办"、"证照分离"等措施,大大减少了企业办理相关手续的时间和成本。此外,三地还建立了政务服务"同事同标"机制,实现了政务服务事项的标准统一和流程互认,进一步提高了审批效率。

(2)降低企业成本是优化营商环境的另一重要方面。京津冀地区通过降低税费负担、优化能源供应、减少物流成本等方式,有效降低了企业的经营成本。同时,三地还加强了基础设施建设,提高了区域内的交通、通信等基础设施水平,为企业的发展提供了更好的条件。

(3)提高行政效率也是优化营商环境的重要举措。京津冀地区通过推进政府数字化转型,实现了政务服务事项的在线办理和"最多跑一次"的目标。同时,三地还建立了联合执法机制,加强了对市场主体的监管力度,确保了市场的公平竞争和秩序稳定。

在加强市场监管方面,京津冀三地建立了协同监管机制,共同打击市场违法行为。通过加强信息共享和联合执法,有效维护了公平竞争的市场秩序。此外,三地还积极推动公平竞争审查制度的全覆盖,防止出台排除、限制市场竞争的政策措施,为企业提供了更加公平的市场环境。

综上所述,京津冀地区在优化营商环境方面取得了显著的成效。通过简化审批程序、降低企业成本、提高行政效率以及加强市场监管等措施,为企业在区域内的合作与发展提供了良好的环境。这些举措不仅有助于吸引更多的企业来京津冀地区投资兴业,也将推动区域经济的持续健康发展。

3. 加强资金保障

京津冀地区在加强资金保障方面做出了显著的努力,设立了协同发展专项资金,并鼓励社会资本和金融机构参与协同发展的资金筹措。这种资金保障机制的建立,为区域内的重点项目和合作平台提供了稳定的资金支持,推动了京津冀协同发展的进程。

（1）设立协同发展专项资金是加强资金保障的重要举措。这笔资金专门用于支持京津冀地区内的重点项目和合作平台建设，能够确保这些项目得到必要的资金支持，推动其顺利实施。通过专项资金的投入，可以促进京津冀地区的产业结构调整、科技创新、基础设施建设等方面的协同发展。

（2）鼓励社会资本参与协同发展也是加强资金保障的重要方面。社会资本具有灵活性和创新性，能够弥补政府资金的不足，为协同发展提供更多的资金来源。通过引导社会资本参与协同发展的项目，可以激发市场活力，推动形成多元化的投资格局。

（3）引导金融机构加大对协同发展项目的信贷支持也是加强资金保障的关键环节。金融机构在资金筹措和配置方面具有专业性和规模性优势，可以为协同发展项目提供稳定、长期的资金支持。通过加强与金融机构的合作，可以降低协同发展项目的融资成本，提高资金的使用效率。

以北京市某智能制造企业为例，该企业通过与河北省和天津市的合作伙伴共同开展研发和生产活动，实现了资源共享和优势互补。在政策支持方面，三地管理部门为该企业提供了税收减免、资金扶持等优惠政策，这些优惠政策的实施得益于协同发展专项资金的支持。通过税收优惠和资金扶持，企业的运营成本得到了降低，从而提高了其市场竞争力。

在保障措施方面，三地管理部门加强了交通、环保等领域的合作，为企业提供了良好的生产环境和发展空间。这些合作举措的实施，也离不开资金保障的支持。通过改善交通条件和提升环保水平，为企业创造了更加有利的发展环境，促进了企业的可持续发展。

综上所述，京津冀地区在协同发展过程中采取了多种政策支持与保障措施，为区域内的合作与发展提供了有力的支持。这些政策措施的实施，不仅推动了京津冀地区的协同发展，也为其他地区的协同发展提供了有益的借鉴和参考。

# 第8章　研究结论与展望

在深入剖析了协同发展的政策支持与保障措施后,我们即将迎来本研究的终点,同时也是新的起点。在这一章中,我们将对前文的探讨进行总结,提炼出核心的研究结论与主要贡献,并坦诚地指出研究中存在的局限,以及对未来研究的展望。更重要的是,我们将基于这些研究发现,为实践中的协同发展提供具体的建议与启示,以期能够为我国乃至全球的协同发展战略贡献一份绵薄之力。

## 8.1　协同发展的政策支持与保障措施

### 8.1.1　协同保障促发展

协同保障促发展是京津冀协同发展的重要一环,它涉及到政策、资金、人才、技术等多方面的支持与保障,旨在推动区域合作与发展,实现资源共享、优势互补、互利共赢的目标。下面将详细讲解与具体分析协同保障在京津冀协同发展中的重要作用及其实践成效。

1.政策引领京津冀协同发展

政策引领在京津冀协同发展中发挥着至关重要的作用,它是协同保障的核心,为整个协同进程提供了方向性指导和有力保障。下面,我们将从中央层面的战略规划和地方层面的具体政策措施两个方面进行详细讲解和具体分析。

(1)中央层面的战略规划为京津冀协同发展指明了方向。中央管理部门通过制定发展规划纲要等文件,明确了京津冀协同发展的战略定位、发展目标和重点任务。这些战略规划不仅强调了京津冀地区作为一个整体协同发展的重要性,还提出了具体的协同发展路径和措施。例如,强调以疏解非首都核心功能、解决北京"大城市病"为基本出发点,调整优化城市布局和空间结构,推进产业升级转移等。这些战略规划的制定,为京津冀协同发展的深入推进提供了明确的指导和支持。

(2)地方层面的具体政策措施为京津冀协同发展的实施提供了有力保障。京津冀三地的地方管理部门积极响应中央政策,结合各自地区的实际情况,制定了一系列具体的政策措施。这些政策措施涵盖了产业协同发展、交通一体化、生态环境保护等多个方面。例如,在产业协同发展方面,三地加强了工业和信息化主管部门的沟通协作,推动产业链供应链的优化升级;在交通一体化方面,加强了交通基础设施的互联互通,提升了区域交通的便捷性和高效性;在生态环境保护方面,共同推进了大气污染治理、水资源保护等工作,提升了区域生态环境的整体质量。

这些政策措施的制定和实施,不仅促进了京津冀三地之间的资源共享和优势互补,还推动了整个区域的协调发展。通过政策引领,京津冀地区在经济发展、城市建设、社会事业等各个领域都取得了显著的成效。同时,这些政策措施还不断根据协同发展的实际情况进行调整和优化,以适应新的形势和发展需求。

总之,政策引领在京津冀协同发展中发挥着至关重要的作用。中央层面的战略规划和地方层面的具体政策措施共同构成了京津冀协同发展的政策支持体系,为整个协同进程提供了有力的保障和推动。未来,随着政策的不断完善和优化,京津冀协同发展的步伐将更加坚实有力,为推动区域协调发展、促进经济社会全面进步发挥更大的作用。

2.资金支撑助力京津冀协同发展

资金支撑在京津冀协同发展中起到了至关重要的作用,它是协同发展的重要支撑,确保了各项发展任务的顺利实施。下面,我们将详细讲解并具体分析资金支撑如何助力京津冀协同发展。

(1)资金支撑确保了基础设施建设的顺利进行。京津冀协同发展需要构建高效便捷的综合交通体系,提升区域互联互通水平。这涉及到铁路、公路、航空、港口等多个交通领域的基础设施建设。资金保障使得这些项目能够有足够的资金支持,得以顺利进行。例如,京津冀地区的高速公路网、城际铁路网等基础设施的不断完善,都离不开资金的大力支持。

(2)资金支撑促进了产业升级转移和区域协调发展。京津冀地区的产业结构存在差异,需要通过协同发展实现优势互补和错位发展。资金保障使得企业能够顺利进行技术改造和产业升级,推动传统产业向高端化、智能化、绿色化方向发展。同时,资金也支持了新兴产业和高端产业的发展,为区域经济发展注入了新的动力。

(3)资金支撑在生态环境保护方面也发挥了重要作用。京津冀地区面临着严峻的生态环境挑战,需要加大投入进行治理和保护。资金保障使得生态环境保护项目能够得到有效推进,如大气污染治理、水资源保护、生态修复等。这些项目的实施,不仅改善了区域的生态环境质量,也为居民提供了更好的生活环境。

（4）在资金保障的方式上,管理部门通过设立专项资金、引导社会资本参与等方式,为京津冀协同发展提供了稳定的资金来源。专项资金可以确保重点项目的实施,而社会资本的参与则能够减轻财政压力,同时提高资金使用效率。此外,金融机构也积极支持京津冀协同发展,提供贷款、融资等金融服务,为区域合作与发展提供了有力的金融保障。

（5）我们也需要注意到,资金支撑虽然重要,但并非万能。在京津冀协同发展的过程中,还需要注重资金的合理配置和高效使用,避免出现资金浪费和重复建设等问题。同时,还需要加强监管和审计力度,确保资金使用的合规性和有效性。

总之,资金支撑在京津冀协同发展中起到了至关重要的作用。通过确保基础设施建设的顺利进行、促进产业升级转移和区域协调发展、支持生态环境保护等方面的工作,资金支撑为京津冀协同发展提供了坚实的物质基础。未来,随着京津冀协同发展的深入推进,资金支撑的作用将更加凸显,需要进一步加强和完善相关政策和机制。

3. 人才技术支撑京津冀协同发展

人才和技术是京津冀协同发展中不可或缺的关键支撑,是推动区域一体化、优化产业结构、提升创新能力的重要力量。以下将详细讲解并具体分析人才和技术如何支撑京津冀协同发展。

（1）人才是京津冀协同发展的核心驱动力。京津冀地区汇聚了众多高校、科研机构和企业,拥有丰富的人才资源。通过实施人才引进计划,如高层次人才引进工程、海外人才引进计划等,管理部门吸引了大量高端人才和创新团队来到京津冀地区,为区域发展提供了智力支持。这些人才在科技创新、产业升级、城市规划等领域发挥着重要作用,推动了京津冀地区的创新发展。

（2）技术是推动京津冀协同发展的重要引擎。京津冀地区在电子信息、生物医药、新材料等领域拥有一批具有国际竞争力的企业和科研机构,形成了较为完善的产业链和创新链。通过加强产学研合作,京津冀地区的科研机构和企业可以共享资源、共同研发,推动科技创新与产业发展的深度融合。这种深度融合不仅有助于提升京津冀地区的产业竞争力,还能为协同发展提供持续的技术支持。

（3）京津冀地区还加强了人才和技术的交流合作。通过建立人才交流机制、推动科研合作与成果转化等措施,京津冀地区的人才和技术资源得以更加充分地利用和共享。这种交流合作不仅有助于提升整个区域的创新能力,还能促进人才和技术的优化配置,推动京津冀地区的协同发展。

在具体实践中,人才和技术支撑京津冀协同发展的案例不胜枚举。例如,某高校与京津冀地区的企业合作开展科研项目,共同研发新产品,不仅提升了企业的技术水平和市场竞争力,还推动了相关产业的发展。同时,该高校还通过设立奖学金、提供实习机会等方式吸引优秀学生来到京津冀地区学习和工作,为区域发展提供了源源不断的人才支持。

(4)人才和技术支撑京津冀协同发展也面临一些挑战。例如,人才流动可能存在障碍,技术转化可能面临困难等。为了克服这些挑战,管理部门需要进一步完善人才引进和培养机制,加强产学研合作,优化创新环境,为人才和技术的发展提供更好的支持和保障。

综上所述,人才和技术是京津冀协同发展的重要支撑。通过加强人才引进和培养、推动科技创新与产业发展深度融合、加强人才和技术交流合作等措施,可以进一步发挥人才和技术在京津冀协同发展中的关键作用,推动区域一体化、优化产业结构、提升创新能力,实现京津冀地区的共同繁荣和发展。

4.京津冀协同成效显著,多方共赢

京津冀协同发展的显著成效和多方共赢局面,体现在多个层面,具体如下:

(1)在产业协同方面,京津冀地区通过优化产业布局、调整产业结构、加强产业合作等方式,取得了显著成效。一方面,京津冀三地根据自身资源禀赋和产业发展基础,明确了各自的产业发展定位,形成了优势互补、错位发展的格局。另一方面,三地加强了在生物医药、氢能、网络安全和工业互联网等新兴产业的合作,共同打造了一批具有竞争力的产业集群和产业链。这种产业协同不仅提升了京津冀地区的整体产业竞争力,也为区域经济的持续发展注入了新的动力。

(2)在交通网络完善和优化方面,京津冀地区加快了交通一体化进程,构建了现代化交通网络系统。例如,京津高速铁路的开通大大缩短了北京与天津之间的出行时间,提高了通勤效率。同时,京津冀地区还加快了支线快速路、联络线、支线铁路等交通基础设施的建设,实现了京津冀间的快速出行。这种交通网络的完善和优化不仅提高了区域交通的便捷性和效率,也为京津冀地区的经济和社会发展提供了有力的支撑。

(3)在生态环境保护和治理方面,京津冀协同发展的成效也十分显著。三地通过加大环保力度,实施大气污染治理、煤改气、煤改电等工程,有效减少了空气污染,改善了人民的生活环境。同时,三地还加强了在水资源保护、绿化造林等方面的合作,共同推进了区域的生态环境治理。这种生态环境保护和治理的协同不仅提升了京津冀地区的生态环境质量,也为居民提供更好的生活空间。

(4)从多方共赢的角度来看,京津冀协同发展的成效不仅体现在经济、交通、生态等方面,更体现在区域整体竞争力的提升和人民生活水平的改善上。通过协同发展,京津冀地区实现了资源共享、优势互补、互利共赢的局面,推动了整个区域的协调发展。同时,协同发展也带来了更多的就业机会和更好的公共服务,提升了居民的生活品质和幸福感。

京津冀协同发展的显著成效和多方共赢局面是显而易见的。这些成效不仅展示了京津冀地区在协同发展方面的潜力和优势,也为其他地区提供了可借鉴的经验和启示。未来,随着京津冀协同发展的深入推进,相信这一区域将迎来更加广阔的发展空间和更加美好的发展前景。

总结来说,协同保障促发展在京津冀协同发展中发挥了重要作用。通过政策支持、资金保障、人才和技术保障等多方面的措施,协同保障为京津冀地区的合作与发展提供了有力的支撑和保障。未来,随着协同保障措施的不断完善和优化,京津冀地区的协同发展将迎来更加广阔的发展空间和更加美好的未来。

同时,值得注意的是,协同保障促发展并非一蹴而就的过程,需要政府、企业、社会等各方共同努力和持续推进。政府应继续加大政策支持力度,完善协同发展的体制机制;企业应积极参与区域合作与竞争,推动产业协同创新和升级;社会应广泛参与协同发展,形成共建共享的良好氛围。只有这样,才能推动京津冀协同发展不断取得新的更大成效。

## 8.1.2　研究局限待完善

在科学研究领域,无论研究主题多么广泛或深入,研究者总会面临一些局限和不足。这些局限可能来源于数据收集的困难、分析方法的限制,或是理论框架的不完善。在深入剖析我们的研究时,我们也发现存在一些局限待完善,下面将对这些局限进行详细的讲解与具体分析。

1. 数据不完整性影响研究深度与准确性

数据完整性对于任何研究都至关重要,因为它直接关系到研究结果的准确性和可靠性。当数据不完整时,研究的质量和深度都会受到严重影响。下面,我将详细讲解并具体分析数据不完整性对研究深度和准确性的影响。

(1)我们要明白数据不完整性是如何产生的。在数据收集的过程中,可能会因为多种原因而无法获取到完整的数据集。这些原因包括但不限于:

①数据源的限制:某些数据可能由于隐私保护政策、数据权限设置或数据本身的缺失而无法获取。

②数据质量问题:即使能够获取到数据,数据的准确性、一致性和完整性也可能存在问题。例如,数据可能存在错误、重复或遗漏,这都会影响数据的完整性。

(2)数据不完整性对研究深度和准确性的影响。

①限制研究深度和广度:不完整的数据集往往无法全面反映研究问题的各个

方面,导致研究者无法对问题进行深入的分析和探讨。这不仅会影响研究结果的全面性,还可能使研究者错过一些重要的发现。

②降低研究结论的普适性和准确性:基于有限数据的分析结果往往难以推广到更广泛的情况。此外,由于数据的不完整性,研究结论的准确性也会受到质疑。如果数据中存在大量缺失或错误的信息,那么基于这些数据得出的结论很可能是不准确或具有误导性的。

③增加研究的不确定性和风险:数据不完整性会导致研究结果的不确定性增加。由于无法获取到完整的数据集,研究者往往无法对研究问题进行准确的定量或定性分析,这使得研究结果的可信度降低。同时,不完整的数据还可能使研究者面临更大的风险,例如误判市场趋势、做出错误的决策等。

因此,在进行研究时,我们必须尽力确保数据的完整性。这包括选择可靠的数据源、对数据进行严格的筛选和清洗、以及采用适当的数据处理方法来弥补数据的不完整性。只有这样,我们才能得出准确、可靠的研究结果,为决策提供有力的支持。

2. 研究方法需谨慎选择与验证

(1)分析方法的局限性也是本研究中需要注意的一个方面。在分析数据时,我们采用了特定的统计方法或模型。然而,每种方法都有其适用范围和局限性,可能无法完全适应所有的研究情境和数据特点。例如,某些方法可能对数据分布有特定的要求,或是对异常值敏感,这可能导致分析结果出现偏差。

(2)分析方法的局限性可能会影响到研究结果的可靠性和有效性。如果方法选择不当或应用不当,可能会导致我们错过重要的研究信息或得出错误的结论。因此,在选择和分析方法时,我们需要谨慎考虑其适用性,并结合研究问题的特点进行选择。

(3)针对这些研究局限,我们需要保持审慎的态度,并对研究结果进行适当的修正和完善。首先,我们应该在数据收集阶段尽可能地扩大数据来源和范围,提高数据的质量和完整性。其次,在选择分析方法时,我们需要充分了解各种方法的优缺点和适用范围,并结合研究问题的特点进行选择。同时,我们还可以采用多种方法进行交叉验证和比较,以提高分析结果的准确性和可靠性。

(4)我们还可以进一步拓展研究内容和方法,以弥补现有研究的不足。例如,我们可以尝试采用新的数据来源或收集更多的数据,以丰富研究内容;或是探索新的分析方法和模型,以提高研究的深度和广度。通过不断完善和拓展研究,我们可以更好地揭示研究问题的本质和规律,为实践提供更加有力的支持和指导。

综上所述,虽然我们的研究存在一些局限和不足,但这并不意味着研究没有价值或意义。相反,通过识别和分析这些局限,我们可以更好地了解研究的不足之处,并采取相应的措施进行修正和完善。这样不仅可以提高研究的准确性和可靠性,还可以为未来的研究提供有益的借鉴和启示。

### 8.1.3　协同发展未来可期

展望未来,协同发展不仅是我国,更是全球范围内的重要发展趋势。这一趋势的兴起,与全球化进程的加速以及区域经济一体化的深入推进密不可分。协同发展的理念强调不同主体间的相互合作与协调发展,旨在实现资源共享、优势互补和互利共赢。

1. 全球化促进协同发展与合作

全球化是当代社会的重要特征之一,它极大地促进了不同国家、地区和文化之间的相互联系与交融。在这个过程中,协同发展与合作成为了全球化进程中不可或缺的一环。下面,我将详细讲解并具体分析全球化如何促进协同发展与合作。

(1)全球化通过加强国际贸易推动了协同发展。随着全球化进程的加速,国际贸易的规模和范围不断扩大,商品、资本、技术和劳动力等生产要素在全球范围内自由流动。这种自由流动使得各国能够充分利用各自的资源和优势,实现资源的优化配置。同时,国际贸易也为各国提供了更广阔的市场和更多的发展机会,有助于推动各国经济的协同发展。

(2)全球化促进了跨国公司的兴起和发展,为协同发展提供了更多的动力。跨国公司通过在全球范围内配置资源、开展生产和经营活动,不仅促进了技术的跨国传播和创新,也推动了各国之间的经济合作与协同发展。跨国公司的投资和经营活动有助于提升东道国的产业水平和技术能力,促进当地经济的发展和繁荣。

(3)全球化还加强了各国之间的文化交流与理解,为协同发展提供了良好的社会环境。随着全球化的深入发展,不同文化之间的交流与碰撞日益频繁,人们开始更加关注和尊重不同文化的价值和特色。这种文化交流与理解有助于增进各国之间的友谊和互信,为协同发展创造更加有利的条件。

(4)全球化使得各国能够共同应对全球性挑战,推动世界经济的稳定与繁荣。在全球化背景下,各国面临着许多共同的挑战和问题,如气候变化、能源安全、恐怖主义等。这些问题的解决需要各国加强合作与协调,共同制定和实施相应的政策和措施。通过加强国际合作与交流,各国可以共同应对这些挑战,推动世界经济的稳定与繁荣。

综上所述,全球化通过加强国际贸易、促进跨国公司的兴起和发展、加强文化交流与理解以及推动各国共同应对全球性挑战等方式,为协同发展与合作提供了广阔的空间和机遇。因此,我们应该积极拥抱全球化,加强国际合作与交流,推动各国经济的协同发展。

2. 区域经济一体化助推协同发展

区域经济一体化作为当今世界经济发展的重要趋势,对于推动协同发展具有深远的意义。它旨在通过加强区域内国家之间的经济合作与协调,打破各种壁垒,实现资源的优化配置和经济的共同发展。下面,我将详细讲解并具体分析区域经济一体化如何助推协同发展。

(1)区域经济一体化通过消除贸易壁垒,促进了贸易自由化,为协同发展提供了重要动力。在区域经济一体化的框架下,各国通过签订贸易协定、建立自由贸易区等方式,逐步消除关税和非关税壁垒,降低贸易成本,使得商品和服务在区域内能够更加自由地流通。这不仅有利于各国充分发挥自身的比较优势,实现资源的优化配置,也为区域内的企业提供了更广阔的市场空间,促进了产业的协同发展。

(2)区域经济一体化推动了投资便利化,为协同发展提供了资本支持。在区域经济一体化的推动下,各国纷纷改善投资环境,简化投资审批程序,加强投资保护,吸引更多的跨境投资。这不仅有助于缓解一些国家的资金短缺问题,也为区域内的企业提供了更多的融资渠道,促进了产业的升级和协同发展。

(3)区域经济一体化还促进了技术合作与创新,为协同发展提供了技术支撑。在区域经济一体化的进程中,各国加强了技术交流和合作,共同研发新技术、新产品,推动了区域内的技术进步和产业升级。这种技术合作与创新不仅提高了各国的生产效率和竞争力,也为协同发展提供了强大的技术支撑。

(4)区域经济一体化还通过政策协调与对接,为协同发展提供了制度保障。在区域经济一体化的背景下,各国政府加强了政策沟通和协调,共同制定和实施协同发展的政策措施。这些政策措施涉及贸易、投资、产业、科技等多个领域,为协同发展提供了全方位的支持和保障。

综上所述,区域经济一体化通过促进贸易自由化、投资便利化、技术合作与政策协调等方式,为协同发展提供了有力的政策支持与保障。这些政策措施的实施,有助于打破各种壁垒,推动区域内的经济合作与交流,实现资源的优化配置和经济的共同发展。因此,各国应继续深化区域经济一体化进程,加强政策沟通与协调,共同推动协同发展迈向新的高度。

3. 协同发展前景广阔且多元创新

展望未来,协同发展的前景无疑是广阔且充满多元创新的。随着政策支持与保障措施的不断完善与创新,协同发展将迎来更加繁荣和可持续的发展。下面,我将从研究领域拓展和研究方法创新两个方面进行详细讲解和具体分析。

（1）协同发展的研究领域将进一步拓展，涵盖更多的行业和领域。随着科技的不断进步和产业的升级，新能源、智能制造、数字经济等新兴领域逐渐成为协同发展的重点方向。这些领域不仅具有巨大的发展潜力，也为协同发展提供了更多的机遇和挑战。例如，新能源领域的发展将推动各国在清洁能源技术、能源存储与传输等方面进行深度合作，实现能源的优化配置和可持续发展。智能制造领域则通过智能化、自动化技术的应用，推动制造业的转型升级，提高生产效率和质量。数字经济领域的发展则促进了信息技术与各行各业的深度融合，为协同发展提供了更加便捷和高效的工具。

（2）协同发展的研究方法也将不断丰富和创新。在大数据、人工智能等先进技术的推动下，研究方法将更加注重数据分析和智能化处理。通过大数据分析，研究人员可以更加深入地挖掘协同发展的内在规律和趋势，为政策制定和实践提供科学依据。人工智能技术的应用则可以实现研究的自动化和智能化，提高研究的准确性和效率。这些创新的研究方法将为协同发展提供更加全面和深入的分析，推动协同发展的不断深入。

（3）协同发展还需要注重实效性和可持续性。实效性意味着协同发展需要能够带来实实在在的经济效益和社会效益，促进区域内的共同发展。可持续性则强调协同发展需要注重环境保护和资源节约，实现经济的可持续发展。因此，未来的协同发展需要在政策支持、资金投入、人才培养等方面加大力度，推动协同发展的实效性和可持续性。

综上所述，协同发展的前景广阔且充满多元创新。随着研究领域的拓展和研究方法的创新，我们可以预见未来的协同发展将在更多的行业和领域取得突破，为区域内的共同发展注入新的动力。同时，注重实效性和可持续性也是协同发展未来的重要方向，需要各方面共同努力推动实现。

4. 协同研究重实践，助力转化应用

协同研究重实践，助力转化应用，这一观点对于推动协同发展的深入实施具有重要意义。实践是检验真理的唯一标准，协同发展的理念只有在实践中得到验证和落地，才能真正发挥其作用和价值。下面，我将从注重与企业的合作与交流、建立产学研一体化的研究机制以及推动成果转化应用三个方面进行详细讲解和具体分析。

（1）注重与企业的合作与交流是协同研究重实践的重要体现。企业在实际运营中面临着各种问题和挑战，对于协同发展的需求也更加迫切。因此，未来的研究应该更加注重与企业的合作，深入了解企业的需求和挑战，为其提供有针对性的指导和支持。通过与企业的紧密合作，研究人员可以更加准确地把握协同发展的实际情况,从而提出更加符合实际需求的解决方案。同时,企业也可以借助研究人员的专业知识和技术支持,更好地应对市场变化和竞争挑战,实现可持续发展。

(2)建立产学研一体化的研究机制是实现协同研究与实践应用相结合的关键。产学研一体化能够将学术界、产业界和科研机构紧密地联系在一起,形成协同创新的合力。通过建立产学研一体化的研究机制,可以实现资源共享、优势互补和互利共赢。学术界可以提供前沿的理论支撑和创新思路,产业界可以提供实际的应用场景和需求反馈,科研机构则可以在其中发挥桥梁和纽带的作用,促进各方之间的合作与交流。这样的研究机制不仅能够提高研究的质量和效率,还能够推动成果的快速转化和应用。

(3)推动成果转化应用是协同研究重实践的最终目的。研究成果如果不能转化为实际生产力,就无法真正发挥其作用和价值。因此,未来的协同研究应该更加注重成果的转化和应用。一方面,可以通过加强政策引导和资金扶持,鼓励企业积极采用和推广研究成果;另一方面,也可以通过建立科技成果转移转化平台或机制,促进研究成果与市场需求的有效对接。此外,还可以通过举办技术交流会、成果展示会等活动,加强研究成果的宣传和推广,提高其在社会上的认知度和影响力。

综上所述,协同发展的未来可期。随着全球化进程的加速和区域经济一体化的深入推进,协同发展的政策支持与保障措施将不断完善和创新。我们期待未来的研究能够进一步拓展研究领域、丰富研究方法、提高研究质量,为协同发展的实践提供更加科学、有效的指导。这将有助于推动我国经济乃至全球经济的持续、稳定与繁荣。

## 8.1.4 协同发展深化实践

协同发展深化实践是我们在推进经济社会发展的重要任务之一。为了更加有效地实施协同发展战略,我们需要结合研究结论和存在的局限,提出具体的实践建议与启示。这些建议与启示旨在帮助政策制定者更精准地把握协同发展的方向和目标,制定符合实际需要的政策措施,同时也能够激发实践者的创新精神和合作意识,共同推动协同发展战略的深入实施。

1.协同关键要素,指导实践发展

协同关键要素,指导实践发展,是一个既具有理论深度又富有实践指导意义的议题。协同发展的关键要素和成功因素,对于推动各领域、各行业的协同发展至关重要。下面,我将结合研究结论,对这些要素进行深入分析和讲解,并探讨如何基于这些发现提出针对性的实践建议。

（1）资源共享是协同发展的关键要素之一。在协同发展的过程中,各方通过共享资源,可以实现优势互补,提高整体效益。资源共享的范围很广,可以包括技术、人才、资金、信息等多个方面。例如,在科技创新领域,高校和科研机构可以共享实验室设备、研究成果等资源,从而提高创新效率和质量。在企业合作中,不同企业可以共享销售渠道、客户资源等,实现市场拓展和效益提升。

（2）优势互补也是协同发展的重要因素。不同主体在资源、技术、管理等方面往往各有所长,通过协同合作,可以实现优势互补,共同应对挑战和解决问题。例如,在产业链协同中,上游企业可以提供原材料和技术支持,下游企业则可以提供市场渠道和品牌推广,从而实现产业链的优化和升级。

（3）合作机制和政策协调也是协同发展的关键要素。良好的合作机制可以确保各方在协同发展中能够保持紧密的联系和有效的沟通,共同推进合作项目的顺利进行。政策协调则可以为协同发展提供有力的支持和保障,通过制定相关政策,引导各方积极参与协同合作,推动协同发展的深入实施。

（4）在实际操作中,我们也发现一些因素可能限制了协同发展的效果。例如,各方之间的信任缺失、利益分配不均等问题,都可能影响协同合作的稳定性和可持续性。因此,我们需要深入剖析这些限制因素,寻找解决之道。

基于以上分析,我们可以提出以下针对性的实践建议:

①加强资源共享机制建设。建立健全的资源共享平台或机制,促进各方之间的资源互通有无,实现资源的高效利用和优化配置。

②推动优势互补合作。鼓励各方在协同发展中充分发挥自身优势,通过合作实现优势互补和共同发展。同时,也要注重培养新的优势领域和增长点,提升整体竞争力。

③完善合作机制和政策协调。建立健全的合作机制和政策体系,确保各方在协同发展中能够保持紧密的联系和有效的沟通。同时,加强政策宣传和解读,提高各方对政策的认知度和理解度。

④加强信任建设和利益协调。通过加强沟通和交流,增进各方之间的了解和信任。同时,建立合理的利益分配机制,确保各方在协同发展中能够共享成果、共担风险。

协同发展的关键要素和成功因素对于指导实践发展具有重要意义。通过深入分析这些要素和限制因素,我们可以提出针对性的实践建议,推动协同发展的深入实施和取得实效。

例如,针对资源共享方面,我们可以建议政策制定者加强区域间的资源优化配置,推动资源的共享和互利共赢。通过建立区域资源交易平台或共享机制,促进资源的跨区域流动和高效利用。同时,还可以鼓励企业间开展技术合作和联合研发,共同开发新技术、新产品,实现技术成果的共享。

2. 协同发展挑战与应对策略

协同发展的挑战与应对策略是一个复杂而重要的议题。在推动协同发展的过程中,我们不可避免地会遇到各种局限和挑战,这些挑战可能来自于体制机制、信息不对称、利益分配不均等多个方面。下面,我将详细讲解并具体分析这些挑战,并提出相应的解决方案和建议。

(1)体制机制的障碍是协同发展面临的重要挑战之一。不同主体在协同过程中,由于体制机制的差异和不完善,可能会导致合作受阻或效率低下。例如,不同地区、不同部门之间的政策差异、法规冲突等问题,都可能影响协同发展的顺利进行。

针对这一挑战,我们可以采取以下应对策略:一是加强顶层设计和规划,建立统一的协同发展机制和框架,明确各方职责和权益,确保协同发展的顺利进行。二是推动体制机制创新,打破体制壁垒,消除政策障碍,为协同发展创造良好的环境。三是加强沟通协调,建立有效的沟通机制和平台,促进各方之间的信息共享和合作。

(2)信息不对称也是协同发展中的一大挑战。由于不同主体在获取信息方面的能力和渠道不同,可能导致信息的不对称和失真,进而影响协同发展的决策和效果。

为了应对信息不对称的挑战,我们可以采取以下措施:一是建立信息共享机制,通过搭建信息共享平台或数据库,实现各方之间的信息互通和共享。二是加强信息公开和透明度,确保各方能够获取准确、全面的信息,减少信息不对称的风险。三是提升信息处理能力,加强数据分析和挖掘,为协同发展的决策提供科学依据。

(3)利益分配不均也是协同发展面临的重要挑战之一。在协同过程中,不同主体往往会有不同的利益诉求和期望,如果利益分配不均或不合理,可能导致合作破裂或效果不佳。

针对利益分配不均的挑战,我们可以采取以下策略:一是建立公平合理的利益分配机制,通过协商、谈判等方式,确保各方在协同发展中能够获得合理的利益回报。二是加强利益协调和平衡,充分考虑各方的利益诉求和期望,寻求共同的利益点和平衡点。三是推动合作模式的创新和升级,通过引入新的合作方式和机制,实现利益分配的优化和协同效益的最大化。

协同发展的挑战与应对策略是一个复杂而重要的问题。我们需要深入分析和理解这些挑战的本质和根源,提出针对性的解决方案和建议,推动协同发展的顺利进行和取得实效。同时,我们也需要不断总结经验教训,完善协同发展的机制和模式,为未来的协同发展奠定坚实的基础。

例如,针对体制机制障碍,我们可以建议加强顶层设计,完善协同发展的政策体系和法律法规。通过制定更加明确的政策导向和更加灵活的政策措施,为协同发展提供有力的制度保障。同时,还可以推动建立多层次的合作机制,包括政府间、企业间、社会组织间的合作,形成全方位、多层次的协同发展格局。

3. 实践者创新与合作推动协同发展

实践者创新与合作是推动协同发展的关键要素。实践者作为协同发展的主体和动力源泉,其创新精神和合作意识对于实现协同发展的目标具有决定性的意义。下面,我将详细讲解并具体分析实践者创新与合作在协同发展中的重要性,并提出激发实践者创新精神和合作意识的建议。

(1)实践者创新在协同发展中的重要性

实践者的创新精神是协同发展的核心驱动力。在协同发展的过程中,实践者通过不断尝试新的方法、探索新的路径,能够打破传统模式的束缚,推动协同发展向更高层次、更广领域拓展。实践者的创新精神不仅能够解决协同发展中的具体问题,还能够为协同发展提供源源不断的动力,推动整个系统不断进步。

(2)实践者合作在协同发展中的重要性

实践者的合作意识是协同发展的基础。协同发展是一个多主体共同参与、相互协作的过程,需要各方在平等、互利的基础上开展合作。实践者通过加强与其他主体的沟通与交流,共享资源、共担风险,能够形成强大的合力,共同应对协同发展中的挑战。同时,实践者的合作意识还能够促进不同主体之间的知识传递和经验分享,推动整个系统的共同进步。

(3)激发实践者创新精神和合作意识的建议

①建立激励机制:通过设立奖励制度、提供资金支持等方式,对在协同发展中表现出创新精神和合作意识的实践者进行表彰和奖励,激发其积极性和动力。

②加强培训和教育:通过开展专题培训、经验交流等活动,提升实践者的创新能力和合作意识。培训内容可以包括创新思维方法、团队协作技巧等方面,帮助实践者更好地适应协同发展的需求。

③搭建合作平台:建立协同发展合作平台,为实践者提供合作交流的机会和空间。通过组织线上线下活动、建立合作网络等方式,促进实践者之间的信息共享和资源整合。

④营造良好氛围:营造鼓励创新、倡导合作的文化氛围,让实践者敢于尝试、敢于合作。通过宣传典型案例、推广成功经验等方式,增强实践者对协同发展的信心

和认同感。

实践者创新与合作是推动协同发展的关键要素。通过激发实践者的创新精神和合作意识,我们可以更好地推动协同发展的进程,实现共赢发展的目标。因此,我们应该重视实践者的作用,为其提供必要的支持和保障,共同推动协同发展的深入进行。

例如,可以鼓励企业加强自主创新和技术研发,提高核心竞争力,同时积极参与协同发展的合作项目,与其他企业和机构共同推动技术创新和产业升级。此外,还可以建立协同发展的激励机制和评价体系,对在协同发展中做出突出贡献的企业和个人给予表彰和奖励,进一步激发实践者的积极性和创造力。

综上所述,协同发展深化实践需要我们结合研究结论和局限,提出针对性的实践建议与启示。这些建议与启示旨在帮助政策制定者更加精准地把握协同发展的方向和目标,制定更加符合实际需要的政策措施;同时也能够激发实践者的创新精神和合作意识,共同推动协同发展战略的深入实施。通过这些努力,我们相信协同发展将在我国经济社会发展中发挥更加重要的作用,推动实现更加全面、协调、可持续的发展。

总之,通过本章的探讨,我们将对协同发展的政策支持与保障措施有一个更加全面、深入的认识,并为未来的研究和实践提供有益的参考和借鉴。

## 8.2 研究结论与主要贡献

在本研究中,我们通过对协同发展政策进行深入剖析,结合具体的实践案例,得出了一系列重要的研究结论,并为学术界和实践界提供了宝贵的贡献。

### 8.2.1 协同发展政策,助力长江经济带崛起

协同发展政策在推动长江经济带崛起方面起到了至关重要的作用。长江经济带作为我国重要的经济发展区域,其协同发展不仅关乎区域内部的繁荣与稳定,更对全国乃至全球的经济发展产生深远影响。

1.协同政策促长江经济带联动发展

协同政策在推动长江经济带联动发展方面具有显著作用。长江经济带覆盖上海、江苏、浙江、安徽、江西、湖北、湖南、重庆、四川、云南、贵州等11省市,面积约205万平方公里,人口和经济总量均超过全国的40%,是一个生态地位重要、综合实力较强、发展潜力巨大的经济区域。协同政策正是针对长江经济带的这些特点,

通过整合资源和优化布局,加强各地区间的经济合作与联系,推动长江经济带的联动发展。

(1)协同政策强调交通基础设施建设的互联互通。长江经济带拥有得天独厚的内河航运条件,但同时也面临着交通瓶颈等问题。协同政策通过加强沿江交通干线、支线、联络线建设,形成网络化、便捷化的交通体系,降低物流成本,提高运输效率,为长江经济带各地区之间的经济合作提供有力支撑。

(2)协同政策注重优化产业布局和推动产业转型升级。长江经济带地区间产业发展不平衡,部分地区存在产业结构单一、资源利用效率低等问题。协同政策通过引导产业合理布局,推动传统产业转型升级,培育新兴产业,形成产业链、价值链、创新链深度融合的发展格局。这有助于提升整个区域的产业竞争力,实现长江经济带各地区的协同发展。

(3)协同政策还关注生态环境保护与经济发展之间的平衡。长江经济带拥有丰富的生态资源,但同时也面临着生态环境压力。协同政策坚持生态优先、绿色发展的原则,推动长江经济带各地区在经济发展的同时,注重生态环境保护,实现经济效益、社会效益和生态效益的统一。

通过实施这些协同政策,长江经济带各地区之间的经济联系得以紧密化,形成了优势互补、协同发展的良好格局。这不仅有助于提升整个区域的综合竞争力,也为长江经济带各地区的共同发展奠定了坚实基础。同时,协同政策还促进了长江经济带与国内外其他地区的经济合作与交流,为长江经济带的未来发展注入了新的动力。

总的来说,协同政策在推动长江经济带联动发展方面发挥了重要作用。未来,随着长江经济带发展战略的深入实施和协同政策的不断完善,长江经济带必将迎来更加广阔的发展前景。

2. 协同政策助长江带绿色发展

协同政策在推动长江经济带绿色发展方面发挥着至关重要的作用。长江经济带作为我国经济的重要增长极,其绿色发展不仅关乎区域的可持续发展,也对全国乃至全球的生态环境产生深远影响。协同政策的实施,为长江经济带绿色发展提供了有力的政策保障和机制支撑。

(1)协同政策强调长江经济带绿色发展的整体性和系统性。通过加强区域间的协同合作,实现资源共享、优势互补,推动长江经济带绿色发展的整体提升。这种整体性和系统性的绿色发展思路,有助于避免各地区在发展过程中出现的"碎片化"和"无序化"现象,确保长江经济带绿色发展的连续性和稳定性。

(2)协同政策注重生态环境保护与经济发展的协调统一。在推动长江经济带绿色发展的过程中,协同政策不仅强调生态环境保护的重要性,也注重经济发展的可持续性。通过优化产业结构、推动绿色低碳循环发展、加强生态环境治理等措施,实现生态环境保护与经济发展的双赢。这种协调统一的发展模式,有助于解决长江经济带发展过程中面临的环境保护与经济发展之间的矛盾,推动长江经济带实现高质量发展。

(3)协同政策还鼓励科技创新在长江经济带绿色发展中的应用。通过加大科技研发投入、推动绿色技术创新和成果转化、培养绿色创新型人才等措施,提升长江经济带绿色发展的科技含量和创新能力。科技创新的推动,有助于提升长江经济带绿色发展的效率和水平,为长江经济带绿色发展提供强有力的技术支持。

(4)协同政策还关注长江经济带绿色发展的体制机制建设。通过完善政策体系、加强监管执法、推动绿色金融发展等措施,为长江经济带绿色发展提供有力的制度保障。体制机制的完善,有助于激发长江经济带绿色发展的内生动力,推动长江经济带绿色发展走向深入。

(5)协同政策还强调长江经济带绿色发展的社会参与和共建共享。通过加强宣传教育、提高公众环保意识、鼓励企业和社会组织参与绿色发展等措施,形成全社会共同参与长江经济带绿色发展的良好氛围。社会参与和共建共享的理念,有助于增强长江经济带绿色发展的社会基础和群众基础,推动长江经济带绿色发展取得更加显著的成效。

综上所述,协同政策在推动长江经济带绿色发展方面发挥着至关重要的作用。通过加强区域协同合作、注重生态环境保护与经济发展的协调统一、鼓励科技创新和体制机制建设以及强调社会参与和共建共享等措施,协同政策为长江经济带绿色发展提供了有力的政策保障和机制支撑。未来,随着协同政策的不断完善和实施力度的加大,长江经济带绿色发展必将取得更加显著的成效。

3.协同政策促长江带国际竞争力

协同政策在促进长江经济带国际竞争力方面发挥着举足轻重的作用。这一政策框架通过推动长江经济带各地区之间的协同合作,加强了长江经济带与全球经济的深度融合,有效提升了其国际地位和影响力。以下是对协同政策如何促进长江经济带国际竞争力的详细讲解和具体分析:

(1)协同政策有助于长江经济带形成统一的对外经济形象。通过整合长江经济带内的资源和优势,协同政策有助于打造一个具有全球竞争力的区域经济体。这种统一的对外经济形象,有助于提升长江经济带在全球经济中的知名度和影响力,吸引更多的国际资本、技术和人才流入。

(2)协同政策促进了长江经济带与国际市场的深度对接。长江经济带拥有丰富的自然资源和人力资源,以及较为完善的产业体系。协同政策通过推动长江经济带内的产业优化升级和区域协调发展,使得这些资源和优势能够更好地满足国际市场的需求。同时,通过加强与国际市场的联系和合作,长江经济带的企业也能够更便捷地获取国际市场信息,提升国际竞争力。

(3)协同政策还推动了长江经济带在国际贸易和投资领域的合作。长江经济带内的企业可以通过协同政策平台,加强与国际企业在技术、产品、市场等方面的合作,共同开拓国际市场。同时,协同政策也鼓励长江经济带内的企业积极参与国际投资,通过跨国经营和海外并购等方式,进一步提升企业的国际竞争力。

(4)协同政策还有助于长江经济带培养具有国际视野和竞争力的人才。通过加强与国际教育机构的合作,推动人才培养模式的创新,长江经济带可以培养出更多具备国际视野和专业技能的人才。这些人才将为长江经济带的企业提供智力支持和创新动力,推动长江经济带在国际竞争中取得优势。

(5)协同政策还有利于长江经济带构建开放型经济新体制。通过深化改革开放,推动长江经济带与全球经济体系的深度融合,协同政策有助于长江经济带形成更加开放、包容、透明的经济环境。这将为长江经济带的企业提供更多参与国际竞争与合作的机会,进一步提升其国际竞争力。

综上所述,协同政策通过促进长江经济带形成统一的对外经济形象、加强与国际市场的深度对接、推动国际贸易和投资领域的合作、培养具有国际竞争力的人才以及构建开放型经济新体制等方式,有效提升了长江经济带的国际竞争力。在未来的发展中,长江经济带应继续深化协同政策,加强与全球经济的联系与合作,进一步提升其在全球经济中的地位和影响力。

4.协同发展政策需应对挑战与差异

协同发展政策作为一种旨在促进区域协调发展的策略,其实施过程中不可避免地会遇到各种挑战和差异。这些挑战和差异主要源于区域间的发展不平衡、产业结构差异以及生态环境保护压力等多方面因素。下面,我们将详细讲解并具体分析这些挑战与差异.

(1)区域间发展不平衡的挑战

长江经济带虽然整体经济实力较强,但内部各地区之间的发展水平却存在明显的差异。一些地区经济发展迅速,产业基础雄厚,而另一些地区则相对滞后,经济发展动力不足。这种区域间的发展不平衡给协同发展政策的实施带来了很大的挑战。

为应对这一挑战,政策制定者需要深入了解各地区的实际发展情况,制定差异化的政策措施。对于发展较快的地区,可以鼓励其发挥引领作用,带动周边地区的发展;对于发展滞后的地区,则可以通过政策倾斜、资金扶持等方式,帮助其加快发展步伐,缩小与发达地区的差距。

(2)产业结构差异的挑战

长江经济带内的产业结构差异也较大,一些地区以重工业为主,而另一些地区则以轻工业或服务业为主。这种产业结构差异导致各地区在经济发展、资源利用、环境保护等方面存在不同的需求和挑战。

为了应对产业结构差异带来的挑战,协同发展政策需要注重产业的优化升级和区域间的产业协同。一方面,要鼓励各地区根据自身资源禀赋和产业优势,发展特色产业和优势产业;另一方面,要加强区域间的产业合作与对接,推动产业链、供应链的深度融合,形成优势互补、协同发展的产业格局。

(3)生态环境保护压力的挑战

长江经济带作为我国重要的生态屏障和经济发展带,其生态环境保护工作面临着巨大的压力。随着工业化、城镇化的加速推进,生态环境问题日益凸显,给协同发展政策的实施带来了不小的挑战。

为应对生态环境保护压力的挑战,协同发展政策需要注重生态优先、绿色发展的原则。一方面,要加强生态环境保护和治理,推动形成绿色发展方式和生活方式;另一方面,要引导企业加强技术创新和转型升级,提高资源利用效率,降低污染排放,实现经济与环境的协调发展。

协同发展政策在实施过程中需要应对区域间发展不平衡、产业结构差异以及生态环境保护压力等多方面的挑战与差异。为了确保政策的有效性和可持续性,政策制定者需要深入了解各地区的实际情况和发展需求,制定具有针对性和可操作性的政策措施,并加强政策的监测和评估,及时调整和优化政策方向和内容。

综上所述,协同发展政策在推动长江经济带崛起方面发挥了重要作用。通过加强区域合作与联系、推动可持续发展以及提升在全球经济中的地位和影响力,长江经济带得以实现更加快速、稳定和健康的发展。未来,随着协同发展政策的进一步深化和完善,长江经济带有望在国内外经济发展中发挥更加重要的作用。

## 8.2.2 协同保障机制,京津冀发展显成效

京津冀协同发展的实践已经充分证明,协同保障机制对于推动区域一体化、促进经济社会发展具有至关重要的作用。在这一过程中,政策制定者精心构建的协同发展机制发挥了关键作用,为京津冀地区的持续、健康、协调发展提供了有力支撑。

　　1.京津冀协同:强化管理与政策合作

　　京津冀协同发展战略的推进,对于优化区域发展格局、提升国家竞争力具有重大意义。在这一过程中,强化管理与政策合作显得尤为关键,它不仅有助于打破行政壁垒,促进资源要素的自由流动和优化配置,还能够提升政策执行效率,增强政策的协同性和一致性。

　　(1)管理部门间的合作是京津冀协同保障机制的核心内容之一。这种合作旨在通过建立跨部门的协调机制,确保三地政府在制定和实施政策时能够保持高度的一致性和协同性。通过共同研究、协商和决策,管理部门可以更加精准地把握区域发展的需求和问题,制定更加符合实际、更加有效的政策措施。

　　(2)强化管理与政策合作有助于打破行政壁垒,促进资源要素的自由流动和优化配置。在过去,由于行政分割和地区保护主义的影响,京津冀地区在资源要素的流动和配置方面存在一定的障碍。而通过加强管理与政策合作,可以推动三地政府共同制定和实施统一的市场规则和政策标准,消除市场壁垒,促进资源要素在更大范围内实现自由流动和优化配置。

　　(3)强化管理与政策合作还能够提升政策执行效率。通过建立完善的政策执行机制和监督机制,可以确保政策得到及时、有效的实施,避免政策执行中的"梗阻"和"折扣"现象。同时,通过加强政策评估和反馈机制,可以及时发现政策执行中的问题和不足,为政策的调整和完善提供有力支持。

　　(4)强化管理与政策合作还能够增强政策的协同性和一致性。在京津冀协同发展的过程中,各地政府需要共同面对和解决许多共性问题,如生态环境保护、交通基础设施建设、产业布局优化等。通过加强管理与政策合作,可以确保各地政府在这些问题上保持高度的一致性和协同性,形成合力,共同推动区域协同发展。

　　总之,京津冀协同发展战略的推进需要强化管理与政策合作作为重要保障。通过加强管理部门间合作、打破行政壁垒、提升政策执行效率以及增强政策协同性和一致性等方面的努力,可以推动京津冀地区实现更高质量、更可持续的协同发展。

　　2.京津冀协同:推进市场一体化发展

　　京津冀协同发展战略中,推进市场一体化发展是一个至关重要的环节。市场一体化旨在消除市场分割和地区封锁,建立一个统一、开放、竞争有序的市场环境,为区域内的企业发展提供更加公平、透明的竞争平台。这不仅有助于激发企业创新活力,促进产业升级,还能推动生产要素的自由流动和优化配置,进而提升整个区域的经济发展水平和综合竞争力。

　　(1)市场一体化能够消除市场分割和地区封锁,打破行政壁垒,使京津冀三地的企业在更广阔的市场范围内展开竞争与合作。这不仅可以降低企业的运营成本,提高经营效率,还能促进资源的共享和优势互补,推动区域内的产业链、供应链和价值链的深度融合。

(2)市场一体化有助于形成更加公平、透明的市场环境。通过统一市场规则、标准和监管体系,可以减少企业间的不正当竞争和违规行为,保护消费者权益,维护市场秩序。同时,这也为企业提供了更加清晰、稳定的预期,有利于其制定长期发展战略和规划。

(3)市场一体化还能促进生产要素的自由流动和优化配置。在统一的市场环境下,资本、技术、人才等生产要素可以更加自由地在京津冀三地之间流动,实现资源的优化配置和高效利用。这将有助于提升整个区域的产业层次和竞争力,推动区域经济的高质量发展。

(4)市场一体化还能为京津冀地区的产业升级和经济发展注入新的活力。通过吸引更多的优质资本、技术和人才,推动区域内的产业结构调整和转型升级,形成更具竞争力的产业集群和产业链。同时,市场一体化也能激发企业的创新活力,推动新技术、新产业、新业态的涌现,为京津冀地区的经济发展注入新的动力。

(5)推进市场一体化也面临着一些挑战和困难。例如,需要解决区域内的产业发展不平衡、资源环境约束等问题;需要建立健全的市场监管体系,保障市场的公平、公正和透明;还需要加强三地政府间的沟通与协作,形成合力推动市场一体化的进程。

(6)在推进京津冀市场一体化发展的过程中,需要采取一系列有效的措施和策略。例如,加强三地政府间的政策协调和沟通协作,制定统一的市场规则和监管标准;推动区域内的产业协同发展,形成优势互补、错位发展的产业格局;加强市场监管和执法力度,维护市场秩序和公平竞争;同时,还需要加强宣传和推广,提高市场对一体化的认知度和接受度。

总之,推进市场一体化是京津冀协同发展的重要保障措施之一。通过消除市场分割和地区封锁,构建统一、开放、竞争有序的市场环境,有助于激发企业创新活力、促进产业升级和经济发展,为京津冀地区的长远发展奠定坚实基础。

3. 京津冀协同:加强人才流动促发展

京津冀协同发展战略中,加强人才流动促发展是另一个核心环节。通过建立健全人才交流机制,京津冀三地实现了人才的共享和优化配置,为区域的创新发展和产业升级注入了强大的动力。以下是对这一策略的详细讲解和具体分析:

(1)加强人才流动有助于缓解部分地区的"人才荒"。在京津冀协同发展的过程中,各地经济发展水平、产业结构、资源优势等存在差异,导致人才分布不均衡。

通过建立人才交流机制,可以引导人才向需要的地方流动,填补人才空缺,缓解人才短缺地区的压力,提高整个区域的综合竞争力。

(2)人才流动为人才的个人发展提供了更多机会。在京津冀协同发展的背景下,三地之间的经济联系日益紧密,产业合作不断深化。这为人才提供了更广阔的职业发展空间和更多的发展机会。人才可以在不同的地区、不同的行业中寻找适合自己的发展平台,实现个人价值的最大化。

(3)人才流动的加强还有助于推动京津冀地区的创新发展和产业升级。创新是引领发展的第一动力,而人才是创新的核心要素。通过加强人才流动,可以促进不同领域、不同行业之间的知识交流和思想碰撞,激发创新灵感,推动新技术、新产业、新业态的涌现。同时,人才流动还可以带动技术、资本等要素的流动和配置,推动产业链的完善和升级,提升整个区域的产业层次和竞争力。

在实施人才流动促发展的策略时,京津冀三地需要采取一系列具体的措施。例如,建立人才信息共享平台,实现三地人才信息的互通有无;加强人才政策协调,消除人才流动的体制机制障碍;推动人才服务机构的合作与交流,提供便捷的人才流动服务;加强人才培养和引进力度,提高人才的素质和能力等。

这些协同保障措施的实施,为京津冀地区的协同发展提供了强大的制度保障和支持。具体来说,这些措施在经济发展、社会进步和生态环境改善等方面都产生了积极的影响。

在经济发展方面,人才流动促进了产业结构的优化升级和经济增长方式的转变。通过引进和培养高素质人才,推动传统产业向高端化、智能化、绿色化方向发展,培育新兴产业和新兴业态,形成新的经济增长点。同时,人才流动也带动了技术创新和商业模式创新,为经济增长注入了新的动力。

在社会进步方面,人才流动提升了公共服务水平和社会治理能力。通过引进优秀人才参与教育、医疗、文化等领域的建设和发展,提高了这些领域的服务质量和水平。同时,人才流动也促进了社会管理和治理模式的创新,提高了社会治理的效率和水平。

在生态环境改善方面,人才流动推动了生态环境的持续改善。通过引进环保领域的人才和技术,加强大气污染治理、水资源保护等工作,推动了生态环境的保护和修复。同时,人才流动也促进了绿色发展和循环经济的发展,为生态环境的持续改善提供了有力支撑。

总之,加强人才流动促发展是京津冀协同发展战略的重要组成部分。通过建立健全人才交流机制,促进人才在区域内的自由流动和优化配置,可以为京津冀地区的创新发展和产业升级提供有力支撑。同时,这些协同保障措施的实施也为京津冀地区的经济发展、社会进步和生态环境改善等方面带来了积极影响。

4.京津冀协同:深化机制建设应对挑战

京津冀协同发展的机制建设是一个持续深化的过程,旨在应对协同发展过程中所面临的各类挑战和问题。当前,尽管京津冀协同保障机制已经取得了一定的成效,但仍存在一些挑战和问题,需要继续深化机制建设以应对。

(1)部分地区之间的合作仍存在障碍。这主要表现在政策协调、资源分配、产业协同等方面。由于历史、地理、经济等多方面原因,京津冀三地在发展水平、产业结构、资源优势等方面存在差异,导致合作过程中存在一定的障碍和阻力。例如,某些地方保护主义的存在,影响了资源和市场的统一配置;同时,一些地区之间的政策协调不够,导致政策执行力度和效果不尽如人意。

(2)为了应对这些挑战,未来京津冀地区需要继续深化协同保障机制的建设和完善。

①加强政策协调与整合。京津冀三地应建立更加紧密的政策协调机制,确保各项政策在区域内的统一性和协调性。通过共同制定和实施一体化发展政策,消除地区间的政策壁垒,推动资源和市场的自由流动和优化配置。

②完善产业协同机制。京津冀三地应结合自身产业优势和特点,加强产业协同合作。通过构建产业链上下游企业间的合作关系,实现优势互补和协同发展。同时,鼓励跨地区企业兼并重组和产业转移,促进产业结构优化和升级。

③加强公共服务领域合作。在教育、医疗、文化等公共服务领域,京津冀三地应建立更加紧密的合作关系,推动公共服务资源的共享和优化配置。通过加强跨地区合作,提高公共服务水平和质量,增强人民群众的获得感和幸福感。

④推进市场一体化进程。市场一体化是京津冀协同发展的重要目标之一。通过推动要素市场的自由流动和优化配置,消除地区间的市场壁垒和分割,实现京津冀地区市场的统一和协调发展。同时,加强市场监管和执法力度,维护公平竞争的市场环境。

在深化机制建设的过程中,还需要注重政策创新和落实力度。一方面,要敢于突破传统思维模式和体制机制束缚,探索符合京津冀协同发展实际的新政策、新机制;另一方面,要加强政策宣传和解读工作,确保各项政策能够得到有效落实和执行。

京津冀协同发展的机制建设是一个持续深化的过程。通过加强政策协调与整合、完善产业协同机制、加强公共服务领域合作以及推进市场一体化进程等措施,可以应对当前所面临的挑战和问题,推动京津冀协同发展不断取得新的更大成效。

综上所述,协同保障机制在京津冀协同发展中发挥了重要作用。通过加强管理部门间合作、推动市场一体化、促进人才流动等保障措施的实施,京津冀地区在经济发展、社会进步和生态环境改善等方面取得了显著成效。未来,随着协同保障机制的不断完善和优化,京津冀地区有望实现更加全面、深入、可持续的协同发展。

### 8.2.3　协同发展经验,地区间可借鉴参考

协同发展经验在不同地区间的借鉴与参考,对于推动全国乃至更大范围内的区域一体化进程具有重要意义。以下将结合具体案例,详细讲解并具体分析这些可借鉴的协同发展经验。

1. 规划引领京津冀协同发展新篇章

规划引领京津冀协同发展新篇章,是一个系统工程,旨在通过政策引领和规划先行,为整个区域的发展提供明确的战略指导。这种规划不仅涉及到基础设施建设、产业结构调整、生态环境保护等多个方面,还需要考虑区域间的协调与合作,以实现资源的最优配置和效益的最大化。

(1)政策引领在京津冀协同发展中起到了至关重要的作用。政策是协同发展的指挥棒,通过制定一系列的政策措施,可以引导资金、技术、人才等要素在区域内合理流动和高效配置。例如,京津冀地区在交通一体化、生态环境保护、产业升级转移等重点领域率先取得了突破,这些成果的取得都离不开政策的支持和引导。

(2)规划先行是京津冀协同发展的关键。通过制定协同发展规划,可以明确发展目标、重点任务和保障措施,为整个区域的发展提供清晰的蓝图。京津冀协同发展规划纲要明确了有序疏解北京非首都功能的核心任务,并提出了交通一体化、生态环境保护、产业升级转移等重点领域的发展目标。这一规划不仅为京津冀三地的发展提供了方向,也为其他地区的协同发展提供了可借鉴的经验。

(3)在具体分析京津冀协同发展规划时,我们可以看到以下几个方面的亮点:

①明确了发展目标和定位。规划将京津冀地区定位为"以首都为核心的世界级城市群",并提出了到 2030 年一体化格局基本形成的发展目标。这一目标和定位既符合京津冀地区的实际情况,也体现了国家对于该地区的战略期望。

②注重区域间的协调与合作。规划强调了三地之间的合作与协调,推动形成区域一体化的交通网络、生态环境保护和产业发展格局。这种协调与合作有助于打破地区间的行政壁垒,促进资源要素的自由流动和高效配置。

③强调创新驱动和绿色发展。规划提出了加强科技创新和人才培养的措施,以推动京津冀地区的产业升级和转型。同时,规划也注重生态环境保护,提出了加强生态文明建设、推动绿色低碳发展的目标。

总的来说,规划引领京津冀协同发展新篇章是一个全面而系统的工程。通过

政策引领和规划先行,可以推动京津冀地区实现更高质量、更可持续的发展,为其他地区提供可借鉴的经验和示范。同时,我们也应该看到,规划的实施需要各方共同努力和协作,只有形成合力,才能推动京津冀协同发展不断取得新的更大成效。

2. 市场驱动产业协同,创新共赢发展

市场驱动产业协同,创新共赢发展,是一种基于市场机制和深化产业合作的协同发展模式。这种模式强调以市场需求为导向,通过整合创新资源、优化产业布局、加强企业合作等方式,推动产业协同发展,实现创新共赢。

(1)市场驱动是产业协同的核心动力。市场作为资源配置的决定性力量,能够有效引导产业发展和布局。在长三角地区,通过打造创新"命运共同体",各地区积极融入市场体系,发挥各自的优势和特色,形成优势互补、协同发展的产业格局。这种以市场为导向的协同发展模式,使得长三角地区的产业发展更加符合市场需求,提高了资源配置的效率。

(2)产业协同是市场驱动下的重要结果。通过深化产业合作,长三角地区实现了创新资源的共享和优化配置。企业间加强合作,共同研发新技术、新产品,推动了产业的升级转型。同时,跨省市的创新资源整合也促进了创新要素的自由流动和高效利用,进一步提升了整个区域的创新能力。

在具体分析中,我们可以看到长三角地区在市场驱动产业协同方面取得了显著成效。一方面,通过加强企业合作和产业链整合,长三角地区的产业集群效应日益凸显,形成了一批具有国际竞争力的优势产业。另一方面,通过深化科技创新合作,长三角地区的创新能力不断提升,为产业发展提供了有力支撑。

(3)我们也应该看到,市场驱动产业协同并不是一蹴而就的过程,需要各地区加强合作、共同推进。同时,还需要充分发挥政府在产业协同中的引导和协调作用,为产业发展提供政策支持和保障。

总之,市场驱动产业协同、创新共赢发展是一种有效的协同发展模式。通过加强市场机制和深化产业合作,可以推动产业协同发展,实现资源的优化配置和产业的升级转型。其他地区可以借鉴长三角地区的经验,加强区域间的产业合作,推动形成优势互补、协同发展的产业格局。

3. 基建助力协同,联通促发展共赢

基建助力协同,联通促发展共赢,这一观点强调了基础设施建设在推动协同发展中的关键作用。基础设施作为经济社会发展的物质基础,对于提升区域间的互联互通水平、优化资源配置、促进产业合作和要素流动具有重要意义。下面,我们将详细讲解并具体分析这一观点。

(1)基础设施建设是协同发展的物质基础。在区域协同发展的过程中,基础设施的完善程度直接影响到区域间经济联系的紧密程度。完善的基础设施可以降低物流成本,提高运输效率,促进资源的优化配置和产业的协同发展。因此,加强基础设施建设是推动协同发展的重要举措。

以长三角城市群为例,该地区凭借发达的水系运输和立体化的交通网络,为协同发展提供了有力支撑。长三角地区拥有密集的河网水系和港口资源,为水路运输提供了便利条件。同时,该地区还构建了完善的公路、铁路和航空运输网络,形成了立体化的交通体系。这些基础设施的建设不仅加强了长三角地区内部各城市之间的联系,也促进了与周边地区的经济交流和合作。

(2)加强基础设施建设有助于提升区域间的互联互通水平。在区域协同发展的过程中,实现区域间的互联互通是关键一环。通过加强基础设施建设,可以打破地域壁垒,促进资源要素的自由流动和高效配置。例如,建设高速公路、铁路等交通基础设施可以缩短地区间的时空距离,提高人员流动和货物运输的便捷性;建设信息通信网络可以加强地区间的信息交流和合作,推动信息资源的共享和利用。

(3)基础设施建设为产业合作和要素流动提供便利条件。在协同发展的过程中,产业合作和要素流动是推动经济发展的重要动力。通过加强基础设施建设,可以降低企业合作的成本和风险,提高合作的效率和成功率。同时,基础设施的完善还可以吸引更多的资本、技术和人才等要素向该地区流动,推动产业的集聚和发展。

综上所述,基建助力协同,联通促发展共赢是一种有效的区域发展策略。通过加强基础设施建设,可以提升区域间的互联互通水平,为产业合作和要素流动提供便利条件,进而推动协同发展和共赢发展。其他地区在推动协同发展的过程中,也应注重加强基础设施建设,提升区域发展的物质基础。

4. 协同促环保,绿色发展共赢

协同促环保,绿色发展共赢,这一理念强调了协同发展在生态环境保护与可持续发展中的关键作用。在当今全球环境问题日益严峻的背景下,通过协同合作推动绿色发展,对于提升区域乃至全球的生态环境质量具有重要意义。下面,我们将详细讲解并具体分析这一理念。

(1)协同促环保是协同发展的重要目标之一。京津冀地区作为我国的重要经济区域,其生态环境质量直接影响到区域经济的可持续发展。因此,在推动协同发展的过程中,京津冀地区注重加强生态环保领域的合作,通过共同制定环保政策、共享环保资源和技术,推动区域生态环境的持续改善。这种协同合作的模式,不仅有助于提升京津冀地区的生态环境质量,也为其他地区提供了可借鉴的经验。

(2)绿色发展是协同促环保的核心内容。绿色发展强调在经济发展的同时,注重生态环境保护,实现经济发展与环境保护的良性循环。京津冀地区在协同发展的过程中,积极推动绿色产业的发展,鼓励企业采用环保技术和清洁生产方式,减少污染排放和资源消耗。同时,通过加强生态修复和保护工作,提升区域的生态服务功能,为人民群众创造更加宜居的生活环境。

(3)协同促环保有助于形成绿色发展共赢的局面。通过协同合作,各地区可以共享环保资源和技术,共同应对生态环境挑战。这种合作方式不仅可以降低环保成本,提高环保效率,还可以促进地区间的经济交流和合作,推动形成绿色发展的良性循环。同时,绿色发展共赢的实现也需要各地区加强政策协调和沟通合作,确保环保政策的有效执行和落地。

(4)协同促环保对于其他地区也具有启示意义。京津冀地区的实践经验表明,通过协同合作推动绿色发展是可行的也是必要的。其他地区在推动协同发展的过程中,可以借鉴京津冀地区的经验做法,加强生态环境保护和治理工作,推动形成绿色发展的良好局面。

协同促环保、绿色发展共赢是一种重要的区域发展理念。通过协同合作推动绿色发展,不仅可以提升区域的生态环境质量,还可以促进经济的可持续发展和社会的进步。未来,各地区应继续加强协同合作,共同推动绿色发展理念的落实和实践,为构建美丽中国贡献力量。

综上所述,通过对比分析不同地区的协同发展经验,我们可以发现一些成功的模式和可借鉴的做法。这些经验和模式对于其他地区在制定和实施协同发展战略时具有重要的参考价值。未来,各地区可以结合自身实际情况,借鉴这些成功经验,推动形成更加紧密、高效的区域协同发展格局。

### 8.2.4 协同研究贡献:深化理解与实践指导

本研究在协同发展的领域做出了显著的贡献,既深化了我们对这一复杂现象的理论理解,也提供了实践层面的指导与启示。下面将详细讲解并具体分析本研究在贡献方面的几个重要方面。

1. 协同发展研究:实证与理论新探

协同发展研究:实证与理论新探,这一研究主题旨在通过实证分析与理论探讨,深入剖析协同发展的内在机制、政策支持及其实践效果。这一研究不仅对于学术界具有重要意义,也对于政策制定者与实践者具有极高的参考价值。

首先,本研究在实证方面做出了显著的贡献。通过深入调查、数据分析以及案例研究等多种方法,研究团队收集了大量关于协同发展的一手资料。这些资料不仅包括各类统计数据、政策文件,还涵盖了丰富的实践案例,为我们全面理解协同发展提供了有力的实证支持。

在实证资料的分析过程中,研究团队注重数据的准确性和可靠性,运用多种统计方法和分析工具对数据进行深入挖掘。通过对协同发展政策支持与保障措施的实证分析,研究团队发现了一系列有趣的现象和规律。例如,政策支持在协同发展中起到了关键的推动作用,而保障措施则确保了协同发展的稳定性和可持续性。

除了实证资料的收集与分析,本研究还在理论方面进行了深入的探讨。研究团队运用多种理论分析工具,对协同发展政策进行了深入剖析。通过对协同发展政策的理论解读,研究团队揭示了其背后的逻辑、机制及影响因素。这些理论分析不仅有助于我们深化对协同发展政策支持与保障措施的理解,也为未来的研究提供了重要的理论框架和参考。

具体来说,本研究在理论方面提出了若干创新性的观点。例如,研究团队认为协同发展是一个复杂的系统工程,需要政府、企业和社会等多方共同参与和协作。同时,协同发展还需要注重生态平衡和可持续发展,避免过度开发和资源浪费。这些观点不仅为协同发展研究提供了新的思路和方法,也为政策制定提供了有益的参考。

总的来说,本研究通过实证与理论新探的方式,对协同发展进行了全面而深入的分析。这一研究不仅丰富了我们对协同发展的认知和理解,也为未来的研究和实践提供了重要的借鉴和参考。对于政策制定者而言,本研究有助于他们更好地制定和实施协同发展政策;对于实践者而言,本研究则提供了宝贵的经验和启示,有助于他们更好地推动协同发展的实践。

2. 协同发展:政策指导与案例启示

通过深入探讨协同发展的政策指导原则和具体案例,为实践界提供有针对性的指导和启示。这一研究不仅有助于政策制定者更精准地把握协同发展的方向和重点,也为其他地区的协同发展提供了宝贵的经验和借鉴。

首先,本研究在政策指导方面做出了显著贡献。通过对协同发展政策的深入剖析,研究团队提出了一系列具有可操作性的政策建议。这些建议紧密结合实际情况,既体现了对协同发展内在机制的深刻理解,又反映了实践中的需求和挑战。

具体而言,政策建议包括加强政策协同、优化资源配置、推动创新驱动等多个方面。例如,在政策协同方面,建议加强政府各部门之间的沟通与协作,确保各项政策之间的衔接和互补;在优化资源配置方面,建议加大对协同发展关键领域的投入,提高资源配置的效率和效益;在推动创新驱动方面,建议加强科技创新和人才培养,为协同发展提供持续的动力和支撑。

这些政策建议具有较强的针对性和实用性,对于政策制定者来说具有重要的参考价值。通过参考这些建议,政策制定者可以更加精准地把握协同发展的方向和目标,制定更加符合实际需要的政策措施,从而推动协同发展的顺利进行。

除了政策指导外,本研究还通过案例分析等方式展示了成功协同发展的模式和经验。这些案例来自不同地区和不同领域,既有宏观层面的政策协同案例,也有微观层面的企业合作案例。通过对这些案例的深入剖析,研究团队总结出了协同发展的成功经验和关键要素。

这些案例启示对于其他地区来说具有重要的借鉴意义。其他地区可以根据自身实际情况,参考这些成功经验和关键要素,制定适合自身的协同发展策略。同时,这些案例也展示了协同发展的多样性和灵活性,为不同地区提供了多种可能的路径和模式。

总的来说,本研究通过政策指导和案例启示的方式,为实践界提供了关于协同发展的全面而深入的指导。这些政策建议和案例经验不仅有助于政策制定者更加精准地把握协同发展的方向和目标,也为其他地区的协同发展提供了有益的借鉴和启示。对于实践者来说,本研究提供了宝贵的经验和教训,有助于他们更好地推动协同发展的实践。

3.协同发展:跨学科研究与合作创新

本研究在推动跨学科研究与合作创新方面发挥了重要作用,特别是在探讨协同发展这一复杂问题时,其意义尤为显著。协同发展不仅是一个经济或社会现象,更是一个涉及多个学科领域的综合性议题,需要来自不同学科背景的学者共同研究和探索。

(1)本研究通过整合不同学科的理论和方法,为跨学科研究提供了有益的尝试和探索。在协同发展的研究中,经济学、社会学、管理学、地理学等多个学科的理论和方法都有其独特的价值和作用。本研究将这些不同学科的理论和方法进行有机融合,形成了一种综合性的研究框架,为深入剖析协同发展的内在机制和规律提供了有力的支撑。

(2)这种跨学科的交流和合作有助于打破学科壁垒,促进知识的融合和创新。在传统的研究模式中,不同学科往往各自为政,缺乏有效的交流和合作。然而,在协同发展的研究中,这种单一的学科视角往往难以揭示其复杂性和多样性。通过跨学科的交流和合作,不同学科的学者可以相互借鉴、相互启发,共同探索协同发展的新思路和新方法。这种交流和合作不仅有助于拓展研究视野,更能够激发创新思维,推动协同发展研究向更深层次和更广领域拓展。

(3)跨学科研究与合作创新为协同发展的研究和实践提供了更加全面和深入的视角。通过整合不同学科的知识和方法,本研究对协同发展的各个方面进行了全面而深入的剖析,不仅揭示了其内在机制和规律,更提出了一系列有针对性的政策建议和实践指导。这些建议和指导不仅有助于政策制定者更加精准地把握协同发展的方向和目标,也为实践者提供了更加全面和深入的指导,有助于推动协同发展的实践取得更好的效果。

综上所述,本研究在推动跨学科研究与合作创新方面发挥了重要作用,为协同发展的研究和实践提供了更加全面和深入的视角。这种跨学科的交流和合作不仅有助于打破学科壁垒、促进知识的融合和创新,更能够为协同发展的研究和实践提供更加有力的支撑和推动。

4. 协同发展:社会价值与政策推动新视角

本研究在探讨协同发展时,不仅从学术角度进行了深入的分析,还赋予了其重要的社会价值,为政策推动提供了新的视角。这种跨界的思考和贡献,使得本研究在理论和实践层面都具有了显著的意义。

(1)本研究认识到协同发展对于推动区域一体化、实现经济高质量发展的重要性。在当前全球化和区域化的大背景下,区域间的协同发展显得尤为关键。本研究通过系统分析协同发展的内在机制、影响因素及其实施路径,深化了对这一复杂现象的理解。这为政策制定者提供了宝贵的决策依据,有助于他们更加精准地把握协同发展的方向和目标,制定出更加科学合理的政策措施。

(2)本研究在政策支持与保障措施方面进行了深入的研究。政策支持是协同发展的重要保障,本研究通过对比分析不同地区的政策实践,总结了成功的经验和存在的问题。这些发现为政策制定者提供了有益的参考,有助于他们优化政策设计,提高政策实施的效果。同时,本研究还提出了一系列具体的政策建议,包括加强区域合作、优化资源配置、提升创新能力等方面,为政策推动协同发展提供了有力的支持。

(3)本研究还具有重要的社会价值。它不仅仅是一项学术研究,更是对社会现象的一种深入剖析和反思。本研究通过揭示协同发展的内在规律和潜在价值,提高了社会各界对协同发展的认识和理解。这有助于增强公众对协同发展的认同感和参与度,推动社会各界共同参与到协同发展的实践中来。

(4)本研究还促进了跨学科的交流和合作。在协同发展的研究中,不同学科的学者可以共同探讨、相互启发,形成更加全面和深入的认识。这种跨学科的交流和合作有助于打破学科壁垒,促进知识的融合和创新,为协同发展的研究和实践提供更加广阔的视野和思路。

本研究在协同发展的领域做出了显著的贡献,既为学术界提供了丰富的实证资料和理论分析,也为实践界提供了可操作的政策建议和实践指导。同时,本研究还具有重要的社会价值,为政策推动提供了新的视角和思考。未来,随着研究的深入和实践的发展,相信这些贡献将会得到更加广泛的认可和应用。

综上所述,本研究通过深入剖析协同发展的政策支持与保障措施,得出了重要的研究结论,并为学术界和实践界提供了宝贵的贡献。这些结论和贡献不仅有助于推动协同发展战略的深入实施,也为未来的研究和实践提供了新的思路和方向。

# 8.3 研究局限与未来展望

在研究过程中,尽管我们尽力做到全面和深入,但不可避免地会存在一些局限性和不足之处。这些局限性不仅影响了我们对当前问题的理解,同时也为我们指明了未来研究的方向和重点。以下,我将结合实例来详细讲解和分析这些研究局限,并展望未来的研究方向。

## 8.3.1 数据局限影响研究可靠性

研究数据的局限性是一个重要的问题。在本研究中,我们主要依赖于现有的统计数据和文献资料来进行分析。然而,这些数据可能存在时效性、完整性或准确性的问题,从而影响了研究结果的可靠性和有效性。例如,在探讨新能源汽车行业的发展时,我们可能无法获取到最新、最全面的市场数据,导致对行业发展趋势的判断存在偏差。

1. 多元数据提升研究深度与准确性

为了克服这一局限,未来我们可以考虑采用更多元化的数据来源,如实地调研、问卷调查等方式,以获取更准确、更全面的数据。同时,我们也可以利用大数据和人工智能等技术手段,对数据进行深度挖掘和分析,以提高研究的准确性和深度。

研究方法的局限性也是一个需要关注的问题。在本研究中,我们主要采用了定性和定量相结合的研究方法。然而,不同的研究方法可能具有不同的适用范围和局限性,导致研究结果存在一定的主观性和偏差。例如,在评估政策效果时,我们可能过于依赖数学模型和统计分析,而忽略了政策实施过程中的复杂性和多变性。

2. 未来研究应多元化,跨学科拓展视野

在未来研究中,我们需要打破学科壁垒,采用多元化的研究方法和跨学科的视角来深化对问题的理解和分析。下面我将详细讲解并具体分析这一观点。

1. 研究方法的多元化

在研究中,不同的方法各有其优势和局限性。单一的研究方法可能无法全面揭示问题的本质和复杂性。因此,未来研究应该尝试采用更多元化的研究方法。例如,除了传统的文献综述和理论分析,还可以结合实地调研、案例研究、实验验证等多种方法,以便更全面地了解问题的各个方面。

2. 跨学科的视野拓展

每个学科都有其独特的视角和理论框架,跨学科的研究可以让我们从多个角度审视问题,发现新的研究思路和解决方案。通过借鉴其他学科的理论和方法,我们可以突破原有学科的局限,拓展研究的深度和广度。例如,在研究社会问题时,可以借鉴心理学、社会学、经济学等多个学科的理论和方法,以便更深入地理解问题的根源和影响。

(1)提高研究的准确性和可靠性

多元化的研究方法和跨学科的视野可以帮助我们更全面地了解问题,减少因单一方法或视角而产生的偏见和误差。通过结合不同方法和学科的优势,我们可以相互验证和补充,提高研究的准确性和可靠性。

(2)发现新的研究领域和机会

跨学科的研究往往能够发现新的研究领域和机会。通过结合不同学科的知识和方法,我们可以发现原有学科中未被关注或解决的问题,从而开拓新的研究方向和领域。这有助于推动学科的发展和进步,促进知识的创新和交流。

(3)培养综合型人才和创新精神

多元化的研究方法和跨学科的视野不仅有助于提高研究的深度和广度,还有助于培养综合型人才和创新精神。通过接触和学习不同学科的知识和方法,我们可以培养跨学科的思维方式和创新能力,提高解决问题的能力和适应未来挑战的能力。

通过采用更多元化的研究方法和跨学科的视角,我们可以更全面地了解问题、提高研究的准确性和可靠性、发现新的研究领域和机会,并培养综合型人才和创新精神。因此,在未来的研究中,我们应该积极尝试和实践这一观点,以推动研究的进步和发展。

## 8.3.2　研究视角局限,需跨领域深化与拓展

研究视角的局限性对于研究工作的深度和广度具有显著影响。在本研究中,虽然我们从宏观层面探讨了协同发展的政策支持与保障措施,但确实存在视角过于单一的问题。协同发展是一个复杂而多维的现象,它涉及到经济、社会、技术、环

境等多个领域和层面,因此需要我们从多个角度进行综合考虑和分析。

1. 企业协同角色及政策支持待深化研究

企业协同角色及政策支持是协同发展过程中至关重要的研究领域。在深入探讨这一话题时,我们需要从微观层面出发,细致分析企业在协同发展中的具体角色和作用,以及政策如何支持和推动企业间的协同创新和产业链整合。

(1)从企业的协同角色来看,企业作为协同发展的主体,其协同创新能力和产业链整合情况对协同发展的成败具有决定性作用。企业不仅需要具备自主创新的能力,还需要与产业链上下游企业建立紧密的合作关系,共同推动产业链的升级和发展。在这个过程中,企业需要发挥自身的优势,积极参与到协同创新的过程中,通过资源共享、技术交流和人才培养等方式,实现与产业链上下游企业的协同发展。

然而,企业在协同发展过程中也面临着诸多挑战。例如,企业之间可能存在信息不对称、利益分配不均等问题,这些问题都可能影响到企业间的协同合作。此外,政策环境、市场需求等外部因素也会对企业的协同发展产生重要影响。因此,企业需要具备高度的协同意识和合作精神,加强与其他企业的沟通和协作,共同应对挑战,实现协同发展。

(2)从政策支持的角度来看,政府可以通过制定相关政策来引导和推动企业的协同创新和产业链整合。例如,政府可以出台税收优惠政策、资金扶持政策等,鼓励企业加大研发投入,提高自主创新能力。同时,政府还可以建立协同创新的平台或机制,为企业提供交流和合作的平台,促进企业间的技术交流和资源共享。

(3)政府还可以通过完善法律法规、加强市场监管等方式,为企业的协同发展提供保障。例如,政府可以制定反垄断法、反不正当竞争法等法律法规,维护公平竞争的市场环境,防止企业间的恶性竞争和损害行业发展的行为。同时,政府还可以加强市场监管力度,确保企业的协同创新和产业链整合符合法律法规的要求。

(4)目前对于企业在协同发展中的角色和作用以及政策支持的研究还不够深入。这可能是由于缺乏系统的理论框架和研究方法,以及数据的可得性和完整性等方面的限制。因此,未来研究需要进一步完善理论框架和研究方法,深入挖掘企业在协同发展中的角色和作用机制,同时加强政策支持和保障措施的研究,为企业的协同创新和产业链整合提供更有力的支持。

综上所述,企业协同角色及政策支持是协同发展过程中需要深入研究的领域。通过深入分析企业在协同发展中的角色和作用以及政策如何支持和推动企业间的协同创新和产业链整合,我们可以为企业的协同发展提供更有针对性的建议和指导,推动整个产业链的升级和发展。

2.协同发展社会影响与政策普惠研究不足

从社会层面来看,协同发展不仅仅是一个经济问题,它还涉及到民生福祉、社会公平与和谐等方面。然而,本研究在社会层面的探讨也较为有限,未能充分分析协同发展对民生福祉的影响,以及如何通过政策支持来确保协同发展的成果能够惠及广大民众。

为了克服这些局限性并拓展研究视角,我们可以采取以下措施:

(1)加强跨学科合作与交流:通过引入其他学科的理论和方法,我们可以更全面地了解协同发展的本质和机制,从而提出更具针对性的政策建议。例如,可以借鉴社会学、心理学等学科的理论和方法,来深入探讨协同发展对社会结构和个体心理的影响。

(2)关注国际协同发展实践和经验:通过比较和分析不同国家和地区的协同发展实践和经验,我们可以发现其中的共性和差异,为我国的协同发展提供有益的参考和借鉴。同时,也可以借鉴国际上的成功经验和做法,来完善我国的政策支持体系。

(3)深化对微观层面和社会层面的研究:未来研究可以更加关注企业在协同发展中的具体实践和案例,深入了解其协同创新、产业链整合等方面的经验和挑战。同时,也可以加强对民生福祉、社会公平等方面的研究,以更全面地评估协同发展的社会影响。

研究视角的局限性是本研究的一个重要问题。通过加强跨学科合作与交流、关注国际协同发展实践和经验以及深化对微观层面和社会层面的研究,我们可以拓展研究视角,提高研究的深度和广度,为协同发展提供更全面、更深入的理论支持和实践指导。

综上所述,虽然本研究在探讨协同发展的政策支持与保障措施方面取得了一定的成果,但仍存在一些局限性和不足之处。通过克服这些局限性并拓展研究视角和方法,我们可以更好地理解和应对协同发展中的挑战和问题,为未来的研究和实践提供更有价值的参考和启示。

# 8.4　对实践的建议与启示

通过前面的研究与分析,我们不难发现,理论研究和实际实践之间存在紧密的联系,而实践又是检验理论真理性的唯一标准。因此,在8.3部分,我将结合具体的实例,详细讲解和分析对实践的建议与启示。

### 8.4.1 实践需结合理论,创新需深入调研

实践需结合理论,创新需深入调研,这是我们在进行任何形式的实践活动,特别是创新活动时,必须坚守的原则。实践是理论的源泉,而理论又是实践的指导。二者相辅相成,共同构成了我们认识世界、改造世界的重要工具。

1. 理论指导实践,助力明智决策

我们来看实践如何需要紧密结合理论研究。实践不是盲目的行动,它需要有理有据、有章可循。理论,作为对事物本质和规律的概括和总结,可以为实践提供方向和指引。通过理论学习,我们可以获取前人的经验和智慧,避免在实践中走弯路或重复劳动。同时,理论也可以帮助我们预测和评估实践的效果,从而做出更明智的决策。

以企业创新实践为例,企业在推动新产品或新技术的研发时,必须紧密结合市场需求和行业发展趋势进行深入的市场调研和理论分析。市场需求是创新的出发点和落脚点,只有深入了解市场需求,企业才能确定创新的方向和目标。而行业发展趋势则揭示了未来可能的发展机遇和挑战,企业需要通过对行业趋势的分析,来制定前瞻性的创新战略。

在这个过程中,市场调研和理论分析是不可或缺的环节。市场调研可以帮助企业获取第一手的市场信息,了解消费者的需求和偏好;而理论分析则可以帮助企业从更宏观的角度把握市场和行业的发展规律,为创新提供理论支撑。

2. 创新需调研,发现机遇与痛点

创新需调研,发现机遇与痛点,这一观点强调了调研在创新过程中的重要性。深入调研是创新的基础,它能够帮助我们更准确地把握市场脉搏,理解用户需求,发现潜在的机遇和痛点,从而为创新提供有力的支撑。

(1)深入调研是了解事物真实面貌的关键。在创新过程中,我们不能仅凭主观想象或片面信息来做出决策。只有通过深入调研,我们才能全面了解市场的现状、用户的需求、竞争对手的情况等关键信息。这些信息是创新决策的重要依据,能够帮助我们避免盲目跟风或做出错误的判断。

(2)深入调研能够发现市场的痛点和空白点。在竞争激烈的市场环境中,用户的需求和痛点往往是创新的突破口。通过调研,我们可以发现用户在使用产品或服务过程中遇到的问题和不满,从而找到创新的切入点。同时,我们还可以通过调研发现市场的空白点,即那些尚未被满足的潜在需求,这些空白点往往是新的创新机会所在。

(3)深入调研也有助于我们了解竞争对手的情况。在创新过程中,我们需要

对竞争对手进行充分的分析和了解,以便制定差异化的创新战略。通过调研,我们可以了解竞争对手的产品特点、市场策略、优劣势等信息,从而为我们的创新提供有力的参考和借鉴。

(4)值得注意的是,深入调研并不意味着简单的数据收集和信息整理。调研需要具备一定的专业性和系统性,包括明确调研目的、选择合适的调研方法、设计科学的调研问卷等。同时,调研结果的分析和解读也是至关重要的,我们需要从数据中提炼出有价值的信息,形成对市场和用户的深刻洞察。

创新需调研,发现机遇与痛点是创新过程中的重要原则。通过深入调研,我们可以了解市场的真实面貌,发现潜在的创新机会,为创新提供有力的支撑。因此,在创新实践中,我们应该充分重视调研的作用,加强调研工作的系统性和专业性,以推动创新的成功实施。

综上所述,实践需结合理论,创新需深入调研。只有将理论与实践相结合,将调研与创新相融合,我们才能在实践中不断取得新的突破和进展。因此,我们在进行任何形式的实践活动时,都应该注重理论学习和市场调研的结合,确保我们的行动有理有据、有章可循。

### 8.4.2　实践需严控过程,确保环节到位

实践需严控过程,确保环节到位,这是在进行任何实践活动时都必须遵循的重要原则。过程管理是保证实践活动顺利进行和达到预期目标的关键环节,它要求我们对实践活动的每个阶段、每个环节都进行精细化的管理和控制。

1. 精细过程管理,确保实践成功

实践活动的成功与否往往取决于过程管理的精细程度。一个有效的过程管理能够确保资源得到合理分配、任务得到准确执行,从而避免资源浪费和效率低下的问题。同时,通过严格控制每个环节,我们可以及时发现和纠正实践中的偏差和错误,防止问题扩大化,确保实践活动的顺利进行。

以农业生产实践为例,农民在种植作物时需要经历选种、播种、施肥、灌溉、病虫害防治等多个环节。每个环节都对作物的生长和产量有着至关重要的影响。因此,农民需要对每个环节进行严格的管理和控制。

在选种环节,农民需要根据当地的气候、土壤等条件选择适合的作物品种,确保作物能够适应生长环境。在播种环节,农民需要掌握适当的播种时间和方法,确保种子能够均匀分布并顺利发芽。在施肥和灌溉环节,农民需要根据作物的生长需求合理施肥和灌溉,为作物提供充足的营养和水分。在病虫害防治环节,农民需要采取有效的防治措施,防止病虫害对作物造成损害。

通过对每个环节进行严格的管理和控制,农民可以确保作物的生长和产量达到预期目标。这不仅有助于提高农业生产的效益,还能够为农民带来更好的经济收益。

2.复杂实践需精细过程管理

在探讨复杂实践需精细过程管理这一观点时,我们首先要认识到,实践活动的复杂性是现代社会发展中不可避免的现象。随着科技的飞速进步和社会分工的日益细化,实践活动的范围不断扩大,涉及的领域和因素也日益增多。这种复杂性不仅体现在活动本身的多样性上,还体现在各因素之间的相互关联和相互影响上。

(1)明确目标和任务。在开始任何实践活动之前,我们需要对活动的目标和任务进行清晰明确的定义和划分。这有助于我们更好地把握活动的整体方向和重点,避免在实践过程中出现偏离目标或任务不清的情况。

(2)制定详细的计划和流程。根据活动的目标和任务,我们需要制定详细的计划和流程,包括各个环节的具体步骤、时间节点、责任人等。这有助于我们更好地掌控活动的进度和节奏,确保各个环节之间的衔接和协调。

(3)建立有效的监控和反馈机制。在实践活动进行过程中,我们需要建立有效的监控和反馈机制,及时收集和分析活动数据,发现潜在的问题和风险,并采取相应的措施加以解决。同时,我们还需要建立畅通的沟通渠道,确保各个环节之间的信息畅通和共享。

(4)进行总结和反思。实践活动结束后,我们需要对整个过程进行总结和反思,分析活动的成效和不足,总结经验教训,为今后的实践活动提供有益的借鉴和参考。

通过精细化的过程管理,我们可以更好地应对实践活动的复杂性,确保活动的顺利进行和取得预期成果。这不仅有助于提高实践活动的效率和质量,还有助于提升我们的组织能力和管理水平,为未来的发展奠定坚实的基础。因此,在面对复杂实践时,我们应该注重精细化的过程管理,不断提升自己的管理能力和水平。

综上所述,实践需严控过程,确保环节到位。这不仅是保证实践活动顺利进行和达到预期目标的关键环节,也是提高实践效率和效果的重要途径。因此,我们在进行任何形式的实践活动时,都应该注重过程管理,确保每个环节都能够得到有效控制。

### 8.4.3 团队协作沟通,确保实践成功

团队协作与沟通在实践活动中占据举足轻重的地位,尤其是在复杂、多元化的任务中,如科研项目实践。科研项目通常涉及多个学科领域,需要不同背景和专长

的团队成员共同努力,因此团队协作和沟通显得尤为关键。

1. 团队协作助力科研创新突破

团队协作在科研创新突破中扮演着至关重要的角色。它不仅能够集合众人的智慧和力量,共同应对科研项目中遇到的难题和挑战,还能促进不同专业领域的交叉融合,推动科研创新向更高层次发展。

(1)团队协作能够集合众人之力。在科研项目中,一个人的能力和视野是有限的,而团队的力量则可以弥补这些不足。通过团队成员的共同努力,可以更加全面、深入地了解科研问题的本质和难点,提出更具有针对性和创新性的解决方案。这种集体智慧的汇聚,使得团队在面对复杂问题时能够迅速找到突破口,推动科研工作的进展。

(2)团队协作可以促进不同专业领域的交叉融合。在科研项目中,团队成员往往来自不同的学科背景和专业领域,他们各自拥有独特的专业知识和视角。通过团队协作,这些不同领域的知识和观点可以相互碰撞、相互启发,从而产生新的研究思路和方法。这种交叉融合不仅有助于拓宽研究视野,还能够发现新的研究问题和方向,推动科研创新向更高层次发展。

(3)团队成员之间的互补性也是团队协作的重要优势之一。在团队中,每个成员都有自己的长处和短处,通过团队协作,可以充分利用每个成员的优势,弥补彼此的不足。这种互补性不仅可以提高整个团队的创造力和解决问题的能力,还能够增强团队的凝聚力和向心力,使团队成员更加紧密地团结在一起,共同为科研创新突破而努力。

(4)团队协作也面临一些挑战和困难。例如,团队成员之间的沟通障碍、利益冲突等问题可能会影响团队协作的效果。因此,在团队协作中,需要建立良好的沟通机制和协调机制,确保团队成员之间的顺畅沟通和有效合作。同时,还需要制定合理的分工和奖惩机制,激发团队成员的积极性和创造力,提高团队协作的整体效率和质量。

综上所述,团队协作在科研创新突破中发挥着至关重要的作用。它能够集合众人之力,促进不同专业领域的交叉融合,提高整个团队的创造力和解决问题的能力。因此,在科研工作中,我们应该注重团队协作的重要性,加强团队成员之间的沟通与协作,共同推动科研创新突破的实现。

2. 沟通强化团队协作效能

沟通在团队协作中扮演着至关重要的角色,它不仅是信息传递的桥梁,更是团队效能提升的催化剂。在科研项目实践中,良好的沟通能够确保团队成员之间的信息交流畅通无阻,从而增强团队的合作能力和工作效率。

（1）良好的沟通有助于及时发现和纠正研究中的错误和偏差。在科研项目中，每个成员都可能面临不同的挑战和问题，而这些挑战和问题只有通过有效的沟通才能被及时发现和解决。团队成员之间通过交流想法、分享数据和讨论问题，可以共同识别研究中存在的不足之处，并共同寻找解决方案。这种及时的反馈和修正能够避免团队走弯路或陷入误区，从而确保研究工作能够顺利进行。

（2）良好的沟通能够增强团队成员之间的信任感和归属感。在团队协作中，信任是维系团队成员关系的重要纽带。通过有效的沟通，团队成员可以相互了解彼此的想法、观点和能力，从而建立起相互信任的关系。这种信任关系能够促进团队成员之间的合作和协作，使团队成员更加愿意为团队的目标和利益而努力。同时，良好的沟通还能够增强团队成员对团队的归属感和认同感，使团队成员更加珍惜团队合作的机会，更加积极地为团队的发展贡献力量。

在科研项目实践中，沟通的应用体现在多个方面。在项目启动阶段，团队成员需要通过沟通共同制定研究计划和分工方案，明确各自的任务和责任。这一阶段的沟通有助于团队成员对项目的整体目标和方向达成共识，为后续的研究工作奠定坚实的基础。在研究过程中，团队成员需要定期召开会议，汇报研究进展、分享研究成果、讨论遇到的问题和解决方案。这种定期的沟通机制能够确保团队成员之间的信息交流及时、准确、全面，有助于团队成员共同推动研究工作的进展。

（3）在遇到难题时，团队成员更需要通过沟通来相互协作、共同攻关。通过集思广益、共同讨论，团队成员可以共同寻找解决问题的最佳方案，从而克服研究中的难题和挑战。这种基于沟通的协作方式不仅能够提高团队的创造力和解决问题的能力，还能够增强团队成员之间的默契和配合度，使团队在面对复杂问题时能够更加从容应对。

（4）沟通并非总是顺畅无阻的。在团队协作中，可能会出现沟通障碍、信息误解等问题。因此，团队成员需要不断提高沟通技巧和沟通能力，学会倾听、表达和理解他人的观点和想法。同时，团队也需要建立有效的沟通机制和规范，确保沟通渠道的畅通和信息的准确传递。

综上所述，良好的沟通是团队协作的基石，它有助于及时发现和纠正研究中的错误和偏差，增强团队成员之间的信任感和归属感，提高团队的凝聚力和向心力。在科研项目实践中，团队成员应该注重沟通的重要性，加强彼此之间的信息交流和协作配合，共同推动科研工作的进展和创新突破的实现。

3.团队协作需注重沟通机制与技巧

团队协作的成功与否，在很大程度上取决于沟通机制与技巧的运用。有效的沟通不仅能够促进信息的准确传递，还能增强团队成员之间的信任与合作，进而推动团队目标的顺利实现。下面,我将详细讲解并具体分析团队协作中需注重的沟通机制与技巧。

(1)建立明确的沟通机制和渠道至关重要。这意味着团队需要设定一套清晰的沟通规则和流程,包括沟通的时间、地点、方式以及责任人等。例如,可以定期召开团队会议,让成员们有机会面对面地交流工作进展和遇到的问题;同时,也可以利用电子邮件、企业内部通讯工具等线上渠道,实现信息的即时传递和共享。通过这些明确的沟通机制和渠道,可以确保团队成员之间的信息畅通无阻,减少因信息不畅导致的误解和冲突。

(2)注重沟通的艺术和技巧同样重要。沟通不仅仅是说话,更是一种艺术。团队成员需要学会倾听他人的观点,理解他人的需求和感受,并能够用恰当的方式表达自己的意见和想法。例如,在表达观点时,可以尽量采用客观、具体的语言,避免使用模糊或带有攻击性的措辞;在倾听他人时,可以给予积极的反馈和回应,以表示对对方的尊重和理解。通过这些沟通技巧的运用,可以避免产生误解或冲突,增进团队成员之间的理解和信任。

(3)尊重每个团队成员的意见和贡献是团队协作的基石。每个团队成员都有自己独特的观点、经验和技能,他们的贡献是团队成功的重要保障。因此,在沟通过程中,我们需要尊重每个成员的意见和贡献,给予他们充分的表达机会和认可。这不仅可以增强团队成员的归属感和责任感,还能够激发他们的工作热情和创造力,推动团队整体效能的提升。

(4)建立合理的激励机制也是团队协作中不可或缺的一环。通过设立明确的奖励和惩罚措施,可以激发团队成员的积极性和创造力,促使他们更加努力地投入到工作中。例如,可以设立优秀团队成员奖、最佳创新奖等奖项,对表现突出的成员进行表彰和奖励;同时,对于工作失误或不当行为的成员,也需要给予相应的惩罚和纠正。这种激励机制的建立,可以营造出积极向上的团队氛围,推动团队协作和沟通的不断优化和提升。

综上所述,团队协作和沟通是确保科研项目实践成功的关键因素。通过团队协作,可以集合众人之力共同应对挑战;通过良好的沟通,可以确保团队成员之间的信息畅通、思想统一、行动一致。因此,在科研项目实践中,我们应该注重团队协作和沟通的培养和提升,为项目的顺利进行和高质量完成提供有力保障。

### 8.4.4　总结经验教训,指导未来实践

总结经验教训,对于指导未来实践具有重要意义。通过深入剖析过往实践中的得失,我们能够更加清晰地认识到问题所在,从而在未来的实践中避免重蹈覆

辙,提升实践的效率和效果。以教育改革实践为例,教育部门在推进改革的过程中,需要不断总结经验教训,以优化改革策略和方向,推动教育事业的持续发展。

1. 教改需反思,总结助进步

教育改革是一个复杂而持续的过程,需要不断地审视和调整,以确保教育目标的实现和质量的提升。在这个过程中,反思和总结扮演着至关重要的角色。

(1)反思是对过去经验的回顾和审视。在教育改革中,我们会遇到各种各样的问题和挑战,这些问题可能来自于课程设计、教学方法、评价体系等多个方面。通过反思,我们能够深入剖析这些问题产生的背景和原因,了解其中的症结所在。这种深入的分析不仅有助于我们更好地理解教育改革的复杂性和艰巨性,还能为我们提供解决问题的思路和方向。

(2)总结是对反思结果的提炼和升华。在反思的基础上,我们需要对教育改革过程中的经验教训进行系统的梳理和总结。这包括识别成功的经验和做法,分析失败的原因和教训,以及提炼出具有普遍意义的改革规律和原则。通过总结,我们可以将零散的经验教训整合成系统的知识体系,为未来的教育改革提供有力的理论支撑和实践指导。

具体来说,例如,在课程改革方面,我们可能会发现某些课程设置过于注重知识传授而忽视了学生的实际需求和兴趣,导致学生的学习动力不足。通过反思和总结,我们可以认识到这种问题的存在,并在未来的改革中更加注重课程的实用性和趣味性,以满足学生的实际需求。

在教学方法方面,我们可能会发现传统的教学方法过于单一和机械,缺乏对学生个体差异的关注和引导。通过反思和总结,我们可以意识到教学方法需要更加多样化和灵活化,以适应不同学生的学习特点和需求。

在评价体系方面,我们可能会发现当前的评价体系过于注重分数和排名,忽视了学生的全面发展和个性特长。通过反思和总结,我们可以认识到评价体系的改革势在必行,需要更加注重学生的综合素质和能力的评价。

总之,只有通过不断地反思和总结,我们才能发现问题和不足,提出改进措施,推动教育改革的深入发展。同时,反思和总结也有助于我们积累经验、提升能力,为未来的教育改革做好充分的准备。

2. 总结促改革,明确指方向

在教育领域,总结不仅是对过去经验的回顾,更是对未来改革方向的指引。

(1)总结是促进改革的重要手段。通过系统地梳理和分析教育改革过程中的经验教训,我们可以更加清晰地认识到改革的成效和不足,从而有针对性地提出改进措施。这种基于经验的总结,有助于我们避免重复过去的错误,提高改革的效率和成功率。

（2）总结有助于形成更加明确和有针对性的改革指导。在总结经验的基础上，我们可以更加准确地把握教育改革的方向和重点，提出符合教育实际和发展需要的改革建议。这些建议可以针对具体的教育问题提出具体的改进措施，也可以从更宏观的角度为教育改革指明方向。

例如，在总结过去的教育改革经验时，我们可能会发现某些改革措施虽然取得了一定的成效，但仍然存在一些问题和不足。这时，我们可以根据总结的结果，提出更加具体和有针对性的改革建议，如优化课程设置、改进教学方法、完善评价体系等。这些建议不仅有助于解决当前存在的问题，还能为未来的教育改革提供有益的参考。

（3）总结也有助于我们从更宏观的角度审视教育改革。通过对教育改革的历史和现状进行总结，我们可以更加清晰地看到教育改革的趋势和方向，从而更加准确地把握未来教育改革的发展方向。这种宏观的视野有助于我们制定更加全面和长远的改革策略，推动教育事业的持续发展。

总之，"总结促改革，明确指方向"这句话强调了总结在推动教育改革中的重要作用。通过总结经验教训，我们可以形成更加明确和有针对性的改革指导，为未来的教育改革指明方向。因此，在教育改革的过程中，我们应该注重总结工作，不断积累经验，为教育改革提供有力的支持。

3. 反思促完善，总结提效率

通过反思，我们可以深入剖析过去的工作，发现存在的问题和不足；而总结则是对反思成果的提炼和归纳，有助于我们形成更加明确的工作方向和改进措施。

（1）反思是促进教育部门自我完善的关键环节。在教育改革的过程中，我们不可避免地会遇到各种问题和挑战。通过反思，我们可以对这些问题和挑战进行深入的分析和思考，找出问题的根源和症结所在。这种深入剖析的过程，有助于我们更加清晰地认识到自身的不足和需要改进的地方，从而有针对性地提出改进措施。

（2）反思有助于提升教育部门的工作效率。通过反思，我们可以发现工作中存在的瓶颈和障碍，找到影响工作效率的关键因素。在此基础上，我们可以调整工作思路和方法，优化工作流程和资源配置，从而提升工作效率和质量。同时，反思还可以帮助我们避免重复劳动和无效投入，使工作更加精准和高效。

总结在提升效率方面同样发挥着重要作用。通过总结，我们可以将反思的成果系统化、条理化地呈现出来，形成一份完整的工作报告或经验总结。这份总结不仅是对过去工作的回顾和总结，更是对未来工作的指导和借鉴。通过总结，我们可以更加清晰地看到自己在工作中的优点和不足,明确下一步的工作方向和目标。同时,总结还可以为其他同事或部门提供有益的参考和借鉴,促进整个教育系统的共同进步和发展。

例如,在教育部门推进某项改革措施的过程中,我们可能会遇到政策制定不够科学、执行力度不够等问题。通过反思和总结,我们可以深入剖析这些问题的原因和影响,提出针对性的改进措施。如加强政策制定的科学性和民主性,提高执行力度和效果等。这些改进措施不仅有助于解决当前存在的问题,还能提升整个教育部门的工作效率和质量。

总之,总结经验教训对于指导未来实践具有不可替代的作用。在教育改革实践中,我们应该注重总结经验教训,不断优化改革策略和方向,推动教育事业不断向前发展。同时,我们也应该将总结经验教训作为一种常态化的工作机制,贯穿于教育改革的全过程,确保改革能够取得更加显著的成效。

综上所述,对实践的建议与启示主要包括紧密结合理论研究、注重过程管理、团队协作和沟通以及总结经验教训等方面。这些建议与启示不仅有助于我们更好地进行实践活动,还能够提高我们的实践能力和水平,推动理论和实践的相互促进和发展。

# 参 考 文 献

[1] 王义明,郑荣翠.虚拟制造技术在现代制造业发展中的地位研究[J].商场现代化,2008(30):235.

[2] 谭双源.层次分析法在供应商管理系统中的应用研究[D].长沙:湖南大学,2016.

[3] 顾明国.基于生态环境可持续发展的绿色物流实施管理策略研究[J].环境工程,2021,39(10):260.

[4] 贺怡.绿色物流背景下快递塑料包装回收现状与再利用策略研究[J].塑料助剂,2022(1):58-61.

[5] 张雪.我国绿色物流绩效及其影响因素研究[D].北京:北京邮电大学,2024.

[6] 赵芳妮.农产品冷链绿色物流评价指标体系的构建与应用[D].长沙:中南林业科技大学,2015.

[7] 蓝庆新.基于循环经济的绿色物流系统发展研究[J].商业经济与管理,2007(7):29-34.

[8] 胡洪.绿色运输:物流战略发展的新趋势[J].铁路采购与物流,2015,10(9):56-58.

[9] 赵林,顾巧论.物联网环境下物流包装回收利用模式[J].广东经济,2017(6):162-165.

[10] 焦爱新.城市规划中的相关环境问题处理探讨[J].资源节约与环保,2014(12):118,120.

[11] 邢振启,周爱东.汽车电气负荷对节能减排的影响分析[J].天工,2019(4):148.

[12] 孙晓琳.我国绿色物流发展存在的问题及对策[J].物流工程与管理,2017,39(10):13-15.

[13] 常风华,范莉莉.政策性无形资源对绿色物流的助推作用研究[J].科技管理研究,2011,31(2):46-49.

[14] 刘辉.我国绿色物流发展与应对措施剖析[J].陕西工业职业技术学院学报,

2008，3（1）：52-55.

［15］杨履榕.绿色物流发展研究［D］.天津：天津财经大学,2024.

［16］徐遂,崔冬.技术创新助推绿色物流发展［J］.中国物流与采购，2015
（24）：78.

［17］邵安春.绿色物流对物流企业实现可持续发展的作用研究［J］.全国流通经
济，2023（20）：16-19.

［18］韦冬莉.南宁市物流业发展思路研究［J］.南宁职业技术学院学报，2020，
25（4）：63-66.

［19］黄含.创新运输模式 发展绿色物流［J］.商业文化，2014（20）：62.

［20］胡洪.绿色运输：物流战略发展的新趋势［J］.铁路采购与物流，2015,10（9）：
56-58.

［21］梁帅,王鹏.绿色物流内涵的梳理［J］.现代经济信息，2019（6）：397.

［22］谢文龙.我国绿色物流发展中的制约因素及对策［J］.中国市场，2015（41）：
27,29.

［23］郝君子.双碳驱动 探索绿色物流新路径［J］.物流时代周刊，2023（2）：
36-43.